Musikalische Studien

Ernest Newman

Writat

Diese Ausgabe erschien im Jahr 2024

ISBN: 9789359945507

Herausgegeben von
Writat
E-Mail: info@writat.com

Inhalt

VORWORT
ZUR ERSTEN AUSGABE (1905)

Der größte Teil des folgenden Artikels ist bereits in verschiedenen Zeitschriften erschienen – dem *Fortnightly Review* , dem *Contemporary Review* , dem *Speaker* , dem *Chord* , dem New York *Musical Courier* , dem *Atlantic Monthly* , dem *Weekly Critical Review* , dem *Monthly Musical Record* und dem *Tägliche Post* . Alle wurden jedoch stark verändert – einige wurden praktisch neu geschrieben. Die größeren Artikel – die über Programmmusik , Strauss und Berlioz – wurden aus verschiedenen Artikeln zusammengestellt, die zu unterschiedlichen Zeiten und in verschiedenen Zeitschriften erschienen; Jeder , der versucht hat, heterogenes Material dieser Art zu einem Ganzen zusammenzuschweißen, wird die Schwierigkeit der Arbeit zu schätzen wissen und, so vertraue ich darauf, die Unbeholfenheit der Form berücksichtigen, die die Aufsätze hier und da aufweisen mögen.

Ich muss mich dafür entschuldigen , dass ein Aufsatz gelegentlich ein Thema berührt, das bereits in einem anderen Aufsatz ausführlicher behandelt wurde. Es kommt manchmal vor, dass zwei völlig unterschiedliche Gedankengänge , die von weit voneinander entfernten Punkten ausgehen, zusammenlaufen und sich treffen; oder andererseits, dass sich das eine ästhetische Prinzip auf verschiedene Phänomene anwenden lässt. Ich bin mir dieser gelegentlichen Überschneidungen in den Aufsätzen bewusst, aber es schien keine Möglichkeit zu geben, sie zu vermeiden; Damit ein Argument seine volle Kraft entfalten konnte, musste es vollständig wiedergegeben werden, auch wenn es etwa eine Seite lang das wiederholte, was bereits an anderer Stelle gesagt worden war.

Mein Dank gilt den Herausgebern der von mir genannten Zeitschriften für die Erlaubnis zum Nachdruck.

DE

VORWORT ZUR ZWEITEN AUFLAGE

Formen gedruckt wird , war keine Änderung oder Ergänzung des Textes der ersten Ausgabe möglich. Gerne hätte ich den einen oder anderen Aufsatz an verschiedenen Stellen erweitert und an anderen Stellen überarbeitet. Es gibt immer etwas Neues zu sagen, zum Beispiel über Programmmusik , während jeder Artikel zu einem lebendigen Thema, wie zum Beispiel der über Strauss, zwangsläufig viele Dinge enthält, die heute nicht mehr so treffend sind wie zu der Zeit, als sie geschrieben wurden. Aber selbst diese können als Bilder eines vergangenen Zustands einen Wert haben; und auf diese Weise können Themen wie die frühere Haltung der Kritiker und der Öffentlichkeit gegenüber Strauss von historischem Interesse sein. Der Strauss-Artikel muss offensichtlich aktualisiert werden. Aber selbst wenn das geschehen würde, würde der neue Artikel in ein oder zwei Jahren wiederum hinter der Zeit zurückbleiben; Eine weitere Diskussion über Strauss und eine Betrachtung der Entwicklung seiner Kunst seit der *Symphonia Domestica findet der Leser* in meinem kleinen Buch über ihn in der Reihe „Living Masters of Music". Der Anhang zum vorliegenden Band ist völlig neu.

DE

DRITTEN AUFLAGE

Ein Vorwort zur dritten Auflage kann naturgemäß kaum mehr sein als eine Wiederholung dessen zur zweiten. Auch wenn es in gewisser Weise bedauerlich ist, dass der Artikel über Strauss uns nicht über die *Symphonia Domestica* hinausführt , ist dieses Werk doch der bequemste und logischste Abschlusspunkt für eine Untersuchung aller Werke von Strauss, mit Ausnahme seiner allerjüngsten Werke . Es ist nun etwa sieben Jahre her, seit er mit *Salome* zu einem neuen Meer aufgebrochen ist . Damit und mit den darauffolgenden Opern hat er eine neue „Periode" in seiner künstlerischen Geschichte geschaffen. Der beste Zeitpunkt für eine kritische Würdigung dessen, was er im Theater geleistet hat, ist jedoch, wenn er aus dem Theater herauskommt und wir sehen können, welchen Einfluss seine Opernmethoden und Ideale auf sein gesamtes musikalisches Denken hatten. Er soll seit einiger Zeit an einer „Nature"-Symphonie beteiligt gewesen sein. Das Erscheinen dieses oder eines anderen rein instrumentalen Werkes wird Gelegenheit für ein umfassendes Studium des späteren Strauss geben, der sogar seine eigenen früheren Werke als ziemlich weit entfernt erscheinen ließ.

Der Anhang zum Band bleibt wie in der zweiten Auflage bestehen. Es wurde mir keine Gelegenheit gegeben, das Thema weiter zu verfolgen.

DE

Okt. 1913.

ICH

Man kann mit ziemlicher Sicherheit sagen, dass es – vielleicht mit Ausnahme von Liszt – keinen Musiker gibt, über den die Menschen so unterschiedlicher Meinung sind wie über Berlioz. Sein Fall ist in der Tat einzigartig. Über die relative Position der anderen Männer sind wir uns ziemlich einig; Grob gesagt würden alle gebildeten Musiker Wagner, Brahms und Beethoven in die erste Reihe der Komponisten einordnen und Mendelssohn, Grieg und Dvořák in die zweite oder dritte Reihe. Selbst bei einem umstrittenen Problem wie Strauss geht es unter denjenigen, die sein Werk kennen, meiner Meinung nach nicht darum, ob er ein Musiker ersten Ranges sei, sondern um die genaue Stellung, die er unter den anderen einnimmt begrenztes Regiment. Über Berlioz scheint die Welt jedoch nicht in der Lage zu sein, sich zu entscheiden. Dabei geht es nicht um die Frage, wo er unter den Großen steht, sondern darum, ob er überhaupt zu den Großen gehört. Obwohl es keine absolute Einstimmigkeit in der Meinung über das Gesamtwerk von, sagen wir, Wagner oder Beethoven gibt – keine völlige Einigkeit darüber, wie viel Schwäche mit ihrer Stärke verbunden ist –, herrscht auf jeden Fall vollkommene Einstimmigkeit in der Meinung, dass Wagner und Beethoven sind von der königlichen Linie. Aber wir haben Berlioz von einer Gruppe kompetenter Musiker in den Himmel gepriesen, während eine andere Gruppe kaum höflich über ihn sprechen kann; er scheint tatsächlich eine Art körperliche Übelkeit bei ihnen hervorzurufen; und einige von ihnen bestreiten sogar, dass sein Temperament wirklich musikalisch gewesen sei. Es gibt in der Musikgeschichte sicherlich nichts Vergleichbares. Die Meinungsverschiedenheit über ihn ist, wenn man es beachtet, etwas ganz anderes als die häufige und durchaus entschuldbare Verwirrung, die Menschen über einen *zeitgenössischen* Komponisten empfinden. Zu Lebzeiten Wagners streiten sich die Menschen weit auseinander; aber die nächste Generation sieht ihn jedenfalls praktisch mit den gleichen Augen. Der Streit um Berlioz ist kein zeitgenössischer Streit; Der Großteil seiner bedeutendsten Werke erschien alle vor 1850, und doch diskutieren wir hier, ein halbes Jahrhundert nach dieser Zeit, immer noch darüber, ob er wirklich einer der Unsterblichen ist. Für viele stellt sich Schumanns alte Frage: „Sollen wir ihn als Genie betrachten oder nur als musikalischen Abenteurer?" bleibt immer noch unbeantwortet.

Im Großen und Ganzen – einen Moment lang nur auf den äußeren Aspekt des Falles blickend – fließt der Strom jetzt nicht von ihm, sondern zu ihm hin. Selbst wenn man den außergewöhnlichen Krampf von 1903, dem 100. Geburtstag seiner Geburt, beiseite lässt, hat er heute wahrscheinlich mehr Auftritte als jemals zuvor. Die Herren Breitkopf und Härtel bringen eine großartige Gesamtausgabe seiner Werke in Partitur heraus, hervorragend herausgegeben von Weingartner, dem großen Dirigenten, und Charles Malherbe, Archivar der Pariser Oper; während in den bewundernswerten kleinen Donajowski -Ausgaben die vollständigen Partituren der *Symphonie fantastique* , *Harold en Italie* , *Roméo et Juliette* und ein halbes Dutzend der Ouvertüren jetzt für einen Gesamtaufwand von ein paar Schilling erhältlich sind. Verleger veröffentlichen im Allgemeinen keine vollständigen Partituren, insbesondere nicht zu sehr niedrigen Preisen, es sei denn, es besteht eine gewisse Nachfrage nach den Werken. und ich denke, wir können davon ausgehen, dass gerade jetzt ein wachsendes Interesse an Berlioz besteht. Doch währenddessen geht der entscheidende Krieg weiter, ohne Anzeichen eines Kompromisses auf beiden Seiten. Die Einstellung sehr vieler Menschen lässt sich natürlich teils dadurch erklären, dass sie mit Berlioz' Werk nicht vollkommen vertraut waren, teils dadurch, dass sie sich von Anfang an gegen ihn aufgelehnt hatten und sich nie damit abgefunden hatten, sich zu fragen, ob ihre ersten Eindrücke nicht noch einmal revidiert werden müssten. Nicht jeder hat die Offenheit oder die Fähigkeit zu harter und geduldiger Arbeit wie Weingartner, der seinen eigenen Fortschritt gegenüber der traditionellen Sichtweise von Berlioz als „einem großen Koloristen , dem Begründer der modernen Orchestrierung, einem brillanten Schriftsteller" dokumentiert hat , und in der Tat fast alles andere außer einem Komponisten der Inspiration und Melodie", zu der Ansicht, dass Berlioz einer der großen Meister ist, reich an Gefühlen, an Schönheit, an Erfindungsreichtum. Viele würdige Leute ließen sich zweifellos von Wagner inspirieren, der nicht nur eine unsinnige Pseudoanalyse von Berlioz in „ *Oper und Drama" lieferte, sondern sich auch in* einem bekannten Brief an Liszt abfällig auf ihn bezog . Es ist jedoch ziemlich klar, dass Wagner zu dieser Zeit vergleichsweise wenig über Berlioz wusste und dass er, als er *Benvenuto Cellini* und *La Damnation de Faust herunterzählte* , nur seiner unglücklichen Angewohnheit nachging, sich über Themen, von denen er nichts wusste, sehr positiv zu äußern . [1] Aber lassen Sie alle Kritik an ihm beiseite, die aus unvollkommenen Kenntnissen resultiert — und es muss daran erinnert werden, dass es bis vor Kurzem nicht einfach war, eine vollkommene Kenntnis von ihm zu erlangen, da seine Partituren eher spärlich und so schlecht gedruckt waren um die Lektüre zu einer Prüfung zu machen — Wagners und wir sind immer noch mit einem gewissen Maß an guter kritischer Intelligenz konfrontiert, die nicht tun kann, was sie will, um sich mit der Musik von Berlioz auseinanderzusetzen. Und da sich Kritik nicht nur mit den psychologischen Prozessen befasst, die ein Kunstwerk ausmachen, sondern auch mit den psychologischen Prozessen, die uns dazu bringen, es auf diese oder jene Weise zu beurteilen, ist es einen Versuch wert, dies herauszufinden Was es an Berlioz ist, das so viele würdige Menschen dazu bringt, ihm gegenüber ziemlich unsympathisch zu sein.

II

Betrachten wir ihn zunächst biografisch und historisch, wie er selbst war und wie er mit seinen Zeitgenossen umging. Seine Geschichte ist vielleicht die seltsamste in allen Musikdokumenten. Im Gegensatz zu Musikern wie Bach, Beethoven, Mozart, Wagner und vielen anderen, die von Kindheit an in einer von Musik durchdrungenen Atmosphäre aufwuchsen, wurde Berlioz in einer Kleinstadt geboren, in der es praktisch kein musikalisches Leben gibt. Sogar das Klavier wird dort nicht gepflegt, Harfe und Gitarre sind fast die einzigen bekannten Instrumente; 1808 – fünf Jahre nach Berlioz' Geburt – gibt es im Departement immer noch nur ein Klavier. Es gibt keinen Musiklehrer im Ort; Berlioz' Vater tut sich schließlich mit anderen Einwohnern zusammen, um zu diesem Zweck einen zweiten Geiger aus dem Theater in Lyon herzuholen. Obwohl die Musikalität in dem Jungen nicht ganz unterdrückt werden kann, kennt er die Elemente der Technik in den ersten zwanzig Jahren seines Lebens praktisch nicht und hört nie einen Takt erstklassiger Musik. "Als ich 1820 in Paris ankam", [2] sagt er, "hatte ich noch nie einen Fuß in ein Theater gesetzt; alles, was ich von Instrumentalmusik kannte, waren die Quartette von Pleyel, mit denen mich die vier Amateure, die die Philharmonische Gesellschaft meiner Heimatstadt bildeten, jeden Sonntag nach der Messe zu unterhalten pflegten; und ich hatte keine andere Vorstellung von dramatischer Musik als die, die ich mir beim Durchgehen einer Sammlung alter Opernmelodien mit Gitarrenbegleitung aneignen konnte." Obwohl er ungebildet war und praktisch selbst die Elemente der Harmonie nicht kannte, hatte er schon seit seiner Kindheit Musik geschrieben. Die Eröffnungsmelodie der *Symphonie fantastique* wurde tatsächlich von Berlioz in seinem zwölften Lebensjahr zu einigen Versen aus Florians *Estelle geschrieben* ; [3] und wir kennen andere Kompositionen aus seiner Kindheit, von denen Fragmente in einigen seiner späteren Werke erhalten geblieben sind. Es mag nicht ganz richtig sein, wie M. Edmond Hippeau sagt, dass er bis zum Alter von 23 Jahren „die elementarsten Prinzipien der Musik nicht kannte"; jedenfalls fing er gerade erst an, diese Prinzipien zu lernen, in einem Alter, in dem neun von zehn anderen Komponisten die ganze Plackerei eines Lehrlings weit hinter sich gelassen haben. In Paris studiert er tatsächlich auf eine gewisse Art und Weise; aber es ist charakteristisch für ihn, dass er den Großteil seiner musikalischen Erfahrung aus den Aufführungen in der Oper und aus dem sorgfältigen Lesen der Partituren von Gluck in der Bibliothek des Konservatoriums bezieht.

Sogar in Paris gab es damals wenig, was das Beste in einem Mann wie Berlioz hervorheben konnte – wenig, was ihn den richtigen Gebrauch seiner eigenen seltsamen Fähigkeiten hätte lehren können oder an dessen Maßstab er den

Wert seiner eigenen Inspiration hätte messen können. Er hörte tatsächlich gelegentlich ein wenig Gluck und eine Travestie von Weber; aber erst 1828 machte Beethoven in Paris Eindruck. Orchester waren im Allgemeinen inkompetent und das Publikum unwissend. Das Kaliber des durchschnittlichen französischen Orchesters der Zeit kann man daran messen, dass selbst die angeseheneren Bands Mozarts Symphonien keineswegs leicht fanden. Man schaudert bei dem Gedanken, wie die gewöhnlichen Orchester gewesen sein müssen und an welche Qualität der Musik sie sich gewöhnt hatten. Was das Publikum anging, so war es, sofern es nicht extrem ungebildet war , extrem voreingenommen und klammerte sich blind an die Überreste der pseudoklassischen Prinzipien, die ihnen von ihren Vätern vererbt worden waren. Ein Publikum, das in einen regelrechten Wutausbruch versetzt werden konnte, weil ein Schauspieler, der alle Schicklichkeiten der Zeit verletzte, in *Othello tatsächlich* etwas so Vulgäres wie ein Taschentuch erwähnte, würde kaum etwas Revolutionäres in der Idee oder Technik mit Wohlwollen betrachten . In der Oper waren die Italiener am angesagtesten. Das französische Publikum wusste wenig über reine und einfache Instrumentalmusik und war fast völlig unwissend über die gewaltigen Entwicklungen der deutschen Musik. Cherubini war natürlich eine stattliche und beeindruckende Persönlichkeit, ein ernsthafter Denker vom gleichen Schlag wie die großen Deutschen; aber abgesehen von ihm gab es keine Pariser Komponisten, die man auch nur im entferntesten Sinne als modern bezeichnen konnte oder die einem Mann wie Berlioz etwas beibringen konnten. Lesueur, der Lieblingsmeister von Berlioz, scheint in einigen seiner Theorien über Musik und Poesie progressiv – ja sogar revolutionär – gewesen zu sein; aber seine Theorie war besser als seine Praxis. Von einem Typ wie dem liebenswürdigen und ineffektiven Boïeldieu konnte unmöglich etwas Neues kommen. Er bekannte offen, dass er Beethoven nicht verstehen könne, und erklärte Berlioz gegenüber, dass er „la musique qui me berce " bevorzuge. Doch dieser junge Musiker vom Lande, der jahrelange verlorene Zeit zu bedauern hat, der kaum musikalische Bildung besitzt, der nur die geringsten Anregungen aus der großen Musik der Vergangenheit erhält und der von seinem Umfeld kaum ermutigt wird, produziert in rascher Folge eine Reihe von Werken von verblüffender Originalität – originell in jeder Hinsicht, in der Wendung ihrer Melodien, in ihrer harmonischen *Struktur*, in ihrer Orchestrierung, in ihrem Rhythmus, in ihrer Sicht der Menschen und Dinge. Jetzt, da Berlioz' vollständige Werke gedruckt werden, wissen wir viel mehr über ihn, als es noch vor wenigen Jahren möglich war. Wir beginnen unsere Untersuchung seiner Person nicht mit der *Symphonie fantastique* ; wir können die Arbeit seines Gehirns in den beiden frühen Kantaten – *Herminie* und *Cléopâtre* – beobachten, die in den Augen zweier kluger Jurys der Zeit nicht ausreichten, um ihm den *Prix de Rom* . Hier sehen wir eine Frische der Anschauung und des Stils – besonders in Sachen Rhythmus – die eines der bemerkenswertesten Phänomene in der Musikgeschichte ist. In seinen frühesten Jahren wie auch in seinen letzten war Berlioz er selbst, eine einsame Figur, die der Musik anderer praktisch nichts zu verdanken hatte, ein Künstler, so könnte man fast sagen, ohne Vorfahren und ohne Nachkommen. Mozart baut auf Haydn auf und beeinflusst Beethoven; Beethoven imitiert Mozart und beeinflusst wiederum die Praxis aller späteren Symphoniker; Wagner lernt von Weber und bringt eine Schar von Nachahmern hervor. Aber bei Berlioz – und das ist ein Punkt, auf den man bestehen muss – gibt es niemanden, dessen Sprache er in seinen frühen Jahren zu kopieren versuchte, und es gibt seitdem niemanden, der mit *seiner* Stimme spricht. Wie viele Dinge des frühen Beethoven wurden in der Fabrik Mozarts hergestellt; wie oft spricht der frühe Wagner mit der Stimme Webers! Aber wer kann die Partituren von Berlioz' frühen Werken durchblättern und eine einzige Phrase finden, die einem früheren oder zeitgenössischen Schriftsteller zugeschrieben werden könnte? Es gab weder vor noch nach seiner Zeit jemanden, der so dachte und schrieb wie er; vor allem sein musikalischer Stil ist absolut sein eigener. In *L'Enfance du Christ* erinnert er hin und wieder an Gluck – nicht in der Wendung seiner Phrasen, sondern in der allgemeinen Atmosphäre einer Arie; aber abgesehen davon erinnert er uns nur sehr selten an einen anderen Komponisten. Seine Melodie, seine Harmonie, sein Rhythmus sind absolut sein eigener.

III

Wir stehen also einer Persönlichkeit gegenüber, die, ob wir wollen oder nicht, von außerordentlicher Stärke und Originalität ist. Wenn wir erkennen wollen, was für eine Kraft er war und wie er dazu kam, seine Arbeit zu verrichten, müssen wir ihn sowohl vom Standpunkt der Geschichte als auch vom Standpunkt der physiologischen und psychologischen Wissenschaft aus studieren. Musikkritik neigt dazu, sich zu sehr auf eine bloße Frage der Weinprobe zu beschränken, eine bloße Aussage über die Vorliebe für diesen Jahrgang oder eine entschiedene Abneigung dagegen. Wir müssen Musiker als Ganzes untersuchen, als vollständige Organismen, die aufgrund bestimmter struktureller Besonderheiten zusammenhalten. Wenn einem die Musik von Liszt nicht gefällt, vergleicht er sie abschätzig mit der von Wagner – als ob diese Platzierung von Menschen auf den höheren oder niedrigeren Sprossen einer Leiter das A und O der Kritik wäre. Shakespeare ist die größte Figur der elisabethanischen Literaturwelt; Aber welcher Kritiker denkt darüber nach, Ford und Massinger und Jonson und Webster und Marlowe und Tourneur mit der beiläufigen Bemerkung zu vernichten, dass keiner von ihnen ein Shakespeare war? Ebenso reicht es nicht aus, Berlioz als einen Vermittler extravaganter Ideen darzustellen, die manchmal in hässliche und unangenehme Formen gekleidet sind; Es ist viel lohnender, herauszufinden, warum er eine solche Vorliebe für die Kunst hatte und in welchem Verhältnis er zu den allgemeinen intellektuellen Strömungen seiner Zeit stand. Nur wenn wir ihn vom historischen Standpunkt aus studieren, können wir viele seiner Ideale verstehen; und sie zu verstehen ist wichtiger, als sie zu beschimpfen. Die Kritik, die die weniger schönen Exemplare einer Kunst ablehnt, weil sie nicht vollkommen sind, ist wie die Naturgeschichte, die nur die typischen Organismen berücksichtigt und die vielen lehrreichen Variationen des Typus außer Acht lässt. Auf lange Sicht sind menschliche Torheit und menschliches Versagen für den Erforscher der Menschheit ebenso interessant wie ihre Weisheit und ihre Triumphe; und der Kritiker sollte immer darauf abzielen, ein unparteiischer Student der Menschheit zu sein, nicht nur ein Weinverkoster oder ein Richter.

Wie wir gesehen haben, können wir Berlioz trotz aller anderen Qualitäten, die wir ihm absprechen mögen, seinen Anspruch auf Originalität auf keinen Fall ablehnen. Leser von Théophile Gautiers *Histoire du Romantisme* , in dem der kühle, objektive Dichter und Kritiker alle führenden Persönlichkeiten der Romantik bespricht – Victor Hugo, Gérard de Nerval, Alfred de Vigny, Delacroix und etwa zwanzig weniger bedeutende Persönlichkeiten – werden es tun Denken Sie daran, dass Berlioz der einzige Musiker ist, der in diese brillante Gesellschaft aufgenommen wurde. Es lag nicht an einer persönlichen Vorliebe Gautiers oder an seiner Unkenntnis der anderen romantischen Musiker; es gab einfach keine anderen. Was die Musik anbelangt, begann und endete die gesamte romantische Bewegung mit Berlioz. Wenn wir versucht sind, uns über einige seiner Extravaganzen oder Banalitäten zu ärgern , sollten wir daran denken, dass er eine neue Welt ohne Hilfe erobern musste. Er war nicht nur ohne Kollegen, sondern auch ohne Vorfahren. Als er 1821 im Alter von achtzehn Jahren in Paris ankam, was war die Stellung der Musik in Frankreich? Glucks epochales Werk hatte 1779 mit *Iphigenie auf Tauris seinen Abschluss gefunden* ; Die dramatische Schule, deren Leiter er war, machte bei Sacchini so etwas wie ihren letzten Versuch *Œdipe à Colone* im Jahr 1789. Das oft charmante, aber schwache Werk von Dauvergne , Duni, Monsigny , Dalayrac und Grétry war für die Oper der Zukunft ohne Bedeutung. Nur zwei Musiker erregten ernsthaften Respekt — der große Cherubini, der jedoch weder typisch französisch noch sehr revolutionär war, und Méhul, dessen *Joseph* 1807 auftrat. Lesueur und Berton zählen nicht; während Hérold , obwohl er in mancher Hinsicht ein starker Mann war, weder in der Form noch im Ausdruck besonders originell war. Die französische Musik, die in Berlioz' frühem Mannesalter entstand, war vom Typus Boïeldieus *La Dame Blanche* (1828), Aubers *Masaniello* (1828) und *Fra Diavolo* (1830) oder Adams *Postillon de Longjumeau* (1836). Weder Spontini im ersten Jahrzehnt des Jahrhunderts noch Rossini in späteren Jahren waren ein notwendiges Glied in der Entwicklungskette der französischen Musik. Tatsächlich können wir von fast der gesamten Musik, die zwischen 1790 und 1830 in Paris gehört wurde, sagen, dass sie, wann immer sie großartig war, nicht französisch war, und dass sie, wann immer sie französisch war, nicht großartig war. Vor allem handelte es sich kaum um *zeitgenössische* Musik; es zeigte selten die Spur einer Assimilation des Lebens und der Kunst seiner Zeit. Insbesondere blieb es unberührt von dem heißen jungen romantischen Blut, das im zweiten und dritten Jahrzehnt des Jahrhunderts sowohl die französische Poesie als auch die französische Malerei veränderte. Denken Sie an die Künstler und Dichter und dann an die Musiker, und Sie scheinen in eine andere und minderwertige Gedankenwelt einzutreten.

Es war Berlioz, und nur Berlioz, der die französische Musik in Einklang mit den Aktivitäten intelligenter Männer auf anderen Gebieten brachte. Er legte eine Wildheit und Turbulenz der Vorstellungskraft und eine Kühnheit des Stils hinein, die ihr bis dahin fremd gewesen waren. Wenn ich ihm heute zuhöre , habe ich oft das Gefühl, dass wir seine Originalität noch immer nicht richtig zu schätzen wissen. Selbst nach so vielen Jahren erscheint uns die Musik trotz der enormen Entwicklung der Kunst zwischen seiner Zeit und der unseren manchmal verblüffend neu und unkonventionell. Wie muss sie dann in den Ohren derer geklungen haben, die sie zum ersten Mal hörten? Stellen Sie sich das bürgerliche Publikum jener Tage vor, das plötzlich vom Marsch zum Schafott oder dem Hexensabbat in der *Symphonie fantastique überfallen* wurde! Hier gab es einen ebenso heftigen Bruch mit den nüchternen

Formeln der Klassik und der Pseudoklassik wie alles, was Victor Hugo oder Delacroix oder Gros oder Géricault erreichten.

Was Berlioz antrieb, waren in der Tat dieselben Motive, die auch seine großen Zeitgenossen antrieben. Ihre Revolte beruhte im Wesentlichen auf der Behauptung, dass Schönheit beinahe ein und dasselbe ist wie das Leben selbst. Die jüngeren Männer hatten geschärfte Nerven als ihre Väter, ihre Ohren waren schärfer, ihre Augen aufmerksamer. Sie sahen und fühlten mehr vom Leben und versuchten, in der Kunst zum Ausdruck zu bringen, was sie gesehen und gefühlt hatten. Dazu war es nicht möglich, nicht nur mit den Konventionen der pseudoklassischen Technik zu brechen, sondern auch vielen Empfindungen und Ideen Ausdruck zu verleihen, für die die Menschen der vorherigen Generation unempfänglich gewesen waren. Neuere französische Kritiker haben als einen Beweis für die empfindlicheren Nerven der Frühromantiker die Feinheit und Vielfalt ihrer Farbwahrnehmung angeführt. Für den Literaten des 18. Jahrhunderts ist ein Gegenstand lediglich blau oder rot, die neuen Schriftsteller nehmen ein Dutzend Schattierungen von Blau und Rot wahr und durchforsten den gesamten Wortschatz, um das richtige, unterscheidende Wort zu finden. [4] Es gab ein allgemeines Bemühen, den Konventionen zu entfliehen, die Poesie, Malerei, Drama und Oper eingeengt hatten. Die Kleidung der Schauspieler und Sänger sollte jetzt in gewisser Weise mit der Epoche des Stücks übereinstimmen, statt den vergeblichen Versuch zu unternehmen, mit den Kostümen ihrer eigenen Zeit eine historische Illusion zu erzeugen. Die Themen von Dramen, Romanen, Gedichten und Opern waren nicht mehr ausschließlich klassisch, sondern wurden jetzt in zeitgenössischen Stilen oder in der früheren europäischen Geschichte gesucht; und mit dem Wechsel des Stoffes kam notwendigerweise ein Wechsel des Stils. Gleichzeitig entstand eine bisher unbekannte intellektuelle Vertrautheit zwischen allen Künstlerklassen. Der Dichter und der Musiker hingen im Atelier des Malers herum; der Maler und der Dichter sangen die Lieder des Musikers oder besuchten die Aufführungen seiner Oper, um sie aus der Sicht von Menschen zu kritisieren, die selbst daran gewöhnt waren, in künstlerischen Werken zu denken. Die Vorstellungskraft jedes Einzelnen wurde durch die Ideen und Empfindungen der anderen angeregt und bereichert. Die neuen Errungenschaften der Linien, Farben, Sprachen oder Klänge veranlassten die Anhänger der jeweiligen Kunst zu neuen Experimenten in ihrem eigenen Medium. Dies wiederum führte zu einem weiteren neuen Phänomen, das in der Geschichte der Musik von besonderer Bedeutung ist. Ein origineller Typus trat in den Vordergrund – der literarische Musiker, der es sich zur Gewohnheit und manchmal sogar zum Beruf machte, über seine Kunst zu schreiben und die Öffentlichkeit zu unterrichten, während er gleichzeitig seine eigenen Ideen klärte und seine eigenen Fähigkeiten erprobte. Dieser Typus wurde von einem weiteren neuen Produkt begleitet – dem Literaten oder Dichter, der über Musik schrieb, nicht als Professor oder Pedant und nicht nach der Art der Rousseaus und Suards des 18. Jahrhunderts, sondern mit dynamischer Kraft und Direktheit, indem er Musik mit Leben und Denken in Zusammenhang brachte und sie nach ihrer tatsächlichen Bedeutung für die lebenden Menschen beurteilte. Im 18. Jahrhundert gab es nichts, was den Prosaschriften von Musikern wie Berlioz und Schumann entsprach, nichts, was mit der Behandlung musikalischer Themen durch Literaten wie Hoffmann und Baudelaire vergleichbar wäre. [5] Und doch, während auf diese Weise tatsächlich mehr Gehirnleistung für Musik und Kunst im Allgemeinen aufgewendet wurde, waren die Männer selbst keine so soliden Typen wie die Männer des 18. Jahrhunderts. Weder Hugo noch Gautier, noch Delacroix, noch Berlioz hatten das intellektuelle Gewicht und die Festigkeit eines Diderot, Condorcet, David oder Gluck. Die Vernunft des 18. Jahrhunderts verwandelte sich in Gefühl, ihre Aktivität in Reflexion, ihre Ruhe in Begeisterung, ihre Nüchternheit in Leidenschaft.

Diesem Geist konnte der nunmehr kraftlose Idealismus der pseudoklassischen Kunst nicht lange standhalten. Wenn Künstler der Öffentlichkeit beigebracht hatten zu glauben, dass alles, was das wirkliche Leben schmeckte, vulgär oder barbarisch sei, muss die Öffentlichkeit nun von dieser Vorstellung befreit werden. Alles Leben wurde als Domäne des Künstlers beansprucht; er beanspruchte auch das Recht, es so zu zeichnen, wie er es gesehen hatte. „Es gibt keine guten oder schlechten Fächer", sagte Victor Hugo; „Es gibt nur gute Dichter und schlechte Dichter." Ausdruck – vitaler Ausdruck, bis zum Kern des Themas – war nun das Ideal; Schönheit in dem begrenzten Sinne, den ihr die falschen Klassiker verliehen hatten, war nur eine mehr oder weniger banale Formel. „Die Verwirklichung der Schönheit durch den Ausdruck des Charakters" war das erklärte Ziel der Romantiker. M. Brunetière kontrastiert dies treffend mit dem klassischen Satz von Winckelmann, dass die ideale Schönheit „wie reines Wasser ohne besonderen Geschmack " sei. „Wir müssen es sagen und wiederholen", ruft Hugo im Vorwort von 1824 zu den *Odes et Ballades* ; „Es ist nicht das Bedürfnis nach Neuheit, das unseren Geist quält; es ist das Bedürfnis nach Wahrheit – und dieses Bedürfnis ist immens." Delacroix fasste die allgemeine Falschheit der konventionellen Haltung gegenüber der Kunst zusammen, als er schrieb: „Um aus einem Neger einen idealen Kopf zu machen, lassen unsere Lehrer ihn so weit wie möglich dem Profil von Antinoos ähneln und sagen dann: ‚Das haben wir geschafft.' unser Bestes; wenn er dennoch nicht schön ist, müssen wir ganz auf diese Laune der Natur verzichten, auf diese gedrungene Nase und die dicken Lippen, die für die Augen so unerträglich sind.'" Ein Journalist von 1826 (zitiert von M. Gustave Lanson In seiner bewundernswerten *Histoire de la Littérature française* rief er aus: „ Vive la nature *brute et sauvage* qui revit." si bien dans les vers de M. de Vigny, Jules Lefèvre, Victor Hugo!" Es war nicht so, dass sie Hässlichkeit und Gewalt an sich verehrten, sondern dass sie das Gefühl hatten, dass es bestimmte Gelegenheiten gibt, in denen die Wahrheit nur durch das Abstoßende und Extravagante erreicht werden kann , der jedoch durch einen weisen Eklektizismus auf die Ziele des Ideals ausgerichtet sein kann. Es gibt kaum etwas in der Vorstellungskraft von Berlioz, das nicht in der Vorstellungskraft der zeitgenössischen Dichter und Maler vergleichbar wäre; Verse oder ausdrucksstärkere Farben , die auch der Musiker nicht annahm, nur solange sie zumindest einige Wurzeln in der Vergangenheit hatten, nicht nur in ihrem eigenen Land, sondern auch in England und Deutschland, und obwohl sie viele waren und sich gegenseitig unterstützen und reinigen konnten Durch gegenseitige Kritik blieb Berlioz auf sich allein gestellt, ohne dass irgendein Musiker, weder tot noch lebend, für ihn in seinem Kurs von praktischem Wert gewesen wäre.

IV

Bei wenigen literarischen und künstlerischen Bewegungen liegen uns ihre sozialen und physischen Wurzeln so klar vor Augen wie bei der Romantik. Das Erstaunlichste an dieser Kette von Ursachen und Folgen ist, dass nur die einsame Gestalt Berlioz die musikalische Seite repräsentiert. Man hätte gedacht, dass die enorme Befreiung nervöser Energie durch die Revolution und die napoleonische Zeit zu groß gewesen wäre, um auf Literatur und bildende Künste beschränkt zu sein − dass eine wirklich französische Musikschule entstanden wäre, verwoben mit der Vergangenheit und Gegenwart der französischen Geschichte und des sozialen Lebens und auf ihre Weise ebenso typisch für die zeitgenössische französische Kultur wie es die Poesie, das Drama und die Malerei der Zeit in ihren eigenen waren. Dass dies nicht geschah, lag aller Wahrscheinlichkeit nach an der festen Macht, die das Theater über die Musikliebhaber in Frankreich hatte. Für neun von zehn Menschen war Musik ein Synonym für Oper, und Oper bedeutete ein Schauspiel, bei dem nur das größte Vergnügen der größten Zahl berücksichtigt werden musste. Es war eine Kunstform, in der Kompromisse auf die Spitze getrieben wurden; Das Publikum war kosmopolitisch und nicht allzu kritisch, und die Komponisten, ob einheimisch oder ausländisch, mussten erst in zweiter Linie an die Kunst denken und in erster Linie eine musikalische Sprache sprechen, die für alle verständlich und akzeptabel war. Von der Oper konnte kein unabhängiger, zeitgenössischer Ausdruck der Kultur erwartet werden, denn niemand, weder Komponist noch Zuschauer, nahm sie dafür ernst genug.

Andererseits existierte keine rein instrumentale Form, die als Vehikel für solch revolutionäre Gefühlszustände hätte dienen können, wie sie in der Literatur und Malerei der Zeit ihren Ausdruck fanden. Schließlich gab es kein Publikum mit ausreichender musikalischer Ausbildung, das eine neue Offenbarung in der Musik hätte fordern oder sie verstehen können, wenn sie käme. Die französischen Orchester der Zeit waren, wie wir gesehen haben, fast durchweg ineffizient und unfähig, große Musik mit Intelligenz zu spielen. Es war also unmöglich, dass das Publikum in der Musik so lebendig und auf dem neuesten Stand war wie in anderen Dingen; und Musik ist mehr als jede andere Kunst auf kollektives, im Gegensatz zu individuellem Mäzenatentum angewiesen. Vielleicht war auch die Sprache der französischen Musik noch nicht ausreichend entwickelt, um den Bedürfnissen der jungen Generation von Romantikern gerecht zu werden. Sie war nicht real genug, nicht nah genug am wirklichen Leben, um die Energie der Menschen entweder zur Zustimmung oder zur Abneigung anzuspornen. Das wütende Aufflammen des neuen Geistes auf anderen Gebieten war unverkennbar. Der Realismus von Gros oder Delacroix war für jedes Auge offensichtlich; die bloße Änderung in der Wahl der Themen war eine Herausforderung und eine Provokation. So konnte man auch in der Poesie nicht anders, als erregt zu sein durch das unaufhörliche Gepeitschtwerden der Sprache zu neuen technischen Meisterleistungen, die fortwährende Hervorrufung neuer Ausdrucksformen, neuer Schwingungen verbaler Farbe . All dies bewegte sich auf derselben Ebene wie das alltägliche Leben der Menschen. Es war etwas, woran sie ein kämpferisches Interesse empfinden konnten. Aber niemand nahm die Musik so ernst. Es dauerte lange, bis sie die großartige Manier, den Trick mit Perücke und Schwert des 18. Jahrhunderts verlor; und als das geschah, gab es nichts von gleicher Erhabenheit, das ihren Platz einnehmen konnte. Wo sie großartig war und den großen Schritt und den wallenden Mantel hatte, atmete sie die Psychologie der Vergangenheit; wo sie am Leben der Menschen ihrer Zeit teilnahm, griff sie sie nur auf ihrer sinnlicheren, offeneren epikureischen Seite an. Sie war eine Geliebte, keine Ehefrau.

Nur in Berlioz also hat die romantische Bewegung ihre musikalischen Energien verbraucht. Er allein unter den französischen Musikern der Zeit zeigt dieselben körperlichen und geistigen Merkmale, die seine Zeitgenossen in die Kunst oder Literatur einfließen ließen. Bei ihm wie bei ihnen zählt die physiologische Struktur sehr viel. Zweifellos kam ein Großteil der Antriebskraft aus dem großen Erwachen der napoleonischen Ära. Die Nation, die seit einer Generation mit jedem Land Europas rang, berührte das Leben zwangsläufig auf mehr Seiten als je zuvor. Die alten Formalitäten genügten nicht mehr; tatsächlich war das bloße Alter irgendeines Gedankens oder irgendeiner Praxis in den Augen dieses Volkes, für das die seltsame kaleidoskopische Gegenwart ein Schauspiel von ständig wechselndem Interesse war, keine Empfehlung dafür. Diesem Aspekt der Situation verlieh Stendhal Ausdruck, als er sein eigenes Jahrhundert mit dem achtzehnten verglich, die klassische Nahrung mit der romantischen. "Die klassischen Stücke sind wie Religionen - die Zeit, sie zu erschaffen, ist vorbei. Sie sind wie eine Uhr, die auf Mittag zeigt, wenn es vier Uhr nachmittags ist. Diese Art von Poesie war genau das Richtige für die Leute, die in Fontenoy den Hut zogen und zur englischen Kolonne sagten: 'Meine Herren, seien Sie so gut und schießen Sie zuerst.' Und man erwartet, dass diese Poesie einen Franzosen zufriedenstellt, der am Rückzug aus Moskau teilgenommen hat!" Als das napoleonische Reich gefallen war, wurde in der intensiven Melancholie, die Musset zufolge die jüngeren Geister angesichts der plötzlichen Einschränkung der Aktivitäten der Nation ergriff, eine neue Antriebskraft von großem literarischen Wert entdeckt. "Ein Gefühl unaussprechlichen *Unbehagens begann in jedem jungen Herzen zu gären. Von den Herrschern der Welt zur Untätigkeit verurteilt, der Trägheit, der Langeweile* ausgeliefert , erlebten die jungen Männer ... im Innersten ihrer Seelen ein unerträgliches Elend."

Die physiologischen Ursachen dieser nervösen Reizbarkeit, dieser Unzufriedenheit mit den bestehenden Dingen, die bei Berlioz ebenso stark ausgeprägt ist wie bei Musset oder Delacroix, waren jedoch wahrscheinlich wichtiger als die moralischen. Die Mehrheit der Künstler und Literaten dieser Epoche hatte eine schwache, neurotische Physis. Fast alle von ihnen neigten zu Nervenstörungen oder einer Herz- oder Lungenschwäche, die sie zur Melancholie prädisponierte. Maxime du Camp legte ein starkes Zeugnis für die körperliche Mattigkeit ab, die diese Epoche kennzeichnete . „Die Künstler- und Literaturgeneration, die mir vorausging", schrieb er, „die, der ich angehörte, hatte eine Jugend der künstlerischen Traurigkeit, die der Konstitution der Menschen oder der Epoche innewohnte." Und über die Selbstmordneigung der jungen Männer dieser Zeit sagt er: „Es war nicht nur eine Mode, wie man glauben könnte; es war eine Art allgemeiner Schwäche, die das Herz traurig und den Geist trüb machte und dazu führte, dass der Tod als Erlösung angesehen wurde."

Diese *„défaillance générale"*, diese *„tristesse sans Cause comme sans objet"*, *„tristesse abstraite"* , muss ihre Wurzeln in etwas haben, das tiefer liegt als die rein psychologische Einstellung der Jugend dieser Zeit. Es scheint wahrscheinlich, dass es zu einer allgemeinen körperlichen Erschöpfung kam, zu einer weit verbreiteten Schwächung der körperlichen Verfassung. Die zu Beginn des Jahrhunderts geborenen Kinder müssen in vielen Fällen Menschen als Eltern gehabt haben, die in einer Atmosphäre intensiver sozialer und politischer Aufregung gelebt und wahrscheinlich erhebliche körperliche Härten durchgemacht hatten. Die Napoleonischen Kriege dürften ihre Spuren in der physiologischen Konstitution der französischen Rasse hinterlassen haben. Wenn es wahr ist, dass die feine Nervosität der Iren zum Teil auf die Jahrhunderte des unruhigen Lebens zurückzuführen ist, das die Rasse durchgemacht hat, müssen die grellen, sich schnell ändernden Episoden der Rasse sicherlich einen gewissen Eindruck auf die Physis Frankreichs hinterlassen haben Revolution und das Imperium. Der bloße Verlust von jungem Blut muss ein gutes Geschäft gewesen sein. Tatsächlich zeugt de Musset in seinem „ *Confession d'un enfant du siècle* "von der Melancholie der jungen Generation – „ une". „génération ardente, pâle , nerveuse ", „gezeugt zwischen zwei Schlachten" und geboren aus „les mères ". inquiètes ." [6] Auch Maxime Du Camp schlägt diese Erklärung der damaligen Morbidität vor und fügt ihr eine weitere hinzu. „Oft habe ich mich gefragt, ob diese Depression nicht das Ergebnis physiologischer Ursachen gewesen sein könnte." Die Nation war durch die Kriege des Reiches erschöpft und die Kinder hatten die Schwäche ihrer Väter geerbt. Außerdem war das damals vorherrschende System der Medizin und Hygiene katastrophal.

Broussais war der Anführer des Denkens, und die Ärzte gingen überall hin, mit der Lanzette in der Hand. In der Schule ließ man uns wegen Kopfschmerzen ausbluten. Als ich an Typhus erkrankt war, wurde mir innerhalb einer Woche dreimal Blut abgenommen, es wurden mir sechzig Blutegel verabreicht, und ich hätte mich nur durch ein Wunder erholen können. Die von Molières Diafoiruses gepredigten Lehren hatten sich bis in unsere Tage gehalten und führten zu der so häufig anzutreffenden anämischen Konstitution. Blutarmut in Verbindung mit einem nervösen Temperament macht einen Menschen melancholisch und deprimiert.

Eine Folge dieses fehlerhaften Körperbaus war, dass die jungen Männer dieser Zeit nicht nur extravagante Vorstellungen hatten, sondern diese und sich selbst mit enormer Ernsthaftigkeit nahmen. Die meisten von ihnen posierten teilweise gewissenlos. Sie könnten nicht unglücklich sein, ohne zum Wohle eines Publikums mit ihren eigenen Empfindungen zu spielen; In fast allen steckte etwas vom Schauspieler . Jeder war in seinen eigenen Augen ein Werther, ein Mensch, dem gegenüber sich der Kosmos mit einer besonderen und völlig unverzeihlichen Böswilligkeit verhalten hatte. Hören Sie zum Beispiel die Aussage von Chateaubriand: „Ich war nie glücklich, ich habe nie das Glück erlangt, obwohl ich es mit einer Beharrlichkeit verfolgt habe, die der natürlichen Begeisterung meiner Seele entsprach; niemand weiß, was für ein Glück das war, das ich suchte." , niemand hat die Tiefen meines Herzens vollständig gekannt; die meisten meiner Gefühle sind dort verborgen geblieben oder sind nur in meinen Werken aufgetaucht, wenn sie auf imaginäre Wesen angewendet werden. Heute bereue ich meine Chimären , ohne sie jedoch zu verfolgen. Wenn ich, nachdem ich den Gipfel des Lebens erreicht habe, zum Grab hinabsteige, möchte ich vor meinem Tod zu diesen kostbaren Jahren zurückkehren, *um mein unerklärliches Herz zu erklären* , um kurz zu sehen, was ich sagen kann, wenn meine Feder sich uneingeschränkt hingibt nach all meinen Erinnerungen. [7] Man erkennt in allem einen kleinen Anflug von Unaufrichtigkeit. Der Herr protestiert zu sehr; Er trägt sein Herz zu deutlich auf dem Ärmel und handelt mit Melancholie wie ein Mann mit Baumwolle oder Stahl, einfach weil es für so etwas einen Markt gibt. Wir müssen die Briefe von Berlioz immer mit diesem Misstrauen vor uns lesen, wenn wir ihren wahren Wert erkennen wollen. Eine gute Zusammenfassung der halb aufrichtigen, halb posierenden Stimmung, die unter den jungen Genies dieser Zeit vorherrschte, findet sich in Géricaults Porträt von sich selbst im Louvre , mit dem erzwungenen Melodrama des Schädels auf dem Regal hängt von der wahren Ernsthaftigkeit des Gesamtbildes ab. Von dieser etwas weit hergeholten und allzu bewussten *Diablerie stoßen wir* in einigen frühen Werken von Berlioz reichlich auf; und es gibt keinen Grund, es dort zu verachten, als wenn wir es bei den Dichtern oder Malern treffen, die seine Zeitgenossen waren. Ganz zu schweigen vom hochtrabenden Hugo und seinen jugendlichen Anhängern, selbst ein so starker und philosophischer

Typ wie Flaubert wurde hin und wieder in die gleiche Art von Übertreibung verführt. Seine frühen Briefe sind voll von Sentimentalität, von der Rede vom Menschen als einem gebrechlichen Boot im Sturm und von allen anderen Formeln der Schule, [8] obwohl Flaubert sich ausdrücklich von den eher lymphatischen Exemplaren der Romantik distanzierte. „Wissen Sie", schrieb er, „dass die neue Generation der Schulen äußerst dumm ist; früher hatte sie mehr Verstand; sie beschäftigte sich mit Frauen, Schwerthieben, Orgien; jetzt ahmt sie Byron nach … Es ist wer." soll das blasseste Gesicht haben und auf die beste Weise sagen: „Ich bin *blasiert, blasiert* !" Wie schade! Mit achtzehn *gleichgültig* !"

V

Wenn jemals die physiologische Struktur eines Menschen berücksichtigt werden musste, um die Natur seiner Arbeit zu erklären, dann sicherlich, wenn wir es mit Berlioz zu tun haben. Man muss sich nur sein Porträt ansehen, um zu erkennen, wie nervös er war und wie anfällig er für Störungen des Nervensystems gewesen sein muss. In einem seiner Briefe gibt es eine Passage, die auf die Sorge seines Vaters um seine Gesundheit schließen lässt, der als Arzt wahrscheinlich die Vorliebe seines Sohnes für nervöse Probleme verstehen würde: „Je suis vos comments quant au régime, " schreibt Hector; „Je mange ordinairement peu et ne bois. " presque plus de thé ." Sein frühes Leben, nachdem er das väterliche Zuhause verlassen hatte, war sicherlich von großen Entbehrungen geprägt. Darüber hinaus scheint er äußerst rücksichtslos gegenüber seiner Gesundheit gewesen zu sein und lange Spaziergänge zu unternehmen, ohne ausreichend Nahrung zu sich zu nehmen – vorausgesetzt, nervöse Energie, die ihm zweifellos wie eine solide körperliche Verfassung vorkam. Schlimmer noch war sein gelegentlicher bewusster Ausweg aus dem Hungertod, wie uns einer seiner Freunde erzählt: „Pour." Erkenne die höchsten Werte der Genie - Lesungen pouvait passer." Das Wunder ist nicht, dass er schon immer ein Nervenleiden hatte oder dass er im mittleren Alter von einer schrecklichen Darmerkrankung befallen wurde, sondern dass er so lange gelebt hat Er tat es und fand Kraft genug für die Arbeit, die er uns hinterlassen hat. „Wie unglücklich ich bin", schrieb er einmal an seinen Freund Ferrand – „ein wahres Barometer, mal steigend, mal fallend, immer anfällig für Veränderungen." der Atmosphäre – hell oder düster – meiner verzehrenden Gedanken Sein ganzes Leben wird einem Vergleich mit dem, den er im Alter zwischen 25 und 40 schrieb, kaum standhalten. Die feine Blüte schien von seinem Geist abgewichen zu sein, selbst dort, wo die Musik noch die nervöse Energie früherer Jahre hat eine völlig äußerliche Sache – eine bloße Tendenz, in das Unerwartete auszubrechen, weil es unmöglich ist, lange auf dem einstufigen Weg weiterzumachen; Allzu oft verspürt er jedoch eine völlige Trägheit , die offensichtlich darauf zurückzuführen ist, dass er seine Schmerzen lange Zeit mit Opium gelindert hat. Aber bis sich sein System durch jede Art von Überanstrengung auf diese Weise abnutzte, war es offensichtlich ein System von außergewöhnlicher Sensibilität, empfänglich für hundert Eindrücke, die für jeden anderen französischen Musiker dieser Zeit ein versiegeltes Buch geblieben sein mussten.

Dies war der Grundgedanke seines Geisteslebens und der Welt, die er in der Kunst wiederzugeben versuchte; und wenn wir seine körperliche Organisation studieren , wird er weitaus typischer für die romantische Bewegung als die brillantesten seiner Zeitgenossen. Wenn ihr

Unterscheidungsmerkmal die außerordentliche Ernsthaftigkeit war, mit der sie ihre künstlerischen Eindrücke aufnahmen, die seltsamen Zuckungen, die der Anblick einer schönen Sache oder der bloße hinreißende Akt des Komponierens in ihnen auslöste, muss man sagen, dass keiner von ihnen damit vergleichbar ist Berlioz in dieser Hinsicht. Hundert Passagen in seinen *Memoiren* , seinen Briefen und seinen Prosawerken offenbaren sein Temperament als das vielleicht außergewöhnlichste Vulkanismus in der Geschichte der Musik. Musiker als Ganzes haben den wenig beneidenswerten Ruf, nicht so zu sein wie andere Männer; Sie übertreffen sogar die Dichter an der Feinheit ihrer Nerven und der Tendenz dieser, sich der Kontrolle der höheren Zentren zu entziehen . Aber abgesehen von der Geschichte des religiösen Wahnsinns oder der Ekstase der Mystiker gibt es sicherlich nichts, was mit dem abnormalen Zustand vergleichbar wäre, in den Berlioz durch die Musik gestürzt wurde. „Wenn ich bestimmte Musikstücke höre, scheinen sich meine Lebenskräfte zunächst zu verdoppeln. Ich verspüre ein köstliches Vergnügen, an dem die Vernunft keinen Anteil hat; die Gewohnheit der Analyse kommt später, um Bewunderung hervorzubringen; die Emotion nimmt proportional zu." Aufgrund der Energie oder der Größe der Ideen des Komponisten entsteht bald eine seltsame Unruhe im Blutkreislauf, die im Allgemeinen das Ende des Paroxysmus anzeigt, oft aber nur einen fortschreitenden Zustand anzeigt, der zu noch mehr führt In diesem Fall habe ich krampfhafte Kontraktionen der Muskeln, ein Zittern in allen meinen Gliedern, eine völlige Erstarrung der Füße und Hände, eine teilweise Lähmung der Seh- und Hörnerven. Schwindel ... eine halbe Ohnmacht." Noch merkwürdiger ist die Wirkung, die Musik, die er nicht mag, auf ihn auslöst. „Man kann sich vorstellen", sagt er, „dass Empfindungen, die bis zu diesem Grad der Gewalt geführt werden, eher selten sind und dass es einen starken Kontrast dazu gibt, nämlich *die schmerzhafte musikalische Wirkung* , die das Gegenteil von Bewunderung und Vergnügen hervorruft. Keine Musik wirkt mehr." stärker als das, dessen Hauptfehler mir Plattheit und Falschheit des Ausdrucks zu sein scheinen. Dann errötete ich, als ob mich ein wahrer Zorn ergriff; man könnte meinen, ich hätte gerade etwas Unverzeihliches erhalten Beleidigung; um den Eindruck loszuwerden, den ich empfunden habe, gibt es eine allgemeine Aufregung meines Wesens, eine Austreibungsanstrengung im gesamten Organismus, analog der Anstrengung beim Erbrechen, wenn der Magen einen ekelerregenden Alkohol abstoßen möchte und der bis zum Äußersten getriebene Hass; diese Musik macht mich wütend, und ich spucke sie durch alle Poren.

Das ist keine rein literarische Übertreibung, denn immer wieder stoßen wir in seinen Briefen auf bestätigende Beweise dafür, dass Berlioz tatsächlich auf diese Weise von der Musik beeinflusst wurde. Damit übertrifft er an nervöser Extravaganz die ungewöhnlichsten jungen Dichter und Maler seiner Zeit.

Und wie bei ihnen die Empfänglichkeit ihres physischen Organismus zu einer neuen Sympathie für die Dinge, einer neuen Zärtlichkeit, einem neuen Mitleid führte, so führte die Schwäche von Berlioz dazu, dass er Gefühlsnuancen entdeckte, die noch nie zuvor in der Musik ihren Ausdruck gefunden hatten. Die Bemerkung von Madame de Staël , dass „la littérature romantique ... se sert de nos impressions personalles pour nous émouvoir " hatte eine breitere Anwendung, als sie sich vorgestellt hatte. Der französische Romantiker war ein neuer Typus in der Kunst; in den meisten Fällen war er selbst nervös und hatte Einblicke in eine ganze Welt des Menschen Schmerz und Pathos, die seinen Vorläufern verwehrt blieben. Die großen Persönlichkeiten des 18. Jahrhunderts sind größtenteils objektiv , sie sind eher auf dem Weg der Vernunft als auf dem Weg der Gefühle unterwegs, sie sind eher Philosophen als Künstler, sie leben im zentralen Strom der Dinge und mit eine umfassende, klare Sicht auf die tatsächlichen Angelegenheiten ihrer eigenen Zeit. Ihre Gefühle unterscheiden sich von den Gefühlen der späteren Generation, sie sind kontrollierter, haben weniger Herz und mehr Verstand und lassen weniger auf eine Überwältigung schließen Nur hin und wieder lässt sich in der Literatur des 18. Jahrhunderts eine Art zitterndes Gefühl erahnen, das in den Romantikern manchmal nur allzu leicht zum Ausdruck kam: „Der Premier serment que se firent deux êtres de Chair, ce Fut au pied d'un rocher qui tombait de poussière ; ils attestèrent de leur constance un ciel qui n'est pas un Instant le même ; Tout passait de eux , autour d'eux , et ils croyaient leurs cœurs Affranchis de Vicissitudes. O Kinder! toujours enfants!" Dies ist in der Literatur seiner Zeit wie eine Lyrik von Heine, die auf den Seiten von Lessing erscheint, ein Lied von Schumann inmitten einer Partitur von Gluck. Wir haben wieder etwas vom gleichen Ton, etwas Ähnliches Andeutungen des romantischen Geistes, hier und da in den *Rêveries* von Rousseau, aber erst in den Romantikern finden wir den vollen Ausdruck dieses neuen Gefühlszitterns, das aus dem Gefühl der Schwäche unseres armen Fleisches kommt, dem Gefühl von die Sterblichkeit unseres Lehms, unsere stündliche Nähe zur Korruption, unsere Gemeinschaft mit allem, was leidet und zugrunde geht.

VI

Bevor wir uns mit seiner Musik befassen, wollen wir das Studium von Berlioz als Organismus abschließen, indem wir seine Prosa untersuchen, wo wir viele Dinge finden werden, die Licht auf seine Struktur werfen. Die Hilfe, die dem Studenten der Musikpsychologie durch die Prosaschriften von Musikern gewährt wird, ist so groß, dass man sich fast wünschen könnte, dass jeder Komponist irgendeiner Bedeutung der Welt ein oder zwei Bände mit Kritik oder Autobiographie hinterlassen hätte. Sie hätten nicht unbedingt viel zu unserem positiven Wissen über das Leben oder die Kunst beigetragen; aber ein Buch ist eine so unbewusste Offenbarung seines Autors, er zeigt sich darin so treu und so vollständig, egal wie sehr er es auch darstellen oder täuschen möchte, dass der Psychologe als Wissenschaftler in der Lage ist, daraus den Geist des Menschen zu rekonstruieren kann in der Fantasie den Körper eines Tieres aus einigen seiner Knochen rekonstruieren. Man legt beispielsweise keinen großen Wert auf den tatsächlichen Inhalt der Prosabände, die Wagner uns so unfreundlich hinterlassen hat; Aber schließlich würde man sie nicht bereitwillig sterben lassen, denn sie sind für das Studium Wagners von größter Hilfe und werfen indirekt, wenn nicht direkt, Schatten auf ihn, von denen er sich völlig unbewusst war. Die Prosa von Berlioz hat ein größeres intrinsisches Interesse. Obwohl er seine journalistische Arbeit zutiefst verabscheute, war er doch ein geborener Journalist, ein fließender Schriftsteller, ein zynischer Witz, ein versierter Geschichtenerzähler in bestimmten *Genres*, ein Meister der geschliffenen und beißenden Ironie. Es geht mir jedoch nicht darum, die Prosa von Berlioz als Ganzes zu würdigen, sondern die Aufmerksamkeit auf bestimmte merkwürdige Elemente darin zu lenken, die meines Wissens noch nicht erwähnt wurden und die äußerst interessant sind für den Schüler einer so seltsamen und komplexen Persönlichkeit wie Berlioz.

Leser von Hennequins schönem, wenn auch nicht ganz überzeugendem Aufsatz über Flaubert in *Quelques Ecrivains Français* wird sich an den Versuch erinnern, die Struktur und Funktionsweise des Gehirns des Schriftstellers durch eine Zerlegung seiner Prosa aufzuzeigen. Er zeigt, dass Flaubert immer dazu neigt, so und so zu schreiben; Er verfügt über einen Wortschatz dieser und jener Art und neigt dazu, Wörter auf diese und jene Weise aufzubauen. Ausgehend von dieser Grundlage untersucht Hennequin Flauberts Konstruktion seiner Sätze, dann seiner Absätze, dann seiner Kapitel, dann seiner Romane und erklärt so die endgültige Form der Bücher anhand einer grundlegenden intellektuellen Struktur, die vorhanden ist durch eine bestimmte verbale Fähigkeit bedingt sein. Ich denke, Hennequin treibt seine Methode hier etwas zu weit und vertritt seine These blind, ungeachtet aller Einwände; Aber im Großen und Ganzen ist der Aufsatz ein neuartiger und wertvoller Beitrag zu einer vernachlässigten Wissenschaft – der Erforschung des Gehirns eines Menschen anhand seiner Ausdrucksformen. Nun muss jeder, der die Prosawerke von Berlioz kritisch liest, von bestimmten Elementen in der Prosa beeindruckt sein, die den Schlüssel zu vielem zu geben scheinen, was in seiner Musik und seinem Charakter fast unerklärlich ist. „Extravagant", „theatralisch", „ bizarr" – das sind die Begriffe, die Berlioz schon immer verwendet hat. Sir Hubert Parry macht es sich leicht, seinen Theatralismus darauf zurückzuführen, dass er ein Franzose ist, ohne sich der Tatsache bewusst zu sein, dass die Franzosen ihn nicht mochten und mehr als jede andere Nation lächerlich machten. Die frühe Prosa von Berlioz weist darauf hin, dass er ein Mann mit einer geistigen Struktur war, die dazu neigte, sich stets übertrieben auszudrücken; ein Mann, der die Dinge auf der gewöhnlichen Ebene der Erde nicht so deutlich sah wie Formen in Wolken und auf Berggipfeln.

Die großen Wirkungen, die er in der Musik anstrebte, waren in der Tat nur eine Form der Manifestation einer seltsamen Fähigkeit, die ihn immer zum Grandiosen führte. Das gewöhnliche Orchester, der gewöhnliche Chor, der gewöhnliche Konzertsaal würden ihm nie genügen; Alles muss sozusagen über die Lebensgröße hinaus vergrößert werden. Auch in seiner Prosa fallen ihm die gewöhnlichen Gleichnisse und die gewöhnlichen Metaphern selten ein; Das erweiterte Gehirn kann sich nur in einer Erweiterung der Sprache ausdrücken. Daher reicht ein Adjektiv für Berlioz selten aus; Im Allgemeinen müssen es mindestens drei sein, und zwar von der übertriebensten Art. Für Berlioz ist etwas nie schön oder hässlich; es ist entweder göttlich oder schrecklich. Eine Szene in seinem Frühwerk, in der Kleopatra über die Begrüßung durch die in den Pyramiden begrabenen Pharaonen nachdenkt, ist „schrecklich, schrecklich". Seine *Francs- Juges-* Ouvertüre wird an einer Stelle als „monströs, kolossal, schrecklich" beschrieben. Bei einer anderen Gelegenheit schreibt er: „Nichts ist so furchtbar schrecklich wie meine Ouvertüre ... Es ist eine Hymne an die Verzweiflung, aber die verzweifeltste Verzweiflung, die man sich vorstellen kann – schrecklich und zärtlich." Überall herrscht die gleiche Sprachverschwörung. Wenn er über die Erinnerung an seine erste Frau und ihre Leiden nachdenkt, überkommt ihn „ein unermessliches, schreckliches, unvergleichliches, unendliches Mitleid". Gegen Ende seines Lebens erfasst ihn „das rasende Verlangen nach unermesslichen Zuneigungen". Ohne diese Ansammlung der großartigsten Adjektive der Sprache kann er kaum über etwas sprechen, das ihn bewegt hat.

Wie zu erwarten ist, sind seine Bilder von derselben Art; Die allergrößten Dinge im Universum werden in den Dienst seiner Gleichnisse und Metaphern gestellt. An einer Stelle spricht er von „diesen übermenschlichen Adagios, in denen das Genie Beethovens gewaltig und einsam emporsteigt, wie der kolossale Vogel über dem schneebedeckten Gipfel des Chimborazo." Er hatte den Vogel noch nie über dem Gipfel des Chimborazo gesehen, aber sein Gehirn kehrt spontan zu dieser Vorstellung zurück, um das Gefühl der Unermesslichkeit und Einsamkeit auszudrücken, das Beethovens Musik ihm vermittelt. Die Pyramiden, die praktischerweise groß sind, kommen in seinen Gleichnissen häufig vor. „Es bedarf einer sehr seltenen Genialität, um Dinge zu schaffen, die sowohl Künstler als auch die Öffentlichkeit gleichzeitig ansprechen können – Dinge, deren Einfachheit in direktem Verhältnis zu ihrer Masse steht, wie die Pyramiden von Djizeh ." „Gestern", schreibt er nach einer gewissen Aufführung seiner Werke, „hatte ich einen Pyramidenerfolg." Als die Pyramiden ihn im Stich lassen , greift er auf Ossian oder auf Babylon und Ninive zurück. Nachdem er 6500 Kinderstimmen in St. Paul gehört hatte, schreibt er: „Es war unvergleichlich die imposanteste, babylonischste Zeremonie, die ich je gesehen habe." Das „Tibi omnes" und der „Judex" seines *Te Deum* sind „babylonische, ninivitische Stücke". Eines Nachts hört er den Nordwind „klagen, stöhnen und heulen wie mehrere Generationen im Todeskampf. Mein Schornstein hallt höhlenartig wider wie eine vierundsechzig Fuß lange Orgelpfeife. Ich konnte diesen Ossian-Geräuschen nie widerstehen."

Gelegentlich wird die Aufschüttung von Pilion auf Ossa notwendig, um dem Leser einen schwachen Eindruck davon zu vermitteln, was er fühlt. Beethoven ist „ein Titan, ein Erzengel, ein Thron, eine Herrschaft." Wenn er seine verhassten Feuilletons schreibt, „scheinen die Lappen meines Gehirns kurz davor zu platzen. Ich habe das Gefühl, brennende Asche in meinen Adern zu haben." Die Szene der Segnung der Dolche bei den *Hugenotten* ist ein schreckliches Stück, „wie in elektrischer Flüssigkeit von einem gigantischen Volta-Haufen geschrieben; es scheint, als ob es von Donnerschlägen begleitet und von den Stürmen gesungen wird." Eine Erinnerung an einen Vorfall in seiner Karriere bringt diesen Ausruf hervor: „Zerstörung, Feuer und Donner, Blut und Tränen! Mein Gehirn schrumpft in meinem Schädel zusammen, wenn ich an diese Schrecken denke!" Seine zweite Liebe, erzählt er uns, „erschien mir mit Shakespeare, im Zeitalter meiner Männlichkeit, im brennenden Dornbusch eines Sinai, inmitten der Wolken, der Donner, der Blitze einer Poesie, die für mich neu war." ."

Alle seine jugendlichen Vorstellungen und Wünsche waren von dieser extravaganten Art. In einem Brief aus Florenz von 1831 schreibt er: „Ich wäre gern nach Kalabrien oder Sizilien gegangen und hätte mich in die Reihen eines Anführers der *Bravi eingeschrieben* , selbst wenn ich nicht mehr als ein einfacher Räuber gewesen wäre. Dann hätte ich wenigstens großartige Verbrechen, Raubüberfälle, Morde, Vergewaltigungen, Feuersbrünste gesehen, statt all dieser elenden kleinen Verbrechen, dieser gemeinen Niedertracht, die einem das Herz brechen lässt. Ja, ja, das ist die Welt für mich: ein Vulkan, Felsen, reiche Beute, die in Höhlen aufgehäuft ist, ein Konzert von Schreckensschreien, begleitet von einem Orchester aus Pistolen und Karabinern; Blut und Tränen christi : ein Bett aus Lava, das von Erdbeben erschüttert wird; komm schon, das ist das Leben!" [9] Im selben Jahr hat er die Idee eines kolossalen Oratoriums zum Thema "Der letzte Tag der Welt". Es soll drei oder vier Solisten, Chöre und zwei Orchester geben, eines mit sechzig, das andere mit zwei- oder dreihundert Ausführenden. Dies ist der Plan des Werks: "Die Menschheit hat den höchsten Grad der Verderbtheit erreicht und gibt sich jeder Art von Niedertracht hin; eine Art Antichrist regiert sie despotisch. Ein paar gerechte Männer, von einem Propheten gelenkt, finden sich inmitten der allgemeinen Verderbtheit. Der Despot foltert sie, stiehlt ihre Jungfrauen, beleidigt ihren Glauben und befiehlt, ihre heiligen Bücher inmitten einer Orgie zu verbrennen. Der Prophet kommt, um ihm seine Verbrechen vorzuwerfen, und verkündet das Ende der Welt und das Jüngste Gericht. Der erzürnte Despot lässt ihn ins Gefängnis werfen, gibt sich erneut seinen gottlosen Vergnügungen hin und wird mitten in einem Fest von den furchtbaren Posaunen der Auferstehung überrascht; die Toten steigen aus ihren Gräbern, die verdammten Lebenden stoßen Entsetzensschreie aus, die Welten zerbrechen, die Engel donnern in den Wolken – das ist das Ende dieses musikalischen Dramas."

Diese Beispiele werden genügen, um die Eigenart des Geistes zu zeigen, auf die ich hingewiesen habe. Die frühen Ideen von Berlioz scheinen sich zu denen gewöhnlicher Menschen in derselben Beziehung zu befinden wie ein Gas zu einem Feststoff oder einer Flüssigkeit; sobald sie freigesetzt werden, versuchen sie, sich durch so viel Raum wie möglich zu verteilen. In diesem Zusammenhang ist es interessant zu bemerken, dass er von seinen frühesten Jahren an eine Vorliebe für Reisebücher und für das verträumte Grübeln über Weltkarten hatte; er suchte nach entfernteren Vorstellungen, die nicht durch enge Grenzen begrenzt waren. Wenn man viel von seiner Prosa liest, hat man das merkwürdige Gefühl, dass die Dinge der Welt ihre gewöhnlichen Proportionen und Perspektiven verloren haben; die Adjektive sind so groß und so zahlreich, dass man beginnt, diese aufgeblasene Ausdrucksweise als normale Sprache der Menschen zu betrachten. Gelegentlich wird ein wirklich großartiger Effekt der Weite, der Entfernung erzeugt, ein Effekt, den wir manchmal auch in Berlioz' Musik erleben. Mir schien zum Beispiel immer, dass der Beginn seines Liedes „ Reviens , reviens " die vollkommenste Andeutung vermittelte, dass jemand aus großer Entfernung zurückgerufen wird; die ganze Atmosphäre scheint gedämpft, fast völlig verdünnt; die Melancholie ist die Melancholie eines Bedauerns, das den Ozean bis zum Horizont ausdehnt und nicht findet, wonach die Augen hungern.

VII

Es ist jedoch an der Zeit, uns daran zu erinnern, dass das bisher gemalte Bild nicht den vollständigen Berlioz darstellt. Es ist umso notwendiger, uns diese Erinnerung zu geben, weil der einzige Berlioz, den die meisten Leute kennen, dieses Wesen wilder Erregung und rasender Übertreibung ist, mit hier und da einer Prise Pose darin. Es gibt eine „Legende" von jedem großen Komponisten – eine Art halb wahre, halb falsche Vorstellung von ihm, die sich allmählich in den Köpfen der Leute festsetzt und sie in der Regel daran hindert, sich den Charakter und die Leistungen des Mannes selbst auszudenken. Es gibt die Mozart-Legende, die Beethoven-Legende, die Liszt-Legende, deren Echtheit nicht ein einziger Amateur unter tausend in Frage zu stellen denkt. Und es gibt auch die Berlioz-Legende, deren Ursachen, besonders in diesem Land, nicht weit zu suchen sind. Wir wissen hier wirklich sehr wenig über ihn. Die Ouvertüre *zum Carnaval Roman* und den *Faust* hört man gelegentlich; aber der durchschnittliche englische Laie hat, wenn er an Berlioz denkt, hauptsächlich die *Symphonie fantastique* und *Harold en Italie* im Sinn — besonders die Schlusssätze mit ihren Orgien von Räubern, Hexen und was nicht noch alles. Fleißige Verfasser von Biographien und Programmheften tun ihr Bestes, um diese Seite von Berlioz im Gedächtnis der Öffentlichkeit zu behalten, indem sie immer wieder auf den Exzentrizitäten seiner Jugend herumreiten. Man muss bedenken, dass Berlioz 1869 starb und dass er von 1835 bis 1869, sagen wir, sowohl musikalisch als auch prosaisch ein ganz anderer Mensch war als zwischen 1821 und 1835. Seine Briefe an die Fürstin von Sayn -Wittgenstein erinnern kaum an den Berlioz in den früheren Briefen an Humbert Ferrand und andere. Und was seine Musik betrifft, so täte das britische Publikum, das bei der Erwähnung seines Namens wissend zwinkert und lüstern blickt und die ganze Zeit an die *Symphonie fantastique* und *Harold en Italie denkt*, gut daran, sich darüber im Klaren zu sein, dass es nichts oder so gut wie nichts von *Waverley*, *Francs Juges*, *Le Roi Lear* und anderen Ouvertüren, von *Lélio*, von *Tristia*, *Le Cinq Mai*, von der *Messe des Morts*, von den Opern – *Benvenuto Cellini*, *Béatrice et Benedict*, *La Prise de Troie* und *Les Troyens à Carthage* –, von der *Symphonie funèbre et triomphale*, von *Roméo et Juliette*, *L'Enfance du Christ*, vom *Te Deum* und von anderen Werken weiß, ganz zu schweigen von der Partitur und einigen anderen Liedern. In der gesamten Musikgeschichte gibt es wahrscheinlich keinen Musiker, von dessen Verdienst der Durchschnittsmensch aufgrund einer so erhabenen Unkenntnis seines Werkes so großes Vertrauen hat.

VIII

Wenn wir also bedenken, dass es sich bei dem Berlioz, über den wir bislang gesprochen haben, hauptsächlich um den jugendlichen Berlioz handelt – den Verfasser verrückter Briefe, den Schauspieler extravaganter Rollen, den Komponisten der *Symphonie fantastique* (1829–1830) und *Lélio* (1831–1832) – , wollen wir uns einen Augenblick lang seine Kunst in ihrer damaligen Form ansehen und sie anschließend in ihren späteren und nüchterneren Erscheinungsformen verfolgen.

Wenn wir versuchen, ihm historisch zu folgen, stoßen wir auf die Schwierigkeit, dass es unmöglich ist, genau zu sagen, wann einige seiner Ideen zum ersten Mal das Licht der Welt erblickten. Er hatte die Angewohnheit, ein frühes Stück Material in einem späteren Werk zu verwenden, insbesondere wenn das frühe Werk ein Werk war, das er ausprobiert hatte und das gescheitert war. Wir wissen, wie ich bereits sagte, dass das Thema der Eröffnung der *Symphonie fantastique* einer Knabenkomposition entnommen ist. Eine Phrase aus einem anderen Knabenwerk – einem Quintett – wird in der Ouvertüre zu *Francs Juges erneut verwendet* . Teile der frühen Kantate *La Mort d'Orphée* werden zum *Chant d'amour* und *La harpe Äolienne* in *Lélio* . Der *Chœur d'ombres* in *Lélio* ist die Reproduktion einer Arie aus der Scena *Cléopâtre* – einem seiner erfolglosen Versuche *für den Prix de Rome* . Ein Teil der *Messe solennelle* (1824) geht in *Benvenuto Cellini* (1835–1837) über. Der *Marche au supplice* in der *Symphonie fantastique* ist seiner Jugendoper *Les Francs Juges entnommen* . Die Fantasie über *Der Sturm* geht in *Lélio* über. Ich habe tatsächlich den starken Verdacht, dass mehr seiner Werke aus den ersten zehn Jahren seines Künstlerlebens (1824–1834) stammen, als wir je gedacht haben. Meine Theorie ist, dass er in jüngeren Tagen vor Ideen sprudelte und diese in seinen letzten Jahren allmählich nachließen, was auf die schrecklichen körperlichen Folterungen zurückzuführen ist, die er erdulden musste, und die großen Mengen Morphium, die er nehmen musste, um seine Schmerzen zu stillen. Anfangs produziert er in großer Schnelligkeit ein Werk nach dem anderen. Wenn wir nur die größeren betrachten, haben wir im Jahre 1826 [10] *La révolution grecque* , 1827 oder 1828 die Ouvertüren *Waverley* und *Francs Juges* , 1828-1829 die acht *Faust* -Szenen, 1829 die *Irish Melodies* , 1829-1830 die *Symphonie fantastique* , 1830 *Sardanapalus* und *Tempête* , 1831 die Ouvertüren *Corsair* und *Le Roi Lear* , 1831-1832 die Ouvertüre *Rob Roy* , *Le Cinq Mai* , *Lélio* und ein Teil der *Tristia* , 1832-1833 verschiedene Lieder, 1834 *Harold en Italie* und die *Nuits d'Été* , 1835-1837 *Benvenuto Cellini* und die *Messe des Morts* , 1838 *Roméo et Juliette* . Dies ist ein gutes Ergebnis für etwa zwölf Jahre aus dem Leben eines geschäftigen und umtriebigen Mannes, in dessen früherer Lebensphase er kaum mehr als ein Lehrling in seiner Kunst war. Berlioz lebte noch 31 Jahre, tat in dieser

Zeit aber überraschend wenig. Wenn wir uns wieder den größeren Werken zuwenden, so haben wir 1840 die *Symphonie funèbre et triomphale* , 1843 die Ouvertüre *Carnaval romain* , 1844 die *Hymne à la France* , 1846 die Vollendung von *Faust* , 1848 den Rest der *Tristia* , 1851 *La Menace des Francs* , 1850-1854 *Enfance du Christ* , 1849-1854 das *Te Deum* , 1855 *L'Impériale* , 1860-1862 *Béatrice et Benedict* , 1856-1863 die Doppeloper *La Prise de Troie* und *Les Troyens à Carthage* . Selbst wenn man berücksichtigt , dass er in seiner mittleren und späteren Schaffensphase viel Zeit auf Auslandstourneen und mit literarischer Arbeit verbrachte, müssen wir, denke ich, dennoch zu dem Schluss kommen, dass seine Ideen in seinen späteren Tagen langsamer flossen , obwohl sie sicherlich zeitweise von minderer Qualität waren. Wir müssen auch bedenken, dass einige seiner Werke lange vor ihrer Veröffentlichung geschrieben wurden und dass es manchmal Grund zu der Annahme gibt, dass dies der Fall war, selbst wenn wir keine eindeutigen Beweise dafür haben. Das Thema „*Idée fixe*" der *Symphonie fantastique* erschien erstmals in „*Herminie* " (1828); das „Harold"-Thema in „*Harold en Italie* " war bereits in der Ouvertüre von *Rob Roy auf dem Englischhorn zu hören* . Es ist wahrscheinlich, dass „ *Roméo et Juliette*" nicht vollständig im Jahr 1838 als Folge von Paganinis Gabe geschrieben wurde, wie alle glauben gemacht wurden; Berlioz hatte die Idee zu dem Werk im Jahr 1829 und konzipierte vielleicht einen Teil der Musik damals. [11] Die *Symphonie funèbre et triomphale* , die 1840 entstand, wurde größtenteils 1835 geschrieben. Die ergreifenden Phrasen, die das Herz und die Seele der Ouvertüre *Carnaval romain* (1843) bilden, stammen von *Benvenuto Cellini* (1835-1837); während das Thema der Liebesepisode in der Ouvertüre bereits in *Cléopâtre* (1829) vorkam. Es ist in der Tat unmöglich zu sagen, wie viel von der Musik, die ich Berlioz' zweite Epoche genannt habe, wirklich aus seiner ersten stammt, was den Anteil, der den Jahren nach 1838 zuzuschreiben ist, noch weiter verringert. Ich denke, wenn man die Wahrheit wüsste, würde man feststellen, dass ein oder zwei der Themen von *Béatrice et Benedict* , angeblich zwischen 1860 und 1862 geschrieben, stammt aus dem Jahr 1828, als Berlioz erstmals beschloss, aus Shakespeares Stück eine Oper zu machen. Es ist unbestreitbar, dass die zehn Jahre von 1828 bis 1838 Jahre unerschöpflicher musikalischer Inspiration waren. Manchmal, so hat er uns selbst erzählt, dachte er, sein Kopf müsse unter dem gebieterischen Druck seiner Ideen platzen; sie flossen tatsächlich so schnell, dass er eine Art musikalische Kurzschrift erfinden musste, damit seine Feder mit ihnen Schritt halten konnte. Davon gab es, so nehme ich an, in den letzten zwei oder drei Jahrzehnten seines Lebens sehr wenig. Wenn wir auch andere Anforderungen an seine Zeit berücksichtigen, scheint es unbestreitbar, dass sein Gehirn damals weniger eifrig und weniger leicht in musikalischen Dingen arbeitete. Wären die Ideen in voller Kraft da gewesen , wären sie trotz aller anderen Beschäftigungen herausgekommen; und dass sie nicht mehr so da waren wie in seiner Jugend, kann, glaube ich, nur mit physiologischen Gründen erklärt werden. [12]

Auf den letztgenannten Aspekt des Falles wird jedoch später noch ausführlicher eingegangen. Hier sei nur angemerkt, dass Berlioz' frühes Leben in jeder Hinsicht darauf angelegt war, sowohl die Übertreibung des Prosastils hervorzubringen, die wir in seinen Briefen sehen, als auch die Exzentrizität und Übertreibung, die wir in einigen seiner frühen Musikstücke finden. Sein Freund Daniel Bertrand erzählt uns, dass er sich in seiner Jugend manchmal damit vergnügte, absichtlich zu hungern, um zu erfahren, welche Übel das Genie überwinden konnte; später musste sein Magen für diese kostspieligen Fantasien bezahlen. Zur Zeit seiner Verliebtheit in Henrietta Smithson pflegte er mit seinem bereits überreizten Gehirn und Körper die verrücktesten Streiche zu spielen; er unternahm lange Nachtwanderungen ohne Essen und versank auf den Feldern in einen Schlaf völliger Erschöpfung. Sein Körper konnte, wie sein Gehirn, nicht zur Ruhe kommen; er hatte eine Wander- und Klettermanie, die ihn ausnahmslos weit über seine Ausdauer hinaustrieb. [13] 1830 diagnostizierte der erfahrene Rouget de l'Isle den jungen Musiker, ohne ihn je gesehen zu haben, anhand seiner Korrespondenz ausgezeichnet: „Ihr Kopf", schrieb er, „scheint ein Vulkan zu sein, der ständig ausbricht." Wir können über seine Mätzchen während dieser ganzen Epoche lächeln, besonders in *der Affäre Smithson* . Aber obwohl dabei vielleicht ein wenig bewusste Pose im Spiel war, ist es unbestreitbar , dass er es größtenteils todernst meinte. Zweimal versuchte er, Selbstmord zu begehen – einmal in Genua und dann wieder in Henriettas Gegenwart. Und es waren auch nicht bloße Bühnenauftritte, bloße Effekthaschereien; es war nicht seine Schuld, dass sie nicht erfolgreich waren.

IX

Grob gesagt wird man feststellen, dass der Berlioz, den ich bisher dargestellt habe, etwa um 1827 in Sicht kommt. Es war offenbar ungefähr zu diesem Zeitpunkt, als jugendlicher Enthusiasmus, gepaart mit Hunger und Torheit, seinem System jenen grellen Glanz verlieh, an den die Leute immer denken wenn sie den Namen Berlioz hören. Ungefähr zu diesem Zeitpunkt zeigt sich in seinen Briefen die Aufblähung des Stils, auf die ich mich bezog, und seine Musik beginnt an Kraft, Durchdringung und Ausdruckskraft zu gewinnen, zusammen mit einer Tinktur des Anormalen. Vor 1827 hatte er vermutlich nicht viel geschrieben, oder wenn er es getan hatte, ist es nicht überliefert. Was geblieben ist, ist nun in der neuen Gesamtausgabe seiner Werke für uns zugänglich. Dort sind einige Lieder zu sehen, die, unabhängig von ihrem genauen Datum, eindeutig zu seiner frühesten Schaffensperiode gehören. Eines der allerersten – *Le Dépit de la Bergère* – zeigt ein recht unerfahrenes Gehirn und eine recht unerfahrene Hand. *Amitié stellt dar*, dass das Imperium in etwa in der gleichen Größenordnung liegt; Es sieht in der Tat wie ein Kochkessel aus, ein Versuch, der heutigen Nachfrage nach solchen Dingen gerecht zu werden. Auch aus der kleinen Kantate *La révolution grecque* wird nichts. Aber so negativ und sinnlos ein Großteil dieses frühen Werks auch ist, eines zeigt es ganz deutlich: die Individualität der Art, die sowohl für die Erfolge als auch für die Misserfolge von Berlioz verantwortlich ist. Wie ich bereits betont habe, ist seine Art der Melodie etwas ganz Eigenes. Das Gleiche gilt für seine Harmonie, die sich auf eine Art und Weise bewegt, die sich von allem, was wir gewohnt sind, so sehr unterscheidet, dass wir oft gar nicht in der Lage sind, ihre *Daseinsberechtigung zu erkennen*. Das allgemeine Urteil ist, dass seine Melodie hässlich ist und seine Harmonie einen Mangel an musikalischer Bildung zeigt. Dies ist jedoch eher ein voreiliges Urteil. Nichts ist sicherer, als dass unser erster Eindruck von mancher Berlioz-Melodie ein Gefühl des Ekels ist – es sei denn, der zweite Eindruck ist ein Gefühl der Freude. Was Schumann schon vor langer Zeit im Zusammenhang mit der *Waverley*-Ouvertüre bemerkte, ist immer noch völlig richtig, dass die nähere Bekanntschaft mit einer Berlioz-Melodie darin eine Schönheit offenbart, die man zunächst nicht vermutet hatte. Ich kann das aus eigener Erfahrung verantworten, denn einige der Dinge, die mich jetzt am tiefsten bewegen, waren für mich einmal einfach ausdruckslos oder abstoßend; und ich glaube, dass jeder , der sich nicht mit dem ersten Eindruck seines Gaumens zufrieden gibt, sondern geduldig bei Berlioz arbeitet, die gleiche Erfahrung machen wird. Die Wahrheit scheint zu sein, dass viele seiner Vorstellungen ganz anders waren als alles andere, was uns in der Musik begegnet, und daher haben wir einige Schwierigkeiten, uns auf seinen Standpunkt einzulassen und die Welt so zu sehen, wie er sie sah. Und gelegentlich artet diese Individualität des Denkens in völlige

Unverständlichkeit aus. Manche seiner Melodien, so oft wir sie spielen und singen, werden uns nie etwas bedeuten. Es ist nicht so, dass sie hässlich oder alltäglich wären, nicht dass sie billig oder banal wären, sondern einfach nur, dass sie nichts vermitteln; sie stehen wie etwas Undurchsichtiges zwischen uns und der Emotion, die sie ausgelöst hat; Anstatt das Medium für die Offenbarung des Denkens des Komponisten zu sein, sind sie ein Medium für dessen Verschleierung. In Fällen wie diesen scheint die Erklärung darin zu liegen, dass seine mentalen Prozesse, die sich immer ziemlich von unseren unterscheiden, hier so sehr unterschiedlich sind, dass die Kommunikationskette zwischen uns abreißt; Was ein Gradunterschied war, wird jetzt zu einem Artunterschied; er spricht eine andere Sprache als unsere; der Gedanke lebt sozusagen in einem Raum anderer Dimensionen als der unseren. Bei einem Schriftsteller wie Mallarmé finden wir möglicherweise eine grobe Analogie, bei der die allgemeine Fremdartigkeit von Gedanken und Stil hin und wieder völlig unverständlich wird. Im einen wie im anderen Fall haben wir es mit einem Gehirntyp zu tun, der so weit vom Normalen entfernt ist, dass es dem normalen Gehirn gelegentlich einfach unmöglich ist, ihm zu folgen.

So ist es auch mit der Harmonie von Berlioz. Hier wurde oft die Eigenart seines Stils kommentiert, mit seiner seltsamen Art, von einem Akkord zum nächsten zu gelangen, seinem merkwürdigen Trick, die Harmonie in festen Blöcken zu konzipieren, die aufeinander folgen, ohne ineinander zu fließen – ähnlich wie in bestimmten modernen niederländischen Gemälden die Farben voneinander abstehen, als ob immer eine starre Linie zwischen ihnen läge und verhinderte, dass sie durch die Atmosphäre vermischt werden. Die allgemeine Erklärung für diese Eigenart von Berlioz' Harmonie ist die einfachste – dass sie auf seine unvollkommene technische Ausbildung zurückzuführen ist. Daran mag etwas liegen, aber ein wenig Nachdenken wird zeigen, dass es noch lange nicht die vollständige Erklärung ist. Erstens braucht man kaum „Training", um einige der Progressionen zu vermeiden, die Berlioz ständig verwendet; das bloße Hören anderer Musik würde ausreichen, um unbewusst die routinemäßige Art und Weise zu etablieren, von einem Akkord zum anderen zu gelangen; und wenn Berlioz immer einen anderen Weg einschlägt, kann dies nur daran liegen, dass die Eigenart seiner Diktion ihre Wurzel in einer Eigenart des Denkens hat. Zweitens sind die harmonischen Eigenheiten in seinen frühesten Werken nicht so zahlreich wie in seinen späteren. Die Melodien der *Ouvertüren Waverley*, *Francs Juges* und *King Lear* und vieler früherer Lieder sind meist eher auf gewöhnliche Weise harmonisiert als die Melodien der Werke seiner mittleren und letzten Epoche; was wiederum zu zeigen scheint, dass sein harmonischer Stil in seiner Denkweise verwurzelt war und ausgeprägter wurde, als er älter und individueller wurde. Drittens, wenn die Eigenheiten seiner Harmonie auf mangelnde Bildung zurückzuführen wären, hätte man von ihm erwartet, dass er in reiferen Jahren bei der Überarbeitung eines frühen Werks einige der sogenannten Fehler korrigiert, für die ihm eine größere Erfahrung die Augen geöffnet haben muss. Aber es ist ganz klar, dass ihm dies nie auf diese Weise aufgefallen ist. In der Neuausgabe seiner Werke finden wir einige lehrreiche Beispiele. Im Jahr 1850 überarbeitete er beispielsweise eines seiner Lieder, *Adieu, Bessy* , das er 1830 geschrieben hatte. Er veränderte es in vielerlei Hinsicht und verbesserte viele Melodie, Phrasierung und Begleitung; die manchmal merkwürdigen harmonischen Abfolgen der Originalversion blieben jedoch in der späteren unverändert. Offensichtlich ist es ihm nie aufgefallen, dass an ihnen irgendetwas merkwürdig war; er hatte sein Bild wirklich auf diese besondere Weise gesehen; es war nicht so sehr eine Frage der bloßen Technik als vielmehr der grundsätzlichen Konzeption. Viertens müssen wir immer daran denken, dass Berlioz alles, was er dachte, im Hinblick auf das Orchester dachte. Er spielte weder Klavier noch verstand er es, und seine Texte sind keine Klaviertexte. Nun weiß jeder , dass viele Effekte, die auf dem Klavier merkwürdig oder hässlich erscheinen, im Orchester durchaus Spaß machen, wo sie sozusagen nicht auf einer Ebene, sondern auf verschiedenen Ebenen und mit verschiedenen Schwerpunkten angeordnet sind. Ich stelle mir vor, dass Berlioz, wenn er sich eine Melodielinie oder eine harmonische Kombination vorstellte , diese nicht bloß als Melodie oder Harmonie, sondern auch als Farbstück sah; und die Bewegung der Teile war nicht bloß eine Verschiebung der Linien, sondern ein Verweben der Farben . Viele seiner Dinge, die auf dem Klavier hässlich oder bedeutungslos sind, haben eine ganz eigene Schönheit, wenn man sie so hört, wie er sie sich vorstellte, im Orchester, sozusagen in unterschiedlichen Tiefen angeordnet, mit dem klanglichen Effekt der Atmosphäre dazwischen; nicht alle stehen in derselben Linie im Vordergrund, während das eine weiße Licht des Klaviers Verwirrung zwischen ihren Farbwerten stiftet .

Es gibt also guten Grund zu der Annahme, dass ein Großteil von Berlioz' eigentümlichem Stil weit weniger auf mangelnde Bildung zurückzuführen ist, als allgemein angenommen wird, und dass mehr davon auf eine eigenartige Gehirnkonstitution zurückzuführen ist, die ihn dazu brachte, Dinge wirklich zu sehen genau so, wie er sie dargestellt hat.

Unter diesen frühen Liedern und anderen Werken gibt es einige, die große Kraft, Charme und Originalität des Ausdrucks zeigen, wie *Toi qui l'aimas , verse des pleurs* , *La belle voyageuse* , *Le coucher du soleil* und *Le pêcheur* (das später aufgenommen wurde). in *Lélio*). Seine beiden Jugendouvertüren, die *Waverley* und die *Francs Juges* , sind zwar relativ unsubtil in ihrer Ausarbeitung – denn er hatte wenig Gespür für die schlichte Form der Symphonie –, sind aber dennoch sehr individuell, während Teile der *Francs Juges* insbesondere außerordentlich kraftvoll sind . Dann macht der Lehrling schnelle

Fortschritte zur Meisterschaft. Das Jahr 1828 kann als Wendepunkt in seiner Karriere angesehen werden. Seine erfolglose Szene für den *Prix de Rome –* *Herminie* – zeigt eine bemerkenswerte Begeisterung für die Konzeption. Vieles ist darin sehr jugendlich; aber es ist ausgesprochen individuell und zeugt vor allem von einem Rhythmusgefühl, das es in der französischen Musik bis dahin nicht gab. Im nächsten Jahr gab es eine weitere *Prix de Rome-*Szene – *Cléopâtre* –, für die die gleiche Beschreibung größtenteils zutrifft. Die rhythmische Szene ist ebenso zart, die Melodie wird reiner und kräftiger , und mit der Arie „ *Grands Pharaons"* *haben wir* ein wirklich schönes Stück dramatischer Komposition vor uns. Ungefähr zur gleichen Zeit schrieb er die ursprünglichen acht Szenen aus *Faust* , die Juwelen wie den Sylphenchor, das Lied der Ratte, das Lied des Flohs, Margarets Ballade vom König von Thule, ihre „Romanze" und die Serenade enthielten von Mephistopheles. Berlioz' musikalisches Genie trat nun in seine glücklichste Phase ein; Vielleicht hat es noch nie so leicht und mit so viel Freude funktioniert wie im Jahr 1829 und in den nächsten sieben oder acht Jahren. Um 1829 begann auch seine Orchestrierung so unverwechselbar zu werden; Zu neuen Wirkungen kann man ihn im *Cléopâtre* , im Sylphenchor, in der Ballade vom König von Thule, im *Ballet des Ombres* und in der Fantasie über *den Sturm sehen*

.

Diese zunehmende Beherrschung seiner Gedanken fiel mit der Epoche seiner intensivsten nervösen Erregung zusammen, in der Henrietta Smithson die Rolle des Streichholzes zum Schießpulver spielte. So entstand der typische romantische Berlioz der *Symphonie fantastique* und *des Lélio* , der sich mit abnorm geschärften Sinnen durch die Welt bewegte, sein Gehirn brannte, das wache Leben in einen Albtraum verwandelte und von Blut und phantastischen Schrecken träumte. Diese wahnsinnige Psychologie nutzte er in den letzten beiden Sätzen der Sinfonie voll aus; danach verlor der Vulkan viel von seiner grellen Erhabenheit, und in *Lélio* bekommen wir etwas weniger geschmolzene Lava und etwas mehr Asche als wir wollen. Einige der Musikstücke des *Lélio* – die Ballade vom Fischer, der *Chœur des ombres* , der *Chant de bonheur* , die *Harpe éolienne* – gehören zum Besten, was Berlioz je geschrieben hat; aber der Gesamtplan mit seinen außerordentlichen Prosatiraden ist gewiß das Verrückteste, was ein Musiker je hervorgebracht hat. Hier war der junge Romantiker in all seiner schwachsinnigen, extravaganten Pracht, der sich danach sehnte, ein Räuber zu sein, sich Orgien aus Blut und Tränen hinzugeben, das Wohl seiner Geliebten aus dem Schädel seines Rivalen zu trinken und all das andere. Aber letzten Endes findet sich davon sehr wenig in Berlioz' Musik. Wir begegnen ihm wieder in der "Orgie der Räuber" in *Harold en Italie* ; und ob diese wirklich 1834 entstand oder zwei oder drei Jahre früher geschrieben wurde, zu einer Zeit, als das hyperämische Gehirn in der *Symphonie fantastique* und *in Lélio* [14] auf wildeste arbeitete, spielt verhältnismäßig keine Rolle. Auf jeden Fall endet der Wahnsinn 1834 mit *Harold*.

Und dann taucht mit fast erschreckender Plötzlichkeit ein neuer Berlioz auf. Wir sehen die Veränderung zum ersten Mal in der Szene *Le Cinq Mai* – einem Lied über den Tod des Kaisers Napoleon nach Texten von Béranger –, die von M. Adolphe Jullien auf 1834 und von Herrn Weingartner und M. Malherbe auf 1832 datiert wird. Das genaue Datum ist unwichtig. Die wesentliche Tatsache ist, dass Berlioz' Gehirn nun das erlangte, was ihm bisher gefehlt hatte – es begann, einen philosophischen Sinn für die Realität der Dinge zu entwickeln. Natürlich hatte er in vielen seiner früheren Werke ernsthaft und schön geschrieben ; Aber *Le Cinq Mai* hat darüber hinausgehende Qualitäten. Seine Lieder *La captive* (1832) und *Sara la baigneuse* (1833?) führen die Linie der früheren Lieder und Ouvertüren fort; Was wir außerdem in *Le Cinq Mai erhalten* , ist eine Ernsthaftigkeit und geordnete Intensität der Konzeption, die in den früheren Werken insgesamt fehlt. Er wird immer weniger zum Egoisten und ist eher in der Lage, den Gedanken der Menschheit als Ganzes zum Ausdruck zu bringen. der Romantiker macht Platz für den ganzen Menschen. In den *Nuits d'Été* (1834) ist ein größerer Geist als in jedem seiner früheren Lieder. Zwischen 1835 und 1838 haben wir drei edle Werke – *Benvenuto Cellini* , das *Requiem* und *Roméo et Juliette* ; und auf kein früheres Werk von Berlioz wäre der Beiname „edel" wirklich anwendbar. Der Wandel ist weniger ein musikalischer als vielmehr ein intellektueller – wir könnten fast sagen ethischer – Wandel. Schauen Sie sich ihn zum Beispiel in der Eröffnung des *Requiems an* . Der ganze Wahnsinn, die Pose, der Egoismus der *Symphonie fantastique* und ihrer Brüder sind verschwunden. Berlioz hat jetzt ein Auge für mehr im Leben als seine eigenen ungeschorenen Locken und seine schwülen Liebesbeziehungen. Er hält sich nicht länger für den Mittelpunkt des Universums; Er glaubt nicht mehr an die berliozzentrische Theorie und schreibt nicht mehr die Hälfte der Zeit mit einem Auge auf den Spiegel. Anstelle all dessen haben wir einen Berlioz, der seine aggressive Subjektivität abgelegt und gelernt hat, das Leben objektiv zu betrachten. Sein Geist berührt feinere Themen, er singt, nicht Berlioz, sondern die Menschheit als Ganzes. Er ist jetzt das, was jeder große Künstler instinktiv ist – ein Philosoph und ein Sänger; Durch das *Requiem* verdient er sich das Recht, inmitten der ernsten, grüblerischen Geister der Erde zu stehen . So auch in der letzten Szene von „ *Roméo et Juliette* " , in der er zu höheren Höhen aufsteigt, als er jemals hätte erreichen können, während er mitten in seiner egoistischen Romantik steckte. Auch hier spricht er, wie im *Requiem* , mit der Autorität des Sehers ebenso wie mit der Stimme des Redners; In der Musik liegt der Nervenkitzel tiefer Überzeugung, der Klang inspirierten Verständnisses für Mensch und Natur als Ganzes. Mit einem Wort, der alte Berlioz ist gegangen; An seiner Stelle steht ein neuer Berlioz,

weiser als der alte, geläutert und geläutert durch seine Erfahrungen, Künstler
und Denker in einem.

X

Im Jahr 1838 schien also alles die glücklichste Verheißung für seine Kunst zu sein. Aber dieses Versprechen wurde leider nicht so umfassend erfüllt, wie man es sich erhofft hätte. Was auch immer die wahre Ursache gewesen sein mag, Berlioz hat, wie wir gesehen haben, in seiner musikalischen Produktion inzwischen stark nachgelassen. Es kann nicht ausschließlich an seinem *Feuilleton- Schreiben* gelegen haben , denn nie war er damit so beschäftigt wie in den sieben Jahren ab 1833 (dem Jahr, in dem er Henrietta Smithson heiratete und auf die eine oder andere Weise Geld verdienen musste). Er beklagt sich bei Humbert Ferrand darüber, dass ihm sein Journalismus wenig Zeit lässt, Musik zu schreiben, aber Tatsachen sind, dass er wirklich eine sehr gute Leistung erbracht hat. Am Ende dessen, was ich als seine erste Epoche bezeichnet habe, erhielt er einige große Geldsummen – 4000 Francs für das *Requiem* (1837), 20.000 Francs von Paganini für *Harold en Italie* (1838) und 10.000 Francs für die *Symphonie funèbre et triomphale* (1840) – was ihm ermöglichte, den Journalismus aufzugeben und zu reisen. Zwischen 1841 und 1855 war er häufig unterwegs, aber nicht genug, um die außergewöhnlich geringe Menge an Musik zu erklären, die er schrieb – eine Menge, die in den späteren Jahren noch kleiner wird.

Ich denke, wir können uns der Schlussfolgerung nicht entziehen, dass die Keime seiner Krankheit bereits zwischen 1840 und 1855 in ihm lagen und seine Arbeitsfähigkeit beeinträchtigten. Soweit sich aus seinen Briefen feststellen lässt, wurde er sich seiner Krankheit etwa 1855 bewusst, aber es gibt keinen Grund anzunehmen, dass sie damals tatsächlich begann; sein Vater hatte an derselben Krankheit gelitten, und der Sohn war offensichtlich ein dem Untergang geweihter Mann. Ungefähr 1855 beginnen seine Briefe zu zeigen, welche verheerenden Auswirkungen seine schreckliche Krankheit – eine Darmneuralgie, wie er sie nennt – in ihm anrichtete. Die entsetzlichen Schmerzen schwächten ihn durch und durch; dann wurden seine Energiequellen durch die Mengen an Opium, die er einnehmen musste, noch weiter geschwächt. Zeitweise verlor er sogar sein Interesse an der Kunst. Im November 1856 spricht er mit Fürstin Sayn -Wittgenstein über „die schrecklichen Augenblicke des Ekels, die mir meine Krankheit einflößt", während derer „ich alles, was ich geschrieben habe" (er arbeitet in *Les Troyens*), „kalt, langweilig, stumpf, geschmacklos finde; ich habe große Lust, es alles zu verbrennen." Einen Monat später schreibt er, er sei so krank gewesen, dass er seine Partitur nicht mehr schreiben konnte. So geht die melancholische Aufzeichnung Brief für Brief weiter: Er sei krank „an der Seele, am Körper, am Herzen, am Kopf"; ein Anfall seiner „verdammten Neuralgie" hält ihn sechzehn Stunden lang auf dem Rücken; „Ich kann nicht gehen, ich schleppe mich nur dahin; ich kann nicht denken, ich grübele nur."

„Ich lebe in absoluter Seelenisolation; ich tue nichts als acht oder neun Stunden am Tag zu leiden, ohne Hoffnung jeglicher Art, möchte nur schlafen und schätze die Wahrheit des chinesischen Sprichworts – es ist besser zu sitzen als zu stehen, zu liegen als zu sitzen, zu schlafen als zu wachen und tot als zu schlafen"; „Meine Neurose wächst und hat sich jetzt in meinem Kopf festgesetzt. Manchmal taumele ich wie ein Betrunkener und wage nicht, allein auszugehen." „Diese hartnäckigen Leiden entnerven mich und machen mich brutal . Ich werde immer mehr wie ein Tier, dem alles oder fast alles gleichgültig ist." Seine Ärzte sagen ihm, er habe „eine allgemeine Entzündung des Nervensystems" und müsse „wie eine Auster leben, ohne Gedanken und ohne Empfindungen." An manchen Tagen habe er „hysterische Anfälle wie ein junges Mädchen." „Mon Dieu, que je suis triste!" „Ich leide jeden Tag so schrecklich, von sieben Uhr morgens bis vier Uhr nachmittags, dass während solcher Krisen meine Gedanken völlig verwirrt sind." Er braucht so lange, um *Béatrice et Benedict zu schreiben* , weil ihm aufgrund seiner Krankheit die musikalischen Ideen nur äußerst langsam kommen – während er sie nach dem Schreiben vergisst und sie ihm beim Hören völlig neu vorkommen. Seinen anderen Korrespondenten erzählt er immer dieselbe traurige Geschichte: „An manchen Tagen kann ich keine zehn Zeilen am Stück schreiben; manchmal brauche ich vier Tage, um einen Artikel fertigzustellen."

Es ist unmöglich zu glauben, dass eine so schwerwiegende Störung erst im Jahr 1855 begann , als Berlioz sich ihrer erstmals vollständig bewusst wurde; es muss schon vor Jahren in ihm gewesen sein und schon damals seine Arbeitsfähigkeit beeinträchtigt haben. [15] Aber solche Musik, zu deren Schreiben er die Energie aufbrachte, zeugt von der neuen Verfassung seines Wesens. Nicht nur körperlich, sondern auch geistig war Berlioz ein veränderter Mann – ein Punkt, der angesichts des traditionellen Missverständnisses über ihn betont werden sollte. Ich habe bereits auf die allgemein akzeptierte „Legende" von Berlioz hingewiesen, eine Legende, die ausschließlich auf Berlioz von fünfundzwanzig oder dreißig basiert. Heine brachte diesen Aspekt von ihm vielleicht am schönsten in der Passage zum Ausdruck, in der er von ihm spricht als „einer kolossalen Nachtigall, einer Lerche von der Größe eines Adlers, wie sie einst, wie man sagt, in der primitiven Welt existierte. Ja, die Musik von Berlioz hat für mich im Allgemeinen etwas Ursprüngliches, fast Vorsintflutliches; sie lässt mich von gigantischen Arten ausgestorbener Tiere, von Mammuts, von sagenhaften Reichen mit sagenhaften Sünden, von allerlei übereinander gestapelten Unmöglichkeiten träumen; Diese magischen Akzente erinnern uns an Babylon, die hängenden Gärten der Semiramis, die Wunder von Ninive, die kühnen Bauwerke von Mizraim, wie wir sie auf den Bildern des englischen Malers Martin sehen." Das ist, trotz ihrer verbalen Fantasie, keine schlechte Beschreibung des Berlioz der letzten beiden Sätze der *Symphonie fantastique* , der Räuberorgie in *Harold en Italie* , des Ritts in den Abgrund in *Faust* und, sagen wir mal, sogar , die „Tuba mirum " *des* Requiems . Aber es ist nur ein Viertel, ein Zehntel des echten Berlioz. Doch die alte Legende geht immer noch weiter; Sogar ein so vorsichtiger Student wie Herr WH Hadow hat gerade in seinem Artikel im neuen „Grove's Dictionary" gesagt, dass „seine Fantasie immer in Höchstform zu sein scheint; seine Beredsamkeit ergießt sich in einem trüben, ungestümen Strom, der alle Hindernisse beseitigt und." Es ist Mode, ihn mit Victor Hugo zu vergleichen, und auf der einen Seite ist dieser Vergleich jedenfalls gerechtfertigt Aber hier hört die Ähnlichkeit auf: Hugo ist zurückhaltend, abgesehen von den technischen Fehlern des Musikers, so makellos wie eine griechische Statue.

Man wird es wirklich leid, ständig über Berlioz' Extravaganz zu reden. Das Bild ist eine reine Karikatur, kein Porträt; ein oder zwei Physiognomiemerkmale sind ausgewählt und übertrieben, im grellsten Licht dargestellt und künstlich als wesentliche Merkmale des Mannes dargestellt. Doch selbst ein Baby, das Berlioz kennt, könnte die Falschheit des Bildes beweisen. Wo ist die „Extravaganz", der Mangel an „Zurückhaltung" in der *Waverley* -Ouvertüre, der *Roi Lear-* Ouvertüre, den ersten drei Sätzen der *Symphonie fantastique* , den zwanzig oder dreißig Liedern, dem Großteil von *Faust* , dem Großteil von *Harold en Italie* , dem Großteil von *Lélio* , *den drei schönen Stücken, aus denen die Tristia* besteht , den *Cinq Mai* , dem Großteil des *Requiems* , *Benvenuto Cellini* , *Roméo et Juliette* , der edlen *Symphonie funèbre et triomphale* , der *Carnaval romain* -Ouvertüre, *Enfance du Christ* , *Béatrice et Benedict* oder *Les Troyens* ? Wie lächerlich wenige dieser Tausenden von Seiten verdienen das Epitheton „Extravaganz"; für wie viele von ihnen trifft die Aussage zu, dass Berlioz' „Beredsamkeit sich in einem trüben, ungestümen Strom ergießt, der alle Hindernisse niederreißt und alle Zurückhaltung überwindet"?

Die Wahrheit ist, dass selbst der jugendliche Berlioz eine beträchtliche „Zurückhaltung" besaß, eine beträchtliche Fähigkeit, nicht nur das Extravagante, sondern auch das Zarte, das Pathetische und das Feinfühlige zu verstehen und auszudrücken. Wir haben bereits gesehen, dass seine intellektuellen und moralischen Kräfte um 1838 ihren Höhepunkt erreichten, als er mit enormer Leidenschaft, aber auch mit vollkommener Zurückhaltung und beeindruckender Vornehmheit sang. Sowohl die Musik als auch die Prosa seiner späteren Jahre zeigen, wie sehr sich sein Charakter veränderte; es ist einfach lächerlich, zu versuchen, *diesen* Berlioz in den Worten zu beschreiben, die nur auf den schlimmsten Berlioz von vor zwanzig Jahren anwendbar waren. Körperliches und seelisches Leiden, Prüfungen im Privatleben und ständige Enttäuschungen im öffentlichen Leben züchtigten die Seele des Mannes und brachten ihre feineren Elemente zum Vorschein. Er bekämpfte die Mächte des Bösen ruhig und standhaft mit seiner bewundernswerten Waffe der Ironie. Einmal vergaß er sich selbst, in der Wagner-Affäre von 1861; aber man kann die momentane Welle der Böswilligkeit, die damals in ihm aufstieg, verzeihen oder zumindest verstehen, wenn man an die schwere Krankheit denkt, die den armen Körper quälte, und an die nicht enden wollenden Beleidigungen, die ihm als Opernkomponist zuteil wurden. Abgesehen von dieser Episode flößt Berlioz in seinen späteren Jahren stets unseren Respekt ein. Immer standen sein Verstand und sein Geist im Vordergrund; wo andere Männer beleidigend geworden wären , wurde er nur noch beißender und witziger; wo die Leidenschaft der Niederlage die Augen anderer Männer getrübt hätte, sah er nur umso klarer und durchdringender. Sehen Sie ihn sich auf seinen späteren Porträts an, mit diesem feinen, intellektuellen Mund, voll einer Kraft, die durch den ironischen Humor , der ihn umspielt, nicht widerlegt, sondern verstärkt wird. Ja, er hat die Schläge des Schicksals gut gemeistert, und sie waren zahlreich und grob. Wenn wir einen zusammenfassenden Vergleich zwischen dem späteren und dem früheren Berlioz anstellen wollen, brauchen wir nur die überschwänglichen Briefe seiner Jugend mit den Briefen zu vergleichen, die er zwischen 1852 und 1867 an die Fürstin Sayn -Wittgenstein schrieb. Der Stil selbst ist verändert; die späteren Briefe lesen sich leicht und schön, ohne jene abrupten Verzerrungen und Übertreibungen , die uns in den früheren erschrecken. Wenn er tadeln muss, tut er dies wie ein Gentleman, mit dem Rapier, nicht mit der Keule. Und wie perfekt wahrt er die grundlegende Würde des Künstlers gegenüber dieser wohlmeinenden, aber neugierigen und etwas vulgären Aristokratin; mit welcher feinen Erziehung, mit welchem exquisiten Gebrauch der eisernen Hand im Handschuh weist er ihre Einmischung in Angelegenheiten zurück, die nur ihn selbst betreffen, und vermittelt ihr, dass es in seiner Seele Bereiche gibt, zu denen sie weder aufgrund ihrer Freundschaft noch ihrer Stellung Zutritt hat !

Nein, die billigen literarischen Oleographen, die für die Porträts von Berlioz dienen, vermitteln auf lächerliche Weise einen Eindruck davon, was Berlioz wirklich war. Selbst im Jahr 1846 war sein Fieber vollständig abgeklungen — vorausgesetzt, dass der Ritt zum Abgrund in „*Faust*" tatsächlich dazu gehörte und nicht zu einem früheren Zeitpunkt; und alles danach spricht von einem stark veränderten Wesen. Hätte er seine Gesundheit nur bis zu diesem Zeitpunkt seiner Karriere bewahrt, wer weiß, welche sonnendurchfluteten Höhen er vielleicht nicht erreicht hätte? Im Geiste, in der Lebenserfahrung, im moralischen Gleichgewicht, in der Technik seiner Kunst hatte er sich nun enorm verbessert; All dem stand jedoch jene heimtückische Krankheit gegenüber, die das freie Funktionieren dessen, was einst so eifrige und scharfsinnige Gehirn gewesen war, so kläglich behinderte. Es verringerte die

Menge an Arbeit, die er leisten konnte; es hat einiges davon völlig verdorben – zum Beispiel die Kantate *L'Impériale*, deren unscheinbarer Text durchweg von einem geistig erschöpften Mann stammt. Doch selbst in dieser Zeit der Not und Frustration scheint ihn oft ein sicherer Instinkt geleitet zu haben. Er konnte jede Woche nur ein paar Stunden schreiben; aber im Allgemeinen scheint er seine Arbeitszeiten glücklich gewählt zu haben und die seltenen und flüchtigen Momente zu nutzen, in denen das arme Gehirn und der Körper in vorübergehender Harmonie zusammengehalten wurden. Die besten seiner späteren Werke müssen den Vergleich mit den besten seiner früheren Schaffensperioden nicht scheuen. Und wie sehr sich die Stimmung und die Einstellung geändert haben! All seine alte Romantik ist verschwunden, nicht nur aus seiner Musik, sondern auch aus der Grundlage seiner Musik. Anstelle der alten gewalttätigen literarischen Themen mit ihrer lautstarken Rhetorik und ihrer violetten Färbung verweilt er nun gerne bei Themen von klassischer Reinheit der Umrisse und überschüttet sie mit einer unendlichen Feinheit der Behandlung. Sein Musikstil wird zuweilen außergewöhnlich schön und geschmeidig; Ohne etwas von der wesentlichen Kraft seiner früheren Art zu verlieren, widerlegt er mit der exquisiten, perlmuttartigen Zartheit von *L'Enfance du Christ* und *Béatrice et Benedict* die Ignoranten, die damals wie heute nichts anderes als einen Meister des *Barock sahen* und grotesk. Seine Themen sind einfach; er zeichnet und koloriert sie, wie in *Béatrice und Benedict*, mit der seltensten und strahlendsten Anmut, [16] oder, wie in *L'Enfance du Christ*, mit einer merkwürdig einnehmenden Einfachheit der Art, die an Puvis de Chavannes oder die *Primitifs erinnert*. Und seine Stärke, wo er sie zeigen möchte, ist jetzt so fein kontrolliert, so gründlich und meisterhaft darauf ausgerichtet, Schönheit zu schaffen. Im großartigen *Te Deum* sehen wir seinen Stil in seiner schönsten Form; all die Grobheit und Unbeholfenheit, die an seiner früheren Stärke hafteten, sind verschwunden; Der Muskel zeigt nichts von der rohen Kraft der Anfangszeit, sondern spielt leicht und flexibel unter der samtenen Haut; während in seinen sanfteren Momenten eine neue und außergewöhnliche Süße zu spüren ist, ein Honiggeschmack der Stimme, der dennoch nichts von seiner alten Männlichkeit opfert. Und für sein letztes Werk greift er nicht auf einen der romantischen Zeitgenossen seiner Jugend zurück, nicht einmal auf den anderen Romantiker – Shakespeare –, zu dem er immer eine so enge Bindung hatte, sondern auf seinen geliebten Vergil; Mit einem klassischen Thema, inszeniert mit klassischer Nüchternheit in der Art und Weite der Gefühle, beschließt er, seine Karriere zu beenden. Was diese Arbeit für ihn bedeutete, kann nur der erkennen, der seine Briefe in den sieben Jahren studiert hat, in denen er sich damit beschäftigt hat. Es war seine Zuflucht, seine Methode, der Welt zu entfliehen; Für ihn war es der „Elfenbeinturm", von dem Flaubert spricht, in den der Künstler steigen kann, um von dem Ideal zu träumen, das im Leben unerreichbar ist. Er war all die Jahre ein sterbender

Mann, und in einem Großteil der Musik von *Les Troyens* gibt es nur allzu viele Anzeichen körperlicher und geistiger Erschöpfung. Aber es hat seine außerordentlich schönen Momente, und die Gesamtkonzeption ist großartiger als alles, was Berlioz seit dem *Requiem versucht hatte* . Es liegt etwas seltsam Bewegendes in dieser Rückkehr des alten Musikers in seinen letzten Jahren zu den Leidenschaften und Idealen seiner Jugend. Die Fiktion könnte nichts rührender Schönes erfinden als dieses letzte Treffen mit der Estelle, die er als zehn- oder zwölfjähriger Junge geliebt hatte, und das Wiederaufleben aller alten romantischen Gefühle für seine *Stella montis* — diese seltsame Blendung des fleischlichen Auges, die es ihm erlaubte in der siebenundsechzigjährigen Frau nur das gewinnende Mädchen zu sehen, das er vor einem halben Jahrhundert geliebt hatte. In seiner Kunst gab es einen ähnlichen Atavismus; Der alte Kämpfer wirft mit einem traurig-ironischen Lächeln die rote Fahne weg, unter der er einst so erbittert gekämpft hatte, und sucht Kameradschaft unter den großen, ruhigen Gestalten der Vergangenheit. Es mag eine bewusste Absicht gewesen sein, sich ganz deutlich von Wagner zu distanzieren, was zumindest einen Teil seines späteren Festhaltens an Gluck und den Klassikern erklären könnte. Aber im Großen und Ganzen scheint es wahrscheinlicher, dass die Rückkehr zu diesen weniger fiebrigen, weitläufigeren Geistern nur das spontane Absinken der müden Seele in die Arme war, die am bereitwilligsten waren, sie aufzunehmen. Er wusste, dass er ein geschlagener Mann war; er wusste, dass sein Stern zu seinen Lebzeiten zumindest dazu verdammt sein würde, eine Sonnenfinsternis zu erleiden; Welche Chance er auch gehabt haben mochte, sich erneut durch die Wolken zu kämpfen und die Ignoranz und Vorurteile der Pariser ihm gegenüber zu überwinden, wurde durch die Krankheit zunichte gemacht, die ihn an Leib und Seele zerschmetterte. Also zog er sich in sich selbst zurück und wartete so ruhig und philosophisch wie möglich auf das Ende.

Uns erscheint seine Situation noch tragischer, als sie ihm selbst vorgekommen sein muss. Da wir wissen, welch außerordentliches Versprechen er 1838 gab, können wir die letzten dreißig Jahre seines Lebens nur als ein Versagen betrachten, dieses Versprechen einzulösen, jedenfalls in seiner Gesamtheit. Auf beiden Gebieten — dem Vokal- und dem Instrumentalbereich — scheint er unsicher zu stocken, nicht recht wissend, wie er die begonnene Arbeit fortsetzen soll. Die spätere Musik ist, wie ich zu zeigen versucht habe, im Allgemeinen schön genug; hier liegt nicht der Fehler. Aber Berlioz schaffte es nicht, selbst die neuen Formen hervorzubringen, die diejenigen, die seine Karriere von Anfang an verfolgt hatten, vernünftigerweise von ihm hätten erwarten können. Sein ganzes Leben lang sehnte er sich sehnlichst danach, Opernkomponist zu werden. Aber der Misserfolg von *Benvenuto Cellini* im Jahr 1837, verbunden mit den Intrigen seiner Feinde, schließt ihn für 25 Jahre von der Oper aus; 1846 versetzt ihm der Misserfolg von *Faust* einen weiteren vernichtenden Schlag. Als er seine Opernkomposition wieder aufnimmt, scheinen die Fähigkeit und der Wunsch, neue Formen hervorzubringen, verschwunden zu sein; er begnügt sich damit, innerhalb der Grenzen des Rahmens zu arbeiten, den ihm Gluck hinterlassen hat. Während dieser ganzen Zeit vernachlässigt er praktisch die rein instrumentale Musik und versäumt es so, die Schlussfolgerungen zu ziehen, zu denen er sich in seinen früheren Werken vorgetastet zu haben scheint. Nichts in ihm kommt zu seiner vollen Entfaltung; jeder Zweig wird abgeschnitten, sobald er den Stamm verlässt. Er ist ein erbärmliches Denkmal der Unvollständigkeit; seine Krankheit und das unwissende Publikum haben seine Kunst getötet. Aber die Arbeit, die er tatsächlich geleistet hat, erscheint aus diesem Grund nur umso wunderbarer. Er war ein Genie ersten Ranges; und es besteht wenig Zweifel, dass der Ton der Kritik ihm gegenüber umso respektvoller und sympathischer sein wird, je besser seine Musik bekannt ist.

FUßNOTEN:

[1] Der Leser, der sich für die Sache interessiert, kann sich Briefen an Liszt aus dem Jahr 1852 zuwenden. Darin spricht er geringschätzig über Berlioz' *Cellini* und spielt auf "die Plattitüden seiner Faust- *Symphonie* (!)" an. Allein der letzte Satz genügt, um zu zeigen, dass Wagner das Werk, das er die Unverschämtheit hatte zu verunglimpfen, überhaupt nicht kannte - denn jeder weiß, dass Berlioz' *Faust* keine Symphonie ist. In einem kürzlich erschienenen Artikel in *The Speaker* über "Die Beziehungen zwischen Wagner und Berlioz" habe ich, glaube ich, gezeigt, dass Wagner weder eine Note des *Faust* noch des *Cellini gekannt haben kann* ; die Daten der Aufführung und der Veröffentlichung schließen jegliche derartige Kenntnis seinerseits aus. Es ist jedoch notwendig, den Leser darauf hinzuweisen, dass sowohl in der englischen Übersetzung der Wagner-Liszt-Briefe (von Dr. Hueffer , überarbeitet von Mr. Ashton Ellis) als auch in der großen Glasenapp-Ellis-Ausgabe " *Life of Wagner*" die wahren Tatsachen vor der englischen Öffentlichkeit geheim gehalten werden. Die belastende Phrase „Faust-Symphonie" wird diskret zu „Faust" abgekürzt, so dass nichts den Verdacht des Lesers weckt und ihn dazu veranlasst, der Sache näher nachzugehen. In der großen „ *Life*" -Ausgabe, die gerade im Druck ist, hat Mr. Ellis zwar Tausende von Seiten zur Verfügung – obwohl er tatsächlich einen ganzen Band von fünfhundert Seiten zwei Jahren von Wagners Leben widmen könnte –, aber dennoch keinen Platz für die ein oder zwei kurzen Zeilen aus dem Brief von 1852, die dem Leser die wahren Fakten vor Augen führen würden; an ihre Stelle treten diskrete und stumme Punkte. Die britische Öffentlichkeit soll offensichtlich wie ein Kind behandelt werden und nur so

viel von der Wahrheit über Wagner erfahren, wie für gut für sie – oder jedenfalls für Wagner – gehalten wird.

[2] Dies ist ein Fehler; er kam 1821 in Paris an.

[3] Siehe Julien Tiersots *Hector Berlioz et la société de son temps* (1904) – ein hervorragendes Buch, das für jeden Berlioz-Studenten unverzichtbar ist.

[4] Interessant ist, dass Alfred de Musset Arthur Rimbaud und den modernen Symbolisten mit seinem farbigen Vorsprechen zuvorkam. Er behauptete einmal, der Ton F sei gelb, G rot, eine Sopranstimme blond und eine Altstimme braun. Siehe Arvède Barines *Alfred de Musset* (in *Les Grands Écrivains Français*), S. 115.

[5] Hoffmann war natürlich auch Musiker; doch ist er eher der Romanautor, der über Musik schrieb, als der Musiker, der Romane schrieb.

[6] Buckle (Anmerkung 316 zu Kapitel VII der *History of Civilisation*) bemerkt: „Alle großen Revolutionen haben die direkte Tendenz, den Wahnsinn zu steigern, solange sie andauern und wahrscheinlich auch noch einige Zeit danach; aber in dieser wie auch in anderer Hinsicht ist die Französische Revolution hinsichtlich der Zahl ihrer Opfer einzigartig." Siehe die von ihm angeführten Verweise auf „das schreckliche, aber seltsame Thema des Wahnsinns, der durch die Aufregung der Ereignisse in Frankreich Ende des 18. Jahrhunderts verursacht wurde." Buckle spricht nur von der Revolution, aber natürlich müssen die nachfolgenden Kriege auf ziemlich dieselbe Weise gewirkt haben.

[7] Chateaubriand, *Souvenirs d'enfance et de jeunesse*, S. 2.

[8] In seinem Brief vom 18. März 1839 gibt er Ernest Chevalier den Plan eines Werks, das in seinen absurden Fantasien und seiner Überbetonung von Form und Farbe dem auf Seite 38 erwähnten Werk von Berlioz merkwürdig ähnelt.

[9] Dieselbe Rhodomontade steckt er in den Mund seines Lélio.

[10] Ein oder zwei dieser Daten können nur als annähernd angesehen werden, aber wenn sie überhaupt falsch sind, dann nur für die Dauer von ein oder zwei Jahren, was die Frage nicht berührt.

[11] Aus den Sayn-Wittgenstein-Briefen geht hervor, dass das schöne Thema der Liebesszene in *Roméo et Juliette* von der jugendlichen Liebe zu Estelle inspiriert wurde, die auch das Eröffnungsthema der *Symphonie fantastique hervorbrachte*. Es muss sich daher um eine recht jungenhafte Erfindung gehandelt haben, obwohl seine Entwicklung und allgemeine Behandlung zweifellos in das Jahr 1838 fallen.

[12] M. Julien Tiersot teilt in seinem bewundernswerten Werk *Berlioz et la société de son temps* das Leben von Berlioz in fünf Epochen ein: 1803-1827 (seine Kindheit, Jugend und Lehrzeit), 1827-1842 (die Epoche seiner größten Aktivität), 1843-1854 (in der er wenig schafft außer *Faust*, das in Wirklichkeit vielleicht aus einer früheren Zeit stammt), 1854-1865 (die Epoche von *L'Enfance du Christ*, *Béatrice et Benedict* und *Les Troyens*) und 1865-1869 (ohne Werke). Die Diskussion im Text wird deutlich machen, warum ich die Einteilung von M. Tiersot durch meine eigene ersetzt habe, und wird, wie ich hoffe, überzeugend sein. Ein weiterer Punkt verdient Beachtung. Gegen Ende seiner *Mémoires* erzählt uns Berlioz, dass er eines Nachts von einer Symphonie geträumt, sie aber absichtlich nicht geschrieben habe, weil die Herstellung und der Druck zu teuer seien. Dieser Grund mag ihn ein wenig belastet haben, aber niemand, der sich mit künstlerischer Psychologie auskennt, kann ihn als die endgültige Erklärung ansehen. Wenn die Traumarbeit wirklich in Berlioz' Seele eingedrungen wäre und er gespürt hätte, sie vollkommen zu beherrschen, hätte er nicht ruhen können, bis er sie zu Papier gebracht hätte, und sei es nur zu seiner eigenen Befriedigung. Es ist viel wahrscheinlicher, dass er sich der geistigen Anstrengung nicht gewachsen fühlte, seine Vision zu Ende zu denken und das widerspenstige Material in ein plastisches Kunstwerk zu zwingen. Ich nehme an, dass zu dieser Zeit eine Erschlaffung seines Gewebes in ihm vorlag, die ihm langwieriges musikalisches Denken zur Last machte.

[13] Zur gesamten Frage siehe das Kapitel über „Le Tempérament " bei Edmond Hippeau *Berlioz Intime*.

[14] Das Datum von *Lélio* ist 1831-1832, aber das Absurdste daran, das *Chanson de brigands*, wurde im Januar 1830 geschrieben – also in derselben Epoche wie die *Symphonie fantastique*. Es ist ziemlich klar, dass die Jahre 1829–1830 den Höhepunkt von Berlioz' Exzentrizität markierten und dass seine Leidenschaft für Henrietta Smithson maßgeblich damit zu tun hatte.

[15] Jullien (S. 241) sagt: „Ungefähr zu dieser Zeit siedelte sich die Neuralgie, *unter der er schon immer gelitten hatte,* im Darm an …"

[16] Er selbst beschreibt es als „eine mit der Nadelspitze geschriebene Caprice, die eine äußerste Feinheit der Ausführung erfordert." Und doch ist dies der Mann, für den die Welt nur das Beiwort „extravagant" finden kann!

An Frau Rosa Newmarch

„Faust" in Musik

Faust -Vertonungen in der einen oder anderen Form liegt meines Wissens inzwischen bei etwa dreißig oder fünfunddreißig. Es ist bei Musikern vielleicht das beliebteste Thema und übertrifft Hamlets , Othellos , Romeo und Julia und all die anderen Laienfiguren, die Komponisten gern verwenden, um ihre eigenen Gewänder zur Schau zu stellen, bei weitem. Man kann nicht sagen, dass sie im Großen und Ganzen viel zu unserem Verständnis des Dramas beigetragen haben; tatsächlich haben die Faust-Symphonien, Faust-Opern und Faust-Szenen mit einem halben Dutzend Ausnahmen ihre Existenz nicht gerechtfertigt. Eine der größten Schwierigkeiten für den Musiker – selbst wenn man annimmt, dass er die geistige Kapazität hat, sich auf die Höhe der Psychologie der Sache zu erheben – ist die enorme Bandbreite und Fülle des Materials des Dramas selbst. Allein der erste Teil von Goethes Werk oder der zweite Teil reichen völlig aus, um die konstruktiven Kräfte eines jeden Komponisten bis zum Äußersten zu beanspruchen; aber den gesamten *Faust* in Musik umzugestalten, ist ein verzweifeltes Unterfangen. Seit Goethes Zeiten müssen wir das Faust-Bild durch *seine* Augen sehen; eine Rückbesinnung auf frühere Formen ist völlig ausgeschlossen. Und Goethe hat zwar die spirituellen Elemente der Geschichte enorm erweitert und vertieft, aber gerade dadurch den Musiker vor ein entmutigendes Problem gestellt. Keine musikalische Version des Stücks kann zunächst einmal angemessen sein, wenn sie nicht Goethes zweiten Teil ebenso wie den ersten umfasst. Außerdem muss die gebührende Gelegenheit gegeben werden, alle wesentlichen, grundlegenden „Motive" des Dramas darzulegen, und davon gibt es in der Tat viele. Der Komponist befindet sich also in einem Dilemma. Wenn er möchte, dass sein Werk in derselben Galerie steht wie das von Goethe, muss er eine Linie durch Fausts Seele ziehen, die lang und gewunden genug ist, um alle ihre geheimen Orte zu berühren; aber jeder , der dies versucht, erkennt bald, wie schwierig es ist, eine so gewaltige Szene zu fokussieren und das Bild in einem Rahmen von angemessener Größe zu halten. Eine Oper oder Symphonie, die versucht, die gesamte psychologische Ebene des Dramas abzudecken, würde mindestens zehn oder zwölf Stunden dauern. Offenbar besteht für den zukünftigen Komponisten, der daran denkt, das Faust-Thema zu vertonen, die einzig vernünftige Vorgehensweise darin, sich zwei oder drei Abende damit zu beschäftigen, nach dem Vorbild von Wagners *Ring des Nibelungen* ; und bis dies geschehen ist , müssen wir uns mit den mehr oder weniger unzureichenden Versionen zufrieden geben, die uns derzeit vorliegen.

Die kosmische Qualität des Themas, so könnte man meinen, hätte mehr Männer ersten Ranges anziehen sollen, wenn man bedenkt, wie viele Leute zweiten und dritten Ranges es zur Selbstzerstörung verführt hat. Man fragt sich zum Beispiel, warum es Gounod zugefallen sein sollte, so vielen ehrlichen, aber ungebildeten Menschen ihre erste, vielleicht ihre einzige Idee von *Faust zu vermitteln* – eine Erfahrung, die so etwas ist, als würde man auf dem Landhäuschen erste Vorstellungen von *Hamlet bekommen.* Wir können verstehen, dass sie die Sache ernst nehmen, denn ich glaube, wir alle haben sie einmal ernst genommen – in der unreifen Phase unserer Musikkultur – und viele recht angesehene Musiker tun dies immer noch. Doch wir müssen nur eines Tages darauf zurückkommen, nachdem wir viele Jahre lang keine Bekanntschaft damit gemacht haben, um zu sehen, was für eine lachende Monstrosität das Ding ist. Das Buch kommt an manchen Stellen so albern daher wie alles, was auf Goethe basiert, obwohl die Musik natürlich ihre guten Seiten hat. In der Ouvertüre und der Eröffnungsszene gibt es wirklich einen Hinweis auf die Schwere und Spiritualität der Probleme von Fausts Seele; aber sobald Margarete und Mephistopheles auf der Bühne erscheinen, wird die Sache größtenteils zur bloßen Oper und Faust nur noch zum gewöhnlichen Liebesroman – *l'homme moyen sensuel* . Das Melodram, *quâ* melodrama, ist manchmal in seiner Art gut; Die Valentinsszenen klingen im Allgemeinen authentisch und ab und zu werden sie wirklich beeindruckend. Es gibt auch jede Menge schöne Musik in der Oper, die Ihnen vielleicht genügen wird, wenn Sie der poetischen Grundlage nicht sehr kritisch gegenüberstehen – wenn Sie also nicht versuchen, unter die ohrenbetäubenden Klänge zu gelangen und sie zu sehen Charaktere, wie Goethe sie gezeichnet hat. Aber wenn man erst einmal darüber nachdenkt, kann man Gounod und seine Mitverbrecher, die das Libretto erfunden haben, nur belächeln.

Schauen Sie sich zum Beispiel die Ounod-Ouvertüre an. Für ein paar Minuten ist es fast des erhabensten Themas oder des besten Mannes würdig, der das *Faust-* Thema aufgegriffen hat ; und dann, wie jämmerlich es verpufft und in seinen ursprünglichen Lebensraum der Banalität zurückdriftet, wo die Luft ihm angenehmer ist – für alle Welt wie ein Mann, der sich ein Ibsen-Stück ansieht, fest entschlossen, einen Abend lang ein ernsthafter Moralist zu sein Zumindest, aber am Ende des ersten Akts macht er sich auf den Weg zum nächstgelegenen Musiksaal oder *Café* . Man kann sehen, wohin das alles tendiert; Der Philosoph Faust ist bereits in diesem frühen Stadium seiner Karriere zum *Boulevardier Faust geworden* . So auch in der Eröffnungsszene, in der wir den Akzent von Goethe nur für ein oder zwei Atemzüge wahrnehmen, aber nie länger. Und dann dieser absurde Teufel

Mephistopheles, mit seiner Bühnenstrebe, seiner Bühnensprache, seinem Bühnenhirn! "Hast du Angst?" fragt er Faust bei seinem ersten Red-Fire-Auftritt: „Bist du amüsiert?" wäre passender. In seiner Serenade liegt ein Hauch echter Sardonie; aber im Großen und Ganzen suggeriert er weniger den Geist der Verleugnung als vielmehr den Geist der Pantomime-Rallye. Erst wenn Sie in aller Ruhe über den Aufbau des Librettos nachdenken, wird Ihnen bewusst , wie überaus witzig das Ganze ist. In der Trinkszene ist es Wagner, der aufsteht, um das Lied der Ratte zu singen; Wagner! der uns durch kein Namenswechsel als Schüler und Gefährte Fausts aus den Augen verloren werden kann. Es ist wahr, dass er mit der Ballade nicht sehr weit kommt, da Mephistopheles ihn nach den ersten ein oder zwei Zeilen unterbricht – wofür Gounod, der sich daran erinnerte, dass Berlioz ein für alle Mal dasselbe Lied vertont hatte, dem Teufel zweifellos gebührend dankbar war. Dann singt Mephistopheles seine alberne Art vom Kalb aus Gold und streitet sich mit Valentin – der seltsamerweise ebenfalls mit von der Partie ist – um seine Schwester. So geht die Oper weiter – sehr reizend, wo sie am wenigsten mit dem Thema zu tun hat, aber nur schwach oder lächerlich, wenn sie Goethe nahe genug kommt, um einen Vergleich nahe zu legen. Denn Gounod, dessen eigene Religion lediglich der Katholizismus *sucré war* , fehlte nicht nur der Verstand, um die strenge Philosophie eines Subjekts dieser Art zu begreifen; Seine musikalischen Fähigkeiten waren weder tief noch stark genug, um ihn davon abzuhalten, ständig auf Drama zu zielen und nur Melodrama zu erreichen. Beobachten Sie ihn zum Beispiel in den Szenen, in denen er versucht, einen dramatischen Dialog zu führen, und sehen Sie, wie sehr er sich bemüht, das Orchester zwischen den Reden der Schauspieler zu etwas Ausdrucksvollem zu bewegen. Sehen Sie sich den Groschenhandel an, den er mit diesen abgestandenen Opernformeln betreibt, für deren poetische Entsprechung wir in die Country-Kabine gehen müssen; Sehen Sie, wie er mit seinen pingeligen kleinen Läufen und Drehungen umherspringt und alle möglichen pompösen musikalischen Posen einnimmt, die eigentlich gar nichts bedeuten und uns nur an den konventionellen Auf-Ab-Rechts-Links-Schnitt beim Bühnenfechten erinnern . Und dieses Banale, diese billige Vulgarisierung Goethes, diese Mischung aus Pantomime, Novelle und Weihnachtskarte repräsentiert immer noch *Faust* in den Köpfen von neun von zehn Musikamateuren! Es ist ebenso wenig der wahre Faust , wie beispielsweise Sardous *Robespierre der wahre Robespierre ist;* in jedem Fall wurde einfach ein bedeutungsvoller Name an ein Stück ganz gewöhnliches Melodram geheftet. Die angenehmsten Elemente in Gounods Werk – die wirklich schöne , wenn auch nicht immer tiefgründige Liebesmusik – sind gerade diejenigen, die sie am weitesten von Goethe entfernen; Denn hier spricht eindeutig nicht Faust zu Margaret, sondern irgendein Mann zu irgendeiner Frau, irgendein Edwin zu irgendeiner Angelina. Gounods Margaret allein lässt schwach an das Drama

Goethes denken; aber das liegt daran, dass sie von allen Charakteren am einfachsten in der Musik darzustellen ist. In den meisten *Faust- Vertonungen* strahlt das Porträt der Margarete tatsächlich eine gewisse Überzeugung aus, auch wenn die beiden anderen Figuren mit Faust und Mephistopheles nichts weiter gemeinsam haben als die Namen. Er muss ein sehr minderwertiger Musiker sein, der hier scheitern könnte. Die Essenz von Margarets Charakter ist Einfachheit, Unschuld und das Fehlen aller erschwerenden Elemente; und dementsprechend stellen wir fest, dass alle Einstellungen von ihr eine starke Familienähnlichkeit zueinander haben. Schumanns Margarete ist sehr deutsch, Liszts sehr deutsch, aber gleichzeitig ziemlich kosmopolitisch, Berlioz' seltsam *moyen-âge* , Gounods ausgesprochen modern und stadterzogen, aber alle haben die gleichen grundlegenden Qualitäten; keiner tut unserer Vorstellung von der echten Margaret Gewalt. Faust muss jedoch mehr sein als der Verführer Margaretes; wir wollen in seiner Musik einige Spuren der Lebensmüdigkeit, des Wissensekels sehen, die ihn zu Beginn des Dramas auszeichnen; Wir möchten sehen, wie er im Laufe seiner Entwicklung gleichzeitig stärker und schwächer wird, sein Charakter von all den Unreinheiten befreit wird, wie die Einsicht seiner Seele in die Welt der realen Dinge prophetisch klar wird, genau dann, wenn ihm geboten wird, sie zu verlassen . Sofern uns nicht zumindest einige Elemente dieses Bildes bekannt sind, hat der Komponist kein Recht, seinem Gemälde den Titel „ *Faust"* beizufügen .

Man fragt sich wieder, warum ein Musiker wie Boïto sich jemals für eine passende Gesellschaft für Marlowe und Goethe hielt. Hier ist ein Dichter — man kann seiner allgemeinen Bildung, wenn nicht seiner Musikalität, freudig Tribut zollen — mit einer halbmusikalischen Begabung, die selten über das Mittelmäßige hinausgeht und im Allgemeinen ein oder zwei Punkte darunter liegt, der nicht nur glaubt, durch seine Musik neues Licht auf Fausts Seele werfen zu können, sondern auch gelassen eine Rekonstruktion des Dramas unternimmt, das Goethe ihm gegeben hat. Boïto hat aus *Othello ein so wirklich gutes Libretto für Verdi gemacht, dass es ziemlich überraschend ist, was für ein erbärmliches Durcheinander er aus Faust* gemacht hat . Sein Durcheinander aus dem großen Drama ist wirklich beklagenswert. Seine überlegene Bildung und sein feineres literarisches Gespür heben ihn über die übliche Gounod-Konzeption des Stücks als melodramatische Geschichte eines Mannes, eines Mädchens und eines Teufels. Er weiß, dass es darin ein „Problem", eine „Weltanschauung" gibt, die es erst zu dem macht, was es ist. Doch sobald er beginnt, das Stück zu vertonen , scheint er zu vergessen, wo das Problem liegt, wo es beginnt und wo es endet. Das Ergebnis ist, dass er sich nicht damit zufrieden gibt, ein Stück schlichter, geradliniger Musik im üblichen Opernstil zu schreiben, sondern gerade genug von Goethes großem Plan einfließen lassen muss, um das Ganze absurd zu machen. Ich spreche nicht von seinen musikalischen Mängeln — von seinen unheilbaren altitalienischen

Operntricks, seiner lahmen, blinden und zögerlichen Melodie, der monotonen Zartheit seiner Harmonien, dem seltsamen Durcheinander von Wagner und Rossini in seiner Ausdrucksweise, seiner Vorstellung, dass das Schreckliche angemessen durch Fünf-Finger-Übungen ausgedrückt wird und das Grauenhafte durch eine Reproduktion der Geräusche, die entstehen, wenn der Bogen gleichzeitig über alle vier Saiten der Geige gezogen wird. Dies sind bloße Einzelheiten, ebenso wie die Tatsache, dass seine Fähigkeiten zur dramatischen Charakterisierung sehr begrenzt sind, oder dass seine Engelschöre besser zu *den Contadini passen würden* , oder dass sein Mephistopheles körperlich und geistig von der *Buffo-* Bühne entrückt wird. Das Ehrfurchtgebietendste an Boïtos Oper ist der pseudo-philosophische Aufbau des Librettos. Er beginnt mit einem Prolog im Himmel, der fast völlig überflüssig ist, da nicht ein Fünftel davon sich mit Faust befasst. Auf die erste Hälfte des ersten Aktes könnte man auch ganz verzichten, da sie alles mit dem Seelenproblem Fausts zu tun hat. Die zweite Hälfte dieses Aktes und die erste Hälfte des nächsten sind im Großen und Ganzen wesentlich für das Drama, obwohl die Komponisten in der Gartenszene die Episoden zwischen Mephistopheles und Martha nicht beibehalten müssen, die im Stück zwar richtig sind, aber die idealere Atmosphäre der Musik beeinträchtigen. Der Abstieg in den *Buffo* ist hier gefährlich leicht; und es ist viel besser, dies alles wegzulassen, wie Schumann es tut, und die ganze Aufmerksamkeit auf Faust und Margarete zu richten.

Boïtos nächste Szene jedoch – die Walpurgisnacht – ist reine Zeit- und Raumverschwendung; Es gibt viel zu viel von Mephistopheles und dem Chor und nicht halb genug von Faust, um uns die Bedeutung der Szene für die Entwicklung seiner Seele begreifen zu können. Der gesamte dritte Akt trägt dazu bei, die Geschichte fortzuführen; aber der vierte Akt – die klassische Walpurgisnacht – wird in Boïtos Umgang damit zum reinen Unsinn. Welche Bedeutung auch immer die Helena-Episode in Goethes langer Allegorie haben mag, es kann überhaupt keinen Sinn ergeben, sie einfach auf die Opernbühne zu drängen, um ein Duett mit Faust zu singen, da sich das Paar auf den ersten Blick scheinbar unaufhörlich verliebt hat hinter den Kulissen. Schließlich beendet der Epilog – der Tod des Faust – das Werk nur im opernhaften, nicht im spirituellen Sinne; Es gibt keine spirituelle Verbindung zwischen dem früheren und dem späteren Faust, keinen Grund, warum er gerade jetzt sterben sollte, keinen Hinweis auf die Auswirkungen seines Todes auf sein Leben. Und warum hätte sich Boïto im Namen des gesunden Menschenverstandes erlauben sollen, den letzten Akt, den krönenden Abschluss des ganzen mächtigen Bauwerks, das Goethe so langsam und so mühsam aufgebaut hat, neu zu schreiben? Anstelle der großen Motive und zutiefst bewegenden Szenen des poetischen Dramas – Fausts Pläne für menschliches Glück, das arme alte Paar und sein kleines Haus am Ufer, das Gespräch mit den vier grauen Frauen, die Blendung und der Tod Fausts, das

Kommen von Mephistopheles mit den Lemuren, um das Grab auszuheben, die erbärmliche Sterbeszene, der Transport des gereinigten Faust in diese göttliche Luft, wo er die gereinigte Margarete trifft – statt all dem haben wir Faust wieder im alten Labor des ersten Akts , Mephistopheles hält ihm banale Opernversuchungen entgegen, nach der Art von Gounod, und Faust klammert sich hilfesuchend an die Bibel und geht auf Knien direkt in den Himmel, alles in der bewährtesten Art der Stratford-on-Avon-Romane. [17] Doch so schlimm es auch ist, Boïtos *Mefistofele* ist nicht das Schlimmste, was man aus dem Drama machen kann. Seine musikalischen Fähigkeiten mögen von der Art sein, dass sie uns mehr zum Lachen bringen, als uns gut tut; aber er hatte sicherlich ein gewisses Verständnis für den inneren Geist sowie für die äußere Wirkung von Goethes Gedicht; und gerade das Ausmaß seines Scheiterns zeigt, wie schwierig es ist, das Stück den musikalischen Anforderungen anzupassen . Die Schwierigkeit besteht nicht so sehr darin, geeignete musikalische Episoden zu finden, sondern vielmehr darin, mit der Vielfalt dieser Episoden umzugehen. Tatsächlich ist das Drama erstaunlich reich an musikalischem „Zeug" – wie Wagner es ausgedrückt hätte – erster Güte; Wie Berlioz es im Zusammenhang mit Gounods *Faust ausdrückte* , „haben die Librettisten einige bewundernswert musikalische Situationen übersehen, die man hätte erfinden müssen, wenn Goethe es nicht bereits getan hätte."

Natürlich gibt es einen großen Teil des Gedichts, der dem Geist der Musik ebenso fremd ist wie dem der Literatur. Aber es gibt ein gewisses, unverzichtbares Minimum, das behandelt werden *muss* , wenn die musikalische Umrahmung das spirituelle Problem Goethes einigermaßen vollständig wiedergeben soll. Auf das Präludium und den Prolog im Himmel kann im Bedarfsfall verzichtet werden; aber fast der gesamte erste Teil sollte verwendet werden , wobei man Goethe natürlich nicht Wort für Wort folgt, sondern den Kern jeder Szene aufgreift. Hier und da stoßen wir auf Abschnitte, die sich entweder einer musikalischen Behandlung entziehen oder vergleichsweise unwichtige Episoden im Gedicht sind. Aber die wichtigsten psychologischen Momente müssen alle behandelt werden; und das Weglassen eines dieser Momente schneidet ein Stück des intellektuellen Interesses ab, unterbricht die subtile Entwicklungslinie und lässt alles, was danach kommt, unzureichend vorbereitet erscheinen. Der erste Teil von Goethes *Faust* ist in der Tat an sich ein Meisterwerk der Konstruktion, das die Balance zwischen dramatischer Handlung und philosophischer Reflexion äußerst sorgfältig und geschickt hält . Lassen Sie einen der Schritte weg, durch die die Charaktere zu der dramatischen Vollständigkeit gebracht wurden, in der wir sie am Ende des ersten Teils sehen, und Sie zerstören den Zauber, der sie für uns real macht.

Allein im ersten Teil gibt es also mehr als genug, um das poetische Material für mindestens zwei Opern zu bilden. Viele Komponisten haben sich entschieden, ihre Arbeiten hier mit dem Tod Margaretas und der Flucht Mephistopheles' mit Faust zu beenden; und aus rein opernhafter Sicht spricht viel für einen solchen Verlauf. Der erste Teil folgt zumindest den Linien, die einem philosophischen Drama und einer Oper gemeinsam sind; während der zweite Teil Punkt für Punkt bewusst den musikalischen Sinn missachtet. Im ersten Teil marschiert die Poesie Hand in Hand mit der ethischen Konzeption; im zweiten Teil muss die Poesie oft aus dem Dschungel prosaischer Weitschweifigkeit herausgegraben werden, in dem Goethe sie versteckt hat. Dennoch zieht sich ein großes Ziel wie ein feiner, durchgehender Faden durch alle scheinbar unzusammenhängenden Ereignisse des Dramas; und dieser Linie muss zumindest der Musiker folgen, auch wenn er die Abweichungen von seinem direkten Verlauf, die Goethe sich so oft erlaubt, außer Acht lassen kann. Das Ziel des Dichters war natürlich nicht vollständig und konnte ohne den zweiten Teil unmöglich vollständig sein. Von Anfang an spüren wir, dass die gewaltigen Themen in einer Art distanzierter, nicht-irdischer Atmosphäre enden müssen, die der Eröffnung ähnelt. Und wir behalten die Worte des Prologs im Himmel im Gedächtnis:

„Ein guter Mann, durch dunkelstes Streben,

Hat noch immer einen Instinkt für den einzig wahren Weg"—

uns die Dunkelheit von Fausts erstem ratlosen Flug deutlich machen wird. Offensichtlich wurde im ersten Teil nur die Hälfte des Problems dargelegt; und obwohl verhältnismäßig wenige Leute den zweiten Teil lesen und nur wenige von denen, die ihn einmal gelesen haben, ihn zweimal lesen, ist es in Wirklichkeit die Abrundung der philosophischen Konzeption hier, die dem ersten Teil seine eigentliche Bedeutung verleiht. Das menschliche Streben des früheren Gedichts verlangte nach den späteren Episoden, sowohl als poetische Vervollständigung als auch als ethische Lösung. Ohne den zweiten Teil ist der erste Teil ein gebrochener Rhythmus, eine Zwietracht, die nur zur Hälfte gelöst ist. Goethe selbst, so heißt es, „verglich den Prolog im Himmel mit der Ouvertüre zu Mozarts *Don Giovanni* , in der eine bestimmte musikalische Phrase vorkommt, die erst im Finale wiederholt wird." Eine musikalische Vertonung kann nur dann adäquat sein, wenn sie sich wirklich mit den zentralen spirituellen Kräften des *Faust auseinandersetzt* , und zwar nicht nur in ihrer Wirkung auf den Protagonisten bis zum Tod Margaretes, sondern auch in den überfüllten Nachjahren. Das Leben war für Goethe umfassender als die Kunst; und die Weitläufigkeit und Unhandlichkeit des Schemas des Stücks ist hauptsächlich auf seinen Versuch zurückzuführen, so viel Leben darin einzubeziehen. Das Problem mit der durchschnittlichen musikalischen Vertonung besteht darin, dass sie nicht das Niveau von

Goethes eigenem erhabenen Humanismus erreicht. Das Theatralische ist in Hülle und Fülle vorhanden; Aber es gibt wenig, was uns die ernste Philosophie des Dramas vor Augen führt, wenig, was von der großen, bewegenden menschlichen Figur des zweiten Teils spricht, die sich mühsam ihren Weg durch die Dunkelheit zum Licht schlägt. Vor allem kann man sich die ethische Überhöhung dieser Schlussszene nicht entgehen lassen, mit ihrem überaus pathetischen Bild der Niederlage des Mannes im Moment des Sieges und ihrer mystischen Andeutung, dass diese materielle Niederlage in Wirklichkeit ein spiritueller Triumph sei. Tatsächlich hat Goethe das Thema zu einem im Wesentlichen modernen gemacht – er hat darin das Fieber und die Aufregung, die feineren Freuden und feineren Verzweiflungen, die vertiefte Philosophie und die leidenschaftlicheren spirituellen Bestrebungen der Generationen eingebracht, die auf den großen Umbruch des 18. Jahrhunderts folgten Jahrhundert. In Marlowes *Faustus* haben wir das Gefühl, dass den Flügeln des Dichters, so mächtig sie auch sind, immer noch etwas von der Rohheit des Mittelalters und der nur oberflächlich verfeinerten Rohheit der Renaissance anhaftet. Der dicke Hauch der Materialität hängt wie eine Wolke über Marlowes Drama. Faustus selbst hat viel von der Grobheit des Gewebes des elisabethanischen Zeitalters in sich. Auf der rein menschlichen Seite, insbesondere in den späteren Szenen, berührt und berührt er uns tatsächlich; aber in den Triebfedern seines Wesens, in den Grenzen seines Verlangens –

„Süßer Mephistopheles, du gefällst mir;

Während ich hier auf der Erde bin, lass mich verwöhnt sein

Mit allen Dingen, die das Menschenherz erfreuen.

Meine vierundzwanzig Jahre in Freiheit

Ich werde es in Vergnügen und Zärtlichkeiten verbringen,

Dass Fausts Name, solange dieser helle Körper steht,

Kann durch das entfernteste Land bewundert werden"—

wie unermesslich bleibt er hinter dem philosophischen Faust Goethes zurück –

"Zwei Seelen, ach! wohnen in meiner Brust,

Und jeder zieht sich von seinem Bruder zurück und stößt ihn ab.

Einer mit zähen Organen hält in der Liebe

Und die Lust umklammert die Welt in ihren Armen;

Der andere fegt stark, dieser Staub oben,

In die hohen Ahnenräume.

Der bloß magisch wirkende Mephistopheles von Marlowe wiederum nimmt im modernen Dichter etwas von der schrecklichen Größe einer der wesentlichen Kräfte des Universums an. Wie subtil ist Goethes Einblick in ihn und wie sehr sehnt man sich danach, etwas von dieser Subtilität in seine Musik zu bringen –

„Ein Teil dieser Macht, nicht immer verstanden,

Was immer das Böse will und immer das Gute bewirkt."

„Ein Teil des Teils bin ich einst in der Urnacht –"

Ein Teil der Dunkelheit, der das Licht hervorbrachte,

Das hochmütige Licht, das jetzt den Raum bestreitet,

Und behauptet, Mutter Nacht sei ihr alter Ort.

Er ist das Element der Zerstörung, das die andere Hälfte des Seins ist; kein bloßer verführerischer Teufel, der rohe Verführer der theologischen Phantasie, sondern einfach die böse Seite Fausts, die sich seiner selbst bewusst wird. Sehen Sie sich zum Beispiel in der elften Szene des ersten Teils und erneut in der vierzehnten Szene an, wie er bis in die Tiefen von Fausts Seele vordringt und die wahren Motive ans Licht bringt, die ihn beeinflussen und die Faust selbst nicht zu analysieren vermag. Sein Spott in der siebzehnten Szene, „Du, voller sinnlicher, übersinnlicher Begierde", ist ein Streich, zu dem Marlowe nicht fähig war.

Es gibt ein oder zwei Szenen im zweiten Teil, die sich für Musik eignen, aber merkwürdigerweise vernachlässigt wurden – es ist zum Beispiel seltsam, dass kein Musiker ersten Ranges den Schauplatz von Fausts Entdeckung der idealen Schönheit in Szene gesetzt hat (erster Akt). , Szene 7). Aber im Großen und Ganzen ist der zweite Teil für die Musik unpassend, bis wir am Ende zum ernst leidenschaftlichen menschlichen Element kommen. Selbst für die Poesie ist Goethes Plan etwas ungünstig, worauf ihn Schiller aufmerksam machte. „Eine Quelle der Besorgnis für mich", schrieb er 1797, „ist, dass *Faust* nach Ihrem Entwurf eine so große Menge an Material zu erfordern scheint, wenn die Idee endlich vollständig erscheinen soll; und ich finde keinen poetischen Rahmen, der …" kann eine solche kumulative Masse umkreisen … Zum Beispiel muss Faust meiner Meinung nach notwendigerweise in das aktive Leben der Welt geführt werden, und welchen Teil davon Sie auch aus dem großen Ganzen auswählen, die eigentliche Natur davon scheint zu viel Besonderheit und Diffusität zu erfordern. Wenn der „poetische Rahmen" so schwer zu finden war, so liegt doch ein musikalischer Rahmen, der derart wild gemischtes Material enthält, außerhalb der menschlichen Macht. Der Musiker kann lediglich für die Schlussszenen sorgen (ab Akt VII, Szene 4); obwohl selbst dann – und das ist das ewige Dilemma – das Bedürfnis nach einer Verbindung zwischen dem Faust, dessen Leben sich so sehr dem Ende nähert, und dem Faust, den Mephistopheles, wie wir sahen, von Margarethe und dem Gefängnis weggerissen wurde, verspürt. Wie Schiller sagte, muss Faust „in das aktive Leben der Welt" gehen, bevor dieser erstaunliche Rhythmus seine wahre Bedeutung entfalten kann; Dennoch lassen sich die meisten Zwischenszenen, in die Goethe ihn versetzt hat, nie in das Wesen der Musik einbeziehen. Wenn man das Gedicht selbst betrachtet , muss man verzweifelt zugeben, dass es unmöglich wäre, die ersten vier Akte in eine Opernstruktur einzubauen. Aber selbst in dieser Wüste scheinbar endloser Dürre zieht sich ein weitreichender Zweck der spirituellen Entwicklung durch; und sicherlich könnte der Musiker dies behandeln, wenn nicht in opernhafter, so doch zumindest in symphonischer Form. Das heißt, zwischen der Phase in Fausts Leben, die mit dem Tod von Margarete und dem Erwachen Fausts zu einer neuen Freude auf Erden und dem Entschluss, das höchste Gut zu suchen, endet, und der Phase, in der sein eigener Tod dem Drama den Stempel aufdrückt, wir könnten ein symphonisches Zwischenspiel haben, das den Übergang für uns weniger abrupt machen würde. Die vergleichsweise Unbestimmtheit der Musik in dieser Form würde der zunehmenden Unbestimmtheit der poetischen Handhabung entsprechen; während die positivere Opernform im fünften Akt wieder aufgenommen werden könnte, wo die enge Verbindung mit dem tatsächlichen Leben die kontinuierliche Verwendung von Worten erfordert. Es ist vielleicht kein ideales Gerät, aber es ist das einzig geeignete. Nur auf diese Weise können wir hoffen, dass der wahre *Faust* in Musik übersetzt wird. Ohnehin waren die Komponisten, die die Philosophie des Werkes verstanden hatten, auf eine Leinwand beschränkt, die für das gesamte Thema viel zu klein war, während diejenigen, die keinen Wert auf die Philosophie legten, sich einfach überhaupt nicht mit dem Faust-Drama befassten.

Männer wie Wagner und Rubinstein wiederum, die die tieferen Strömungen des Themas wirklich mit dem Denkerverständnis des Denkers begriffen und versucht haben, diese in der Form eines einzigen Satzes auszudrücken, wurden durch den begrenzten Raum, in dem sie arbeiten mussten, kläglich behindert. Wagner hatte natürlich nie vorgehabt, mit seiner *Faust-Ouvertüre* eine vollständige Behandlung des Themas zu sein; sie war lediglich als ein Teil einer großen Faust-Symphonie gedacht. Die allgemeine Vortrefflichkeit und der einzige Mangel des Werks lassen uns bedauern, dass das Ganze nie ausgeführt wurde. Sein einziger Mangel besteht darin, dass es sich nur mit dem melancholischen, grübelnden, lebensmüden Faust aus dem Beginn von

Goethes Gedicht beschäftigt, dem egoistischen Faust, dem die größeren Weltprobleme noch nicht klar geworden sind. Wir hätten uns Wagners Behandlung des endgültigen und vollständigen Faust gewünscht, der aus sich selbst herausgenommen, von erhabeneren Sorgen und Mitleid berührt ist und seine Seele für die größeren Interessen der Menschheit ausschüttet. So aber haben wir in der *Faust-Ouvertüre* den wahren Faust, der am Anfang von Goethes Gedicht steht. Es wird kein Versuch unternommen, Margarete zu porträtieren – das schöne Thema im Mittelteil stellt einfach das „Ewig-Weibliche" dar, das in vager Andeutung vor Fausts Augen schwebt –, und auch Mephistopheles kommt in dem Werk nicht vor. Aber was die besondere Aufgabe angeht, die sich Wagner gestellt zu haben scheint, nämlich die musikalische Umsetzung der ersten Szene von Goethes erstem Teil, kann man sich nichts Perfekteres vorstellen. Es gibt kaum überzeugendere Stücke musikalischer Porträtmalerei als diesen großen grauen Kopf mit dem Blick des müden Titanen in den Augen, der in heroischen Proportionen aus Wagners Partitur hervorragt.

Eine der am wenigsten bekannten Vertonungen von „*Faust*" – oder zumindest eine der schönsten Vertonungen davon – ist die von Henri Hugo Pierson. [18] Obwohl er Engländer war, ist seine Musik in England praktisch unbekannt, wofür zweifellos sein Wohnsitz in Deutschland verantwortlich ist. Es ist bedauerlich, dass ein solcher Mann in seinem eigenen Land nicht die Bedingungen hätte finden können, unter denen seine Talente gedeihen und sich entfalten konnten; Denn wenn man bedenkt , wie viel Kraft und Originalität in seiner Musik steckt, hat man das Gefühl, dass er, wenn er in England gearbeitet hätte, möglicherweise zur Gründung einer einheimischen Schule beigetragen und so unsere musikalische Renaissance auf jeden Fall eine Generation früher ins Leben gerufen hätte kommen. Seine Musik ist immer die eines Musikers, der zugleich Dichter und Denker ist. Der eigentliche Plan seines *Faust* ist originell. Wie der Titel schon sagt, handelt es sich nur um den zweiten Teil von Goethes Schauspiel. Das ist an sich schon ein kleiner Fehler, denn es bringt uns das gewaltige Drama der Erneuerung vor Augen, ohne uns durch das vorangegangene Drama von Kampf und Irrtum darauf vorbereitet zu haben. Beginnend mit Ariel und dem Feenchor, der den schlafenden Faust umsingt, führt Pierson uns durch die Szene im Kaiserschloss, die Hervorrufung der Erscheinungen von Paris und Helena und den Versuch Fausts, die griechische Schönheit an sich zu reißen – alles aus Akt ich . Ab dem zweiten Akt haben wir Wagner und die Geburt des Homunkulus sowie die Reise von Faust, Mephistopheles und dem Homunkulus durch die Luft. Ab dem dritten Akt haben wir die Szene vor dem Palast des Menelaos (Helena und der Chor der gefangenen trojanischen Frauen), das Kommen Fausts als Ritter des Mittelalters, seinen Dialog mit Helena, das Erscheinen und den Tod von Euphorion ; ab dem vierten Akt der Kampf zwischen dem Kaiser und seinen Feinden; aus dem fünften Akt das Lied des Wächters Lynkeus , der Einzug der vier Grauen Frauen – Mangel, Schuld, Fürsorge und Not – und die Blendung Fausts; das Ausheben des Grabes durch die Lemuren, der Tod Fausts, die Chöre der Geister und Einsiedler, der Chor der jüngeren Seraphs und Engel, die mit dem Geist Fausts aufsteigen, die Szene im Himmelsraum und der abschließende „Chorus Mysticus". „– *Alles Vergängliche ist nur ein Gleichniss* .

Das Schema ist, wie man sofort sehen wird, nicht ideal. Es erreicht Vollständigkeit auf Kosten der organischen Einheit. Es hält sich zu streng an den Buchstaben und die Reihenfolge von Goethes Szenen; Episoden wie die Schlacht, die von geringster Bedeutung sind, werden unnötigerweise einbezogen; Auf andere und wichtigere Episoden wird so wenig eingegangen, dass ihr voller Wert kaum zur Geltung gebracht werden kann; und andere werden ganz weggelassen. Als bloßes Stück Architektur ist das Ding äußerst unvollkommen. Auch hier wird zu oft vom Melodram Gebrauch gemacht – *also* von der Vereinigung der rezitierenden Stimme mit dem Orchester – einer der am wenigsten vertretbaren und schwierigsten Kunstformen, die jemals erfunden wurden. Aber trotz all seiner Strukturfehler ist es ein bemerkenswertes Werk ; Die Musik tilgt alle ihre Fehler. Die Eröffnungsszene mit Ariel und den Geistern ist herrlich frisch und sonnig; Der Tod von Euphorion und der Tod von Faust sind beide sehr bewegend, und es gibt einige schöne Chöre in dem Werk, insbesondere die „ Heilige ". Poesie ." Pierson schafft für uns die philosophische Atmosphäre des zweiten Teils von „*Faust*" und vermittelt uns den gleichen Eindruck von der Größe der am Werk befindlichen Themen; was keine geringe Leistung ist. Es ist schade, dass eines unserer Festivalkomitees dies geschafft hat nicht dazu gebracht werden, uns die Partitur oder zumindest einen Teil davon hören zu lassen.

Ebenfalls zu Unrecht vernachlässigt wird Henry Litolffs Vertonung bestimmter Szenen aus Goethe (op. 103). Wie Pierson greift er gelegentlich auf die unangenehme Form der Deklamation mit Orchesterbegleitung zurück. Dies verdirbt die ansonsten schöne Behandlung der ersten Szene (in Fausts Arbeitszimmer). Es handelt sich eigentlich um eine symphonische Dichtung mit hier und da einem Gesangselement, und paradoxerweise singt der Erdgeist seinen Part, obwohl Faust auf die Deklamation beschränkt ist, zu einem melodischen und sehr ausdrucksstarken *Quasi-Rezitativ* . Der Satz weist den vorherrschenden Fehler aller Werke Litolffs auf – eine gewisse Lahmheit und ein Mangel an Einfallsreichtum in der Durchführung; die Ideen selbst sind jedoch oft höchst eindrucksvoll. Die erste Szene endet mit einer schönen Vertonung des Osterhymnus. Die zweite Szene vor dem Stadttor ist überaus frisch und reizvoll; während die siebte, die Szene im Dom (Nr. 20 von Goethes erstem Teil), ein meisterhaftes Werk ist – vielleicht sogar noch besser als Schumanns Version derselben Szene. Wenn

Goethes Drama viele der zweitklassigen Musiker nur dazu bewegt hat, zu zeigen, wie zweitklassig sie sind, so hat es doch auf jeden Fall andere zu Anstrengungen angeregt, die sie zeitweise fast in die Reihen der Erstklassigen brachten.

Rubinsteins Orchestergedicht *Faust* , das der Komponist schlicht als „Ein musikalisches Charakterbild "—ist in seiner literarischen Absicht ohne einen Führer nicht ganz leicht zu verstehen. Es besteht nur aus einem Satz und enthält anscheinend keine Anspielung auf Mephistopheles und, soweit man aus der Musik selbst zweifelsfrei schließen kann, auch nicht auf Margarete— denn die sanften Melodien, die als Kontrast zu den leidenschaftlicheren und nachdenklicheren Äußerungen Fausts eingefügt werden, sind nicht eindeutig weiblicher Natur. Sie haben vielleicht überhaupt nichts mit Margarete zu tun, oder sie stellen Fausts Versuch dar, seine philosophischen Zweifel durch eine Betrachtung der einfacheren und konstanteren Elemente der menschlichen Natur zu lösen—so wie Wagner in seiner *Faust-Ouvertüre* nicht so sehr eine tatsächliche Margarete beschreibt, sondern vielmehr den Trost andeutet, den der Gedanke an weibliche Liebe Fausts Seele bringen kann. Rubinsteins Werk ist, obwohl nicht ganz auf derselben Ebene wie das Wagners, doch überaus aufrichtig. Was ihm fehlt, ist ausreichende Bestimmtheit, um es auf Faust und nur auf Faust beziehen zu lassen. Es ist eindeutig ein anstrengendes Bild einer erhabenen und edle Seele, die auf ihre Weise versucht, „das Rätsel der schmerzhaften Erde" zu lesen, und am Ende traurig erkennt, dass ihr einziger Teil Niederlage und Ernüchterung ist. Aber dies ist ein psychologischer Rahmen, der für zwanzig Bilder geeignet wäre ; und man vermisst in Rubinsteins Stück das endgültige Gefühl der Übereinstimmung mit Faust, wie wir ihn in Goethes Gedicht kennen. Es gibt nichts darin, was mit der Konzeption des Dichters kollidieren könnte; die emotionale Atmosphäre ist in beiden dieselbe; aber trotz des Titels, den der Musiker seinem Werk gegeben hat, ist es weniger eine Studie eines individuellen Charakters als eine Beschreibung eines Typs. Rubinsteins Faust ist das am wenigsten eindeutige und das symbolträchtigste von allen.

Rubinsteins Tondichtung und jede andere rein Orchestervertonung des Themas verblassen jedoch vor der Pracht von Liszts *Faust-Symphonie* . Liszt schreibt drei Sätze – mit den Titeln „Faust", „Margaret" und „Mephistopheles" – und fasst das gesamte Werk dann in einer Chorvertonung von Goethes Schlusszeilen zusammen: „Alles Vergängliche ist ." nur ein Gleichniss " usw. Hier ermöglicht der größere Maßstab, in dem das Bild gemalt ist, Liszt sowohl eine Breite als auch eine Intimität der Psychologie, die in den einsätzigen Ouvertüren unmöglich ist. Im langen ersten Satz (der etwa fünfundzwanzig Minuten dauert) Wir haben wirklich das Gefühl, dass Faust mit der gleichen Ausführlichkeit und Einsicht analysiert wird wie in Goethes Gedicht. Die Handhabung ist hier und da ein wenig locker, da Liszt seinen Stoff von Zeit zu Zeit eher im Sinne der Literatur wiederholt als auf musikalische Notwendigkeiten; aber ansonsten ist der „Faust"-Satz eine außerordentlich feine Charakterzeichnung und sicherlich die einzige instrumentale Faust-Studie, die einem als vollständig erscheint. Im „Margaret"-Satz baut er hier und da sehr suggestiv einen Bezug ein zu den Phrasen des „Faust", wodurch nicht nur Margaret selbst skizziert wird, sondern auch die Liebesszenen in einer Form von höchster Konzentration wiedergegeben werden. Dieser Abschnitt ist durchweg überaus schön; Allein angesichts dieses göttlichen Musikstücks ist die derzeitige Vernachlässigung von Liszts Werk in England unerklärlich. Fast die ganze Margaret ist da, mit ihrer seltsamen Mischung aus Sanftheit, Schüchternheit und Leidenschaft; während Fausts Einwürfe überaus edel sind. Alles, was man bei Liszt vermisst, ist meiner Meinung nach die tragische Margarete in der Szene im Dom und das Gebet zur Mater Dolorosa. Besonders genial ist der Abschnitt „Mephistopheles". Es handelt sich zum größten Teil um eine Art Burleske über die Themen des „Faust", die hier sozusagen einem ständigen Feuer der Ironie und des Spottes ausgesetzt sind. Dies ist eine weitaus wirksamere Art, den „Geist der Verleugnung" darzustellen, als ihn in der Art von Boïto zu einer Mischung aus pantomimischem Bombast mundtot zu machen . Das Wesen, das im Sinne des Dramas nur im Gegensatz zu Faust existiert und dessen Haupttätigkeit nur darin besteht, jeden guten Impuls von Fausts Seele zu vereiteln, wird in der Musik eigentlich am besten nicht als positive Individualität behandelt, sondern als Verkörperung der Verneinung – eine bösartige, finstere Parodie auf all das Gute, das in die Entstehung von Faust eingeflossen ist. Der „Mephistopheles" ist nicht nur ein Stück teuflisch kluger Musik, sondern das beste Bild, das wir uns von einer Figur machen können, die in den Händen des Durchschnittsmusikers entweder dumm oder vulgär oder beides wird. Wenn wir Liszts Musik hören, haben wir das Gefühl, dass wir tatsächlich den Mephistopheles aus Goethes Drama vor uns haben.

Der Mephistopheles in Berlioz' *Faust* ist noch in anderer Hinsicht interessant. Berlioz ging natürlich auf die gelassenste Weise mit dem Drama als Ganzem um und akzeptierte, lehnte es ab oder änderte es, je nachdem es seinem musikalischen Schema entsprach. So gesteht er beispielsweise offen, dass er Faust in einer Szene nach Ungarn entführt, nur weil er seine Bearbeitung eines berühmten ungarischen Marsches in die Partitur einfügen möchte! Moralische Kritik wäre an jemandem, der so nackt und unverschämt ist, verschwendet – obwohl es vielleicht letztendlich nur Pedanterie ist, die die meisten von Berlioz' Änderungen an Goethes Drama als sehr schwerwiegende Perversionen der Hauptlegende von Faust betrachtet. Solange die zentralen Probleme der Figur erkannt und dargelegt werden, spielt es kaum eine Rolle, durch welche Ereignisse der Komponist sie uns nahebringt. Und Berlioz hat die innere Bedeutung der Legende wirklich sehr gut im Griff. Sein Erfolg ist in der Tat etwas überraschend, wenn wir bedenken, wie er an das Werk herangegangen ist. In seiner Jugend war er sehr beeindruckt von Gérard de Nervals Übersetzung von Goethes Gedicht; doch anstatt zu diesem Zeitpunkt (1829) eine durchgehende Vertonung des Werks zu versuchen, zielte er nur auf die Vertonung von acht unzusammenhängenden Szenen. Diese waren (1) „Die Osterszene"; (2) „Der Bauerntanz"; (3) „Der Chor der Sylphen"; (4) „Das Lied der Ratte"; (5) „Das Lied des Flohs"; (6) „Die Ballade vom König von Thule"; (7) „Margaretenroman und der Soldatenchor"; (8) „Mephistopheles' Serenade". Faust war daher praktisch nicht an dieser Auswahl beteiligt; und erst siebzehn Jahre später brachte Berlioz seine vollständige „dramatische Legende" heraus. Es scheint, als sei sein frühes Interesse an dem Werk eher bildlicher als philosophischer Natur gewesen, denn nur die beiden Lieder Margaretas lassen die tieferen emotionalen Strömungen des Dramas erahnen. Mephistopheles jedoch scheint seine junge romantische Vorstellungskraft von Anfang an gefesselt zu haben, und in der ironischen Serenade an Margarete ist die Figur, wie er sie sich vorstellte, bereits vollständig skizziert. Berlioz' Teufel ist vielleicht der einzige Opern-Mephistopheles, der so etwas wie Überzeugungskraft besitzt; er erinnert nicht einen Augenblick an die albern-groteske Figur der Pantomime. In ihm steckt viel bösartige, düstere Teufelei; niemand außer Liszt könnte auf diesem Gebiet mit Berlioz konkurrieren. Aber die Figur hat noch mehr zu bieten. In Szenen wie der am Elbufer, wo er Faust in den Schlaf wiegt, wird eine echte Andeutung von Macht, von Herrschaft über gewöhnliche Dinge gemacht, die Mephistopheles aus der Kategorie des rein Theatralischen heraushebt und ihn in die des Philosophischen versetzt.

Auch in reiner Charakterzeichnung kann sich keine andere Oper Faust und Margaret mit den Figuren von Berlioz messen; Und wenn man bedenkt, wie stückweise das Werk aufgebaut ist, ist es erstaunlich, wie genau, sicher und prägnant dieses Porträt ist. Es ist vielleicht nicht genau Goethe ; aber es ist eine großartige Übersetzung Goethes ins Französische. Faust ist natürlich der romantische Faust mit seiner leidenschaftlichen Verbundenheit mit der Natur. Wir vermissen bei Berlioz das, was wir beispielsweise bei Schumann finden – die enge Befolgung von Goethes philosophischem Plan. Berlioz interessiert sich nicht besonders für Fausts Pläne zur Regeneration der Menschheit; seine eigene Kultur hatte ihn nicht mit Louis Blanc, Proudhon und Saint-Simon in Kontakt gebracht. Aber in seiner Art ist alles erstaunlich gut. Keine andere Margarete, außer der von Liszt und vielleicht von Schumann, kann sich mit der von Berlioz in Bezug auf pures Pathos messen – die sinnliche Einfachheit der Seele, die das Herz mit Mitgefühl erfüllt. Insgesamt ist die Oper von Berlioz, obwohl sie nur die ursprünglicheren Leidenschaften des Dramas behandelt und auf eine Weise endet, die eher an eine in einem Albtraum konzipierte Weihnachtskarte erinnert, subtiler und tiefgründiger als fast jedes andere Werk von Berlioz die selbe Reihenfolge.

Nur eine Vertonung übertrifft es – die von Schumann; nicht, weil es eine feinere Einzelporträtierung schafft als das Werk von Berlioz, sondern weil es uns im Großen und Ganzen genauso tief berührt, wie uns Goethes Gedicht berührt. Schumanns Plan ist eigenartig und originell. Während sich die meisten anderen Komponisten, die sich der Opern- oder Kantatenform bedienten, weitgehend auf Goethes ersten Teil stützten und den zweiten fast ignorierten, stammen zwei Drittel von Schumanns Werk aus dem zweiten Teil. Vom ersten Teil haben wir nur die Gartenszene, Margarete vor dem Bild der Mater Dolorosa und die Szene in der Kathedrale. Faust taucht daher bisher überhaupt nicht auf, außer in der kleinen Gartenszene; und der einzige strukturelle Fehler des Werkes besteht darin, dass uns etwas vom früheren Faust gezeigt werden musste, bevor er im nächsten Abschnitt als der raffinierte und kraftvolle Humanist von Goethes zweitem Teil erscheint. Abgesehen von diesem Mangel liefert uns der Rest des Werkes jedoch die Quintessenz von Goethes Drama. Wir haben zunächst die Szene zu Beginn von Goethes zweitem Teil, in der Ariel und seine Mitgeister den schlafenden Faust umsingen; dann Fausts Rückkehr zu geistiger Gesundheit und Energie und sein Entschluss, sich fortan den höchsten Aktivitäten des menschlichen Lebens zu widmen. Auf diese Szene folgt der Besuch der vier grauhaarigen Frauen – Wollen, Schuld, Bedürfnis und Fürsorge –, die Blendung Fausts durch den Atem der Fürsorge, der letzte Ausbruch seines leidenschaftlichen Eifers für Leben und Freiheit und sein Tod. Der Rest des Werks ist Zeile für Zeile einer Textvertonung der letzten Szene von Goethes Gedicht gewidmet – den Eremiten, den Engelschören, den drei Frauen, der Büßerin (ehemals Margarethe), der Mater Gloriosa und der „ Chorus Mysticus .

Schumanns Schema ist also im höchsten Maße philosophisch. Es ignoriert streng die konventionellen Elemente, die in die übliche Oper „*Faust*" einfließen , und konzentriert sich auf die wesentlichen spirituellen Faktoren des Gedichts. Mephistopheles erscheint nur kurz im Gartenduett und dann in Fausts Sterbeszene, so dass kein Versuch einer vollständigen Porträtierung von ihm unternommen wird . Schumanns Margarete erinnert tatsächlich an Goethes Margarete. Sie scheint sowohl im Garten als auch im Dom von derselben mittelalterlichen Atmosphäre umgeben zu sein. In der Szene mit Faust ist sie naiv, wie Goethes Margarete naiv ist; und in der Szene, in der sie sich vor der Mater Dolorosa verneigt, und auch, als der böse Geist im Dom sie mit seinen Sticheleien quält, ist alles in der richtigen Tonart und in der richtigen Farbe gesetzt . Im Porträt Fausts steht durchweg der Denker, der Philosoph im Vordergrund. In Schumanns zweitem Teil spüren wir tatsächlich die ständige Beschäftigung des Musikers mit den großen menschlichen Elementen des Dramas, während diese Elemente in der exquisiten, subtilen Mystik des dritten Teils in einem reineren und selteneren Licht leuchten. Das Werk ist in seiner musikalischen Inspiration uneinheitlich, aber insgesamt können wir sagen, dass Schumanns Werk der wahre *deutsche* Faust ist, der Faust Goethes. In seinem achtzigsten Lebensjahr wies der betagte Dichter auf einen der Hauptgründe für das anhaltende Interesse an seinem Werk hin: „Das Lob, das das Werk weit und breit erhalten hat, ist vielleicht dieser Eigenschaft zu verdanken – dass es die Entwicklungsphase einer menschlichen Seele dauerhaft festhält, die von allem gequält wird, was die Menschheit quält, von allem erschüttert wird, was sie beunruhigt, von allem abgestoßen wird, was sie abstoßend findet, und von allem glücklich gemacht wird, was sie begehrt. Der Autor ist gegenwärtig weit von solchen Zuständen entfernt: Auch die Welt hat in gewissem Maße andere Kämpfe zu bestehen; dennoch bleibt der Zustand der Menschen in Freude und Leid weitgehend derselbe; und der Jüngste wird immer noch Anlass finden, sich mit dem vertraut zu machen, was er vor sich genossen und erlitten hat, um sich dem anzupassen, was ihn erwartet." Es ist dieser ernste Ton, diese Weite der Sicht auf Mensch und Welt, die wir in Schumanns Werk in vollerer Menge und reicherer Qualität finden als in jeder anderen *Faust- Vertonung* . Er ist wirklich der Geist des *Faust* , den der große Dichter erfand – voller leidenschaftlicher Reflexion über das Leben, einem erhabenen, philosophischen Sinn für Tragik, einem sanften Mitgefühl und Mitleid mit dem gequälten Herzen des Menschen. Von Anfang bis Ende hat er seine Gefühle aus den tieferen, nicht aus den oberflächlicheren Leidenschaften des Stücks geformt.

FUßNOTEN:

[17] Der Leser muss möglicherweise daran erinnert werden, dass die veröffentlichte Partitur von *Mefistofele* eine Abkürzung der Oper in der ursprünglichen Fassung ist. Die Eröffnungsszene des ersten Akts und die Walpurgisnachtszene im zweiten wurden gekürzt (siehe Mazzucatos Artikel über Boïto in „Grove's Dictionary"). „Die große Szene im Kaiserpalast", sagt Signor Mazzucato, sei „völlig verlassen". „Ein auffallend originelles *Intermezzo sinfonico* ... stand zwischen dem vierten und fünften Akt; es sollte den Kampf des Kaisers gegen den Pseudokaiser veranschaulichen, der von den höllischen Legionen unter der Führung von Faust und Mephistopheles unterstützt wurde – der Vorfall, der in Goethes Gedicht vorkommt führt in die letzte Phase von Fausts Leben. Die drei Themen – die *Fanfare* des Kaisers, die *Fanfare* des Pseudokaisers und die *Fanfare infernale* – waren wunderschön konzipiert und auf meisterhafte Weise miteinander verwoben, und die Szene war es auch von Mephistopheles zu Ende gebracht und nach dem Sieg mit „ Te Deum laudamus " eingeleitet ." Was die schöne Konzeption und die meisterhafte Verflechtung betrifft, neige ich zur Skepsis ; Aber auf jeden Fall

rückt die Einbeziehung dieser Szene Boïto in ein schlechteres Licht als je zuvor. Für Fausts geistige Entwicklung ist die ganze Episode praktisch bedeutungslos. Was die Musik anbelangt, bietet sie lediglich die Gelegenheit für ein Clap-Trap-Kampfstück.

[18] Henry Hugh Pearson wurde 1815 in Oxford geboren. Er ließ sich in Deutschland nieder, wo er eine angenehmere musikalische Atmosphäre vorfand, als sie damals in England herrschte. Nachdem er eine Zeit lang unter dem Pseudonym „Edgar Mansfeldt" geschrieben hatte, kehrte er zu seinem eigenen Namen zurück, verwandelte ihn jedoch in Henri Hugo Pierson. Seine „Musik zum zweiten Teil von Goethes *Faust* " wurde 1854 in Hamburg herausgebracht. Pierson starb 1873.

Zum GRANVILLE BANTOCK

PROGRAMM MUSIK

I

Es gibt drei Stadien in der Geschichte jeder neuen Wahrheit. Nehmen wir als Beispiel die Darwinsche Theorie. Zuerst wird sie mit Zähnen und Klauen von tausenden Leuten angegriffen, die nichts davon wissen und nie auch nur zehn Minuten am Stück darüber nachgedacht haben, die sie aber einfach hassen, weil sie ihre lange geistige Trägheit stört. Dann, wenn ihre Wahrheit immer offensichtlicher wird und zu viele klar denkende Leute an sie glauben, als dass sie ausgelacht werden könnte, und zu viele starke Leute sie annehmen, als dass sie niedergebrüllt werden könnte, werden die Anhänger der älteren Schule ihr gegenüber aufdringlich höflich; sie nennen sie nicht länger eine Ansammlung von Irrtümern, sondern lassen sie gnädigerweise den Rang einer sekundären und unvollkommenen Art von Wahrheit einnehmen, nach ihrer eigenen besonderen Theorie. Schließlich wird sie allgemein akzeptiert, von ihrer Beimischung von Irrtümern gereinigt, und sowohl sie als auch ihre Vorgänger werden dann als unvermeidliche Stadien in der Entwicklung des menschlichen Geistes angesehen, wobei das zweite ebenso wenig Anspruch darauf hat wie das erste, als das Ende der Geschichte betrachtet zu werden. Zunächst glaubt man, Darwins Entwicklungstheorie sei durch bloße Bibelzitate zunichte gemacht; dann versuchen die professionellen Theologen, sie für sich zu nutzen; schließlich ist ihr Sieg über Missverständnisse, Unwissenheit und Vorurteile vollständig, aber inzwischen ist sie nicht mehr die ultimative Theorie der Dinge, sondern nur noch ein Sprungbrett zu anderen Theorien. Etwas Ähnliches ist mit der Programmmusik geschehen oder ist gerade im Begriff, zu geschehen . Früher schauderten die guten alten jungfräulichen Akademiker, wenn das schmutzige Wort ihre keuschen Ohren beschmutzte; jetzt lassen sie sich herab, mehr oder weniger gemäßigt darüber zu diskutieren, aber immer mit der Vorstellung, sie sei bloß ein minderwertiger Zweig der großen Musikfamilie – eine Art armer Verwandter der absoluten Musik; in Kürze wird die Rationalität der Sache außer Frage stehen, aber bis dahin wird sie wahrscheinlich etwas noch Neuerem als ihr selbst Platz machen – obwohl wir derzeit keine Möglichkeit haben, zu wissen, was das sein mag. Gerade jetzt befinden wir uns in der zweiten Phase der Kontroverse zu diesem Thema. Der Befürworter der Programmmusik , das muss gleich gesagt werden, ist nicht unbedingt ein Hasser der absoluten Musik, und der

Liebhaber der absoluten Musik ist nicht unbedingt ein Feind der Programmmusik . Man kann Wagner und Strauss und Liszt und Berlioz mögen und trotzdem die Bach-Fuge oder die Symphonie von Mozart, Beethoven oder Brahms in vollem Umfang würdigen. Dennoch ist es eine bedauerliche Tatsache, dass die Vorliebe für die eine Kunstform allzu oft mit einer Abneigung gegen die andere einhergeht. Jede Engstirnigkeit dieser Art ist auf beiden Seiten zu bedauern; aber wenn ein Anhänger mehr davon zeigt als der andere, würde ich sagen, dass es der Absolutist ist, der der Programmmusik gegenüber normalerweise viel weniger fair und weniger offen für Überzeugungen ist als der Programmist gegenüber der absoluten Musik. Und da der Wettstreit zwischen den beiden Schulen gerade jetzt sehr heftig ist und es zu den Aufgaben des Kritikers gehört, einer Kunst dadurch Raum zum Atmen und Wachsen zu geben, dass er sie von toten Traditionen befreit, kann ein Rückblick auf den Streitpunkt zwischen den Antagonisten sowohl dem schöpferischen Musiker als auch dem gewöhnlichen Konzertbesucher von Nutzen sein.

II

So wie der durchschnittliche Programmist im Großen und Ganzen großzügiger in seiner Wertschätzung ist als der durchschnittliche Absolutist, so hat er auch mehr getan, um die Dunkelheit zu lichten, die zu viel von dem Thema umgibt. Von dieser Seite gab es einige gute ästhetische Diskussionen; von der anderen Seite gab es kaum mehr als hartnäckige und ermüdende Wiederholungen alter Schlagworte, ohne einen ernsthaften Versuch, sich mit der Psychologie der Frage als Ganzes auseinanderzusetzen. In der neuesten Ausgabe von Groves Dictionary of Music gibt uns Mr. Fuller Maitland ein Beispiel für diese Methode, „Krüger mit dem Mund zu töten". „Es ist nur natürlich", sagt er, „dass Programmmusik im Moment bei den Massen beliebter sein sollte als absolute Musik, da die Mehrheit der Menschen gerne an etwas anderes denken möchte, während sie Musik hören." Den letzten Satz halte ich für eine rein zufällige Behauptung; es gibt Millionen von Menschen – sogar unter den Massen –, die abstraktes Ohrenkitzeln bevorzugen, das ihnen die Mühe erspart, beim Musikhören an etwas anderes zu denken. Eine der Beschwerden des ungebildeten Amateurs gegen Programmmusik ist, dass sie so schwer zu verfolgen ist – dass er nicht ruhig auf seinem Platz sitzen und der Musik einfach zuhören kann, wie sie kommt, sondern erst eine lange Geschichte aus dem analytischen Programm lesen und vorverdauen muss . Geister dieser Art – und ich habe viele von ihnen getroffen – protestieren einfach, weil sie an etwas anderes denken *müssen* , während ihnen die Noten in die Ohren geblasen werden. Dieses ziemlich lahme Mittel ist eine Möglichkeit, Programmmusik herabzusetzen – die Unterstellung, dass sie bei den „Massen", also bei Menschen mit eingeschränkter Musikkultur, am beliebtesten ist – was natürlich nicht stimmt. Die andere Möglichkeit, sie herabzuwürdigen, ist die altbewährte, sich an die Vergangenheit zu berufen; es ist das ästhetische Äquivalent des häufigen Appells an den Agnostiker, sich daran zu erinnern, was er „auf dem Schoß seiner Mutter gelernt hat". "In der großen Linie der klassischen Komponisten", erzählt uns Mr. Maitland, " nimmt Programmmusik den allergeringsten Platz ein; ein gelegentliches *Jeu d'esprit* , wie Bachs *Capriccio über den Abschied eines Bruders* oder Haydns 'Abschiedssinfonie', mag in ihren Werken vorkommen, aber wir können uns nicht vorstellen, dass diese Männer oder die anderen der großen Linie es als ihre Lebensaufgabe betrachteten, Werke zu komponieren, die ein bestimmtes Programm illustrieren sollen . Beethoven wird manchmal als der große Einführer der illustrierenden Musik zitiert, kraft der Pastoralensinfonie und einiger anderer Beispiele dessen, was man mit einer gewissen Wortwahl als Programmmusik bezeichnen könnte . Aber der Wert, den er ihr im Vergleich zur absoluten Musik beimaß , kann ziemlich gut eingeschätzt werden, wenn man sieht, in welchem Verhältnis seine 'illustrierenden' Werke zu den anderen stehen. Von den neun Symphonien hat nur eine so etwas wie ein Programm ; und der Meister hütet sich selbst hier sorgfältig vor Missverständnissen, da er die ganze Symphonie mit den Worten überschreibt: 'Mehr Ausdruck des Gefühls als Malerei.' Von den Klaviersonaten hat nur op. 90 ein bestimmtes Programm ; und im 'Muss es sein?' des Streichquartetts op. 135 haben die natürlichen Modulationen der Sprechstimme in Frage und Antwort offensichtlich rein musikalische Anregungen gegeben, die auf rein musikalischen Linien ausgeführt werden."

Gegen all das sind viele Einwände zu erheben. (1) In Bachs Zeitprogramm konnte Musik, wie wir sie verstehen, einfach *nicht* geschrieben werden. Es gab nicht das moderne Orchester mit der modernen Orchestertechnik; Man könnte *Francesca da Rimini mit den Instrumenten von Bachs Zeit* genauso wenig beschreiben , wie man einen Regenbogen mit einem Blatt Papier und einem Bleistift hinreichend andeuten könnte. Darüber hinaus waren für den Ausdruck einer Reihe von Dingen, die wir heute in der Musik ausdrücken, (*a*) die moderne Erweiterung des musikalischen Vokabulars und (*b*) die „Befruchtung der Musik durch Poesie" erforderlich, die Wagner zu Recht als solche bezeichnete Stress. Aber Bachs Vernachlässigung der Programmmusik ist jedenfalls kein Argument gegen die Form. Man könnte genauso gut sagen, dass die Tatsache, dass er keine Opern geschrieben hat, ein Beweis für die natürliche und fortwährende Unterlegenheit der Oper ist. (2) Herr Maitland geht über die Tatsache hinweg , dass viele alte Komponisten, so unvollkommen ihre Ausdrucksmittel auch waren, häufig von dem Wunsch besessen *waren* , etwas anderes als absolute Musik zu schreiben. Er sagt nichts über die Versuche von Muffat, von den im Fitzwilliam Virginal Book vertretenen Komponisten, von Jannequin , von Buxtehude, von Frescobaldi, von Hermann, von Gombert, von Carlo Farino, von Frohberger , von Kuhnau, von Couperin, von Rameau, von Dittersdorf und anderen, von denen ich in Kürze sprechen werde. [19] Es bestand schon immer der starke Wunsch, „illustrative" Musik zu schreiben, aber lange Zeit wurde dieser durch die Unvollkommenheit der Medien, durch die er funktionieren musste, gebremst. (3) Er ignoriert Haydns Ausflüge in die „illustrative" Musik in „Die *Schöpfung* und die *Jahreszeiten* " – die Darstellung des Chaos, des Übergangs vom Winter zum Frühling, der Morgendämmerung, der Freude der Bauern über die reiche Ernte, des Dickichts Wolken zu Beginn des Winters; er sagt nichts über die „illustrativen" Sinfonien oder Teile von Sinfonien und anderen Werken Haydns – „der Morgen", „Mittag", „der Abend", „der Sturm", „die Jagd", „der Philosoph", „der". „Henne", „der Bär" und so weiter. (4) Er sagt nichts über die Art und Weise, in der die Ouvertüre, sowohl die Oper als auch die Nichtoper, am Ende des 18. und Anfang des 19. Jahrhunderts immer „illustrativer" wurde; er bezieht sich nicht auf die Werke Beethovens, in denen die „illustrative" Funktion sehr offensichtlich ist, wie etwa die *Schlacht von Vittoria*, die *Leonora*-Ouvertüren, das *Egmont*, das *Coriolan*, die *Ruinen von Athen*, der *König Stephan* und so weiter. (5) Er akzeptiert blind Beethovens unsinnige Bemerkung, dass die Pastoralsinfonie „eher Ausdruck von Gefühlen als Malerei" sei. Die Nachahmungen der Nachtigall, des Kuckucks und der Wachtel können ein Beethoven-Witz sein oder auch nicht; aber wenn es sich nicht um Beispiele der „Malerei" in der Musik handelt, ist es schwer zu sagen, was diesen Beinamen verdient. Wenn das fröhliche Treiben der Bauern, die Schlägerei, das Fallen der Regentropfen, das Rauschen des Windes, der Sturm, das Fließen des Baches – wenn dies keine „Malerei", sondern lediglich der „Ausdruck von Gefühlen" sind, nun ja, ebenso die Erhängung von Till Eulenspiegel, der Todesschauer von Don Juan und die Schlacht in *Ein Heldenleben*. (6) Selbst wenn man annimmt, dass Beethovens Worte wörtlich genommen werden könnten, selbst wenn man annimmt, dass er ihnen in seiner Musik keinen Widerspruch nach dem anderen gegeben hätte, wäre die Sache damit noch nicht erledigt. Die Musik endete nicht mit Beethoven, und er hätte „illustrative" Musik nach Herzenslust verabscheuen können, ohne dass diese Tatsache ein Argument gegen das Schreiben anderer Leute gewesen wäre. Es ist merkwürdig, dass die Männer, die immer voller Bewunderung die Geschichten darüber erzählen, wie Beethoven die Fesseln durchbrach, in die ihn seine Zeitgenossen gefesselt hätten, versuchen sollten, denselben Beethoven als Barriere gegen alle zukünftigen Neuerungen zu nutzen. *Er* war großartig, weil er sich weigerte, auf andere Weise als auf seine eigene zu schreiben; *Wir* sollen großartig sein, indem wir unsere Überzeugungen denjenigen von vor hundert Jahren unterordnen. Bei allem Respekt und ohne den respektlosen Wunsch, die Bärte unserer Väter auszuzupfen, können wir die Frage nicht als endgültig geklärt betrachten, was Beethoven gesagt hat. Er selbst wäre sicherlich der letzte Mann gewesen, der den wirkungslosen Kanute gespielt und der Kunst die genaue Stelle am Strand vorgegeben hätte, an der die Flut ansteigen würde. Es gibt keinen Beweis dafür, dass er mit seinen Worten eine gerichtliche Verurteilung von irgendjemandem oder irgendetwas meinte; es gibt keinen Beweis dafür, dass er jemals ernsthaft über die Frage nachgedacht hat; und es ist ziemlich sicher, dass er, egal wie viel er darüber nachgedacht hatte, darin nicht alles gesehen haben konnte, was wir mit unserer späteren Erfahrung sehen können.

Drittes Kapitel

Allein eine Tatsache sollte die Gegner der Programmmusik dazu bringen , ihre Position ernsthaft zu überdenken. Das bedeutendste Merkmal des Problems ist die Art und Weise, wie die praktischen Musiker damit umgegangen sind. Während die ältere Orchestermusik von gewissem Wert größtenteils absolute Musik war, ist die spätere Orchestermusik von gewissem Wert größtenteils Programmmusik ; und die Dynamik der letzteren Art scheint von Jahr zu Jahr zuzunehmen. Es ist nicht angebracht, ein Phänomen dieser Art abzutun oder zu versuchen, es mit der Erklärung zu belegen, dass einige der neuen Männer Musik schreiben, die auf literarischen oder bildlichen Themen basiert, weil sie keine Musik der anderen Art schreiben können. Das ist, als würde man sagen, Shakespeare habe kleinmütig Dramen geschrieben, weil er keine Epen schreiben konnte – was wahrscheinlich ein wahres Sprichwort ist, aber völlig irrelevant. Der Punkt ist, warum sollte Shakespeare, der eine Begabung für gute Dramen hat, sich selbst dazu zwingen, schlechte Epen zu schreiben? Und wenn die musikalischen Ideen eines Menschen einer ganz anderen Lebensauffassung entspringen als der des absoluten Musikers, warum sollte er dann seiner eigenen angeborenen Sprechweise abschwören, um die Phrasen und Formen eines anderen Musikers, dessen geistige Welt der seinen völlig fremd ist, geistlos nachzuplappern und zu zerfleischen? Während einige Kritiker junge Komponisten väterlich davor warnten, in die Fänge der Programmmusik zu geraten , und ihnen empfahlen, sich an die Strukturlinien zu halten, wie sie von Haydn, Mozart und Beethoven festgelegt wurden, haben die Musiker selbst die Programmmusik kreuz und quer in die Welt geschleudert. Man muss sich nur einen Katalog der russischen, französischen, deutschen, belgischen, amerikanischen oder selbst englischen Musik der letzten zwanzig Jahre ansehen, um zu sehen, wie enorm diese Kunstform gewachsen ist und wie die wirklich großen Männer alle eine ausgeprägte Vorliebe dafür zeigen. Sie können, wenn Sie wollen, bedauern, dass so viele moderne Musiker die Programmmusik der absoluten Musik vorziehen; aber man kann das große ästhetische Problem, um das es geht, nicht lösen, indem man die Achseln zuckt und sich auf Haydn, Mozart und Beethoven beruft, noch indem man leichtfertig ein oder zwei Formeln der sterbenskranken Ästhetik aus dem Hut zaubert . Und da schlechte Ästhetik , schlechte Argumentation für den Großteil der Verwirrung zu diesem Thema verantwortlich sind, wollen wir versuchen, es bis in seine Grundlagen genauer zu analysieren .

Programmmusik – darunter verstehen wir rein instrumentale (*also* nicht-vokale) Musik, die ihre *Daseinsberechtigung* in einem bestimmten literarischen oder bildlichen Schema hat – ist kein idealer Begriff für diese Art von Kunst;

aber da alle Namen, die wir ihr geben können, Einwände irgendeiner Art hervorrufen können, können wir diesen ebenso gut verwenden wie jeden anderen. Man muss auch bedenken, dass Programm- oder repräsentative Musik zwar tatsächlich von abstrakter oder in sich geschlossener Musik unterscheidbar ist, aber nicht absolut. Alle Programmmusik muss tatsächlich repräsentativ sein, aber sie muss auch teilweise in sich geschlossen sein; das heißt, eine bestimmte Phrase muss nicht nur zum Charakter von Hamlet oder Dante passen oder an ein bestimmtes äußeres Phänomen wie Wind, Feuer oder Wasser erinnern, sondern sie muss auch *als Musik interessant sein* . [20] Andererseits ist in Tausenden von Werken, die ohne ein formelles Programm geschrieben wurden , der Ausdruck - ob im ganzen Werk oder nur in Teilen - so lebendig, so anstrengend, so sehr an etwas mehr erinnernd als an die abstrakte Freude an der Schaffung eines schönen Tonmusters, dass er in uns spontan Bilder von bestimmten Szenen, Charakteren oder Handlungen hervorruft. Sicherlich kann niemand beispielsweise die c-Moll-Sinfonie hören und das Gefühl haben, dass es Beethovens einziges Anliegen war, abstrakte musikalische Themen zu erfinden und miteinander zu verweben; hier jedenfalls spüren wir, dass viel Wahres an Wagners Behauptung ist, dass sich hinter den bloßen Tönen eine Art informelles Drama abspielt. Der Ausdruck kommt zuweilen der Andeutung eines bestimmten Gedankens und einer bestimmten Handlung so nahe, wie es jede sinfonische Dichtung nur kann. *So* finden sich einige der Eigenschaften der Programmmusik in der absoluten Musik und *umgekehrt* ; es gibt keine feste Trennlinie zwischen beiden. Sogar in der mathematischsten Musik, die je ein Pedant missverstanden hat, wird sich manchmal ein menschlicher Akzent vernehmen lassen; und selbst die menschlichste Musik - die Musik, die ihre Quelle und ihren Ursprung und ihre letztendliche Rechtfertigung im wahrheitsgetreuen Ausdruck bestimmter menschlicher Gefühle hat - muss durch irgendein mathematisches Formprinzip zusammengehalten werden. Aber wir wissen alle, was wir mit dem groben Unterschied zwischen absoluter und poetischer Musik meinen. [21] In der letzteren haben wir ein bestimmtes literarisches oder bildliches Schema, das (*a*) Form und Farbe der Phrasen, (*b*) die Reihenfolge ihres Auftretens, (*c*) die Art und Weise ihres Gegenüberstellens und (*d*) ihre relativen Positionen am Ende regelt. Dies ist es, grob gesagt, was sie von der absoluten Musik unterscheidet, bei der die Art und Weise, wie die Themen behandelt werden, von keiner außerhalb der Themen selbst liegenden Konzeption abhängt, die in Worte gefasst werden könnte.

„über ihre legitimen Grenzen hinausgeht", wenn sie, wie in der Programmmusik , die Aufgabe übernimmt, darzustellen oder zu erzählen . Uns wird gesagt, dass es „seine eigene Sphäre verlässt"; dass es bedeutet, auf die rein musikalische Funktion zu verzichten und zu versuchen, das zu tun, was die Funktion der Literatur oder der Malerei ist; dass ein Musikstück allein aus seiner Musik heraus verständlich sein sollte; dass seine gesamte Botschaft klar in die Musik geschrieben werden sollte, ohne dass die Notwendigkeit besteht, die Hilfe eines Programms in Anspruch zu nehmen . Wenn in dieser These irgendetwas drin ist, wird sie sich sofort mit Programmmusik begnügen. Aber ich werde versuchen zu zeigen, dass überhaupt nichts darin ist – dass es sich nicht um ein Argument, sondern um eine reine Behauptung handelt. Ich werde zunächst versuchen zu zeigen, dass der Wunsch, Programmmusik zu schreiben, keineswegs eine vorübergehende Krankheit der heutigen Generation ist, sondern von Anfang an in der Menschheit verwurzelt ist. und zweitens, dass das soeben dargelegte Argument dazu dienen könnte, nicht nur die Programmmusik , sondern auch das Lied und die Oper zu beseitigen.

Programmmusik keineswegs eine späte und ausufernde Entwicklung sei, sondern „die allererste, bekannteste und spontanste Form musikalischer Komposition". So weit brauchen wir nicht zu gehen , denn meiner Ansicht nach ist es unmöglich, die eine oder andere Musikart zeitlich als die erste zu datieren. So wie ein früher Mann gerade und gekrümmte Linien in ein solches Verhältnis setzte, dass sie dem Auge durch ihre bloße formale Harmonie gefielen, während ein anderer sie in ein solches Verhältnis setzte, dass sie gefielen, indem sie irgendeinen Aspekt des Menschen oder der Natur suggerierten, so entstand die frühe Musik bei einem Musiker aus der bloßen Freude an der Abfolge und Kombination von Tönen, bei einem anderen aus dem Wunsch, in Tönen eine Andeutung der Gedanken auszudrücken, die in ihm durch seinen Umgang und seine Kämpfe mit seinen Mitmenschen und mit der Welt geweckt wurden. Laniers Aussage ist offensichtlich eine leichte Übertreibung; aber ich glaube, er hat unschlagbare Argumente, wenn er weiter fragt: „Was ist ein Lied anderes als Programmmusik in ihrer höchsten Form? Ein Lied ist ... eine doppelte Darbietung; ein bestimmtes Instrument - die menschliche Stimme - erzeugt eine Anzahl von Tönen, von denen keiner an sich einen intellektuellen Wert hat; doch gleichzeitig mit der Erzeugung der Töne werden Wörter ausgesprochen, jedes in physischer Verbindung mit einem Ton, um beim Zuhörer gleichzeitig die Wirkung konventioneller und unkonventioneller Klänge hervorzurufen. [22] ... Wenn Programmmusik absurd ist, sind sicherlich alle Lieder Unsinn." Dies ist meiner Ansicht nach der Schlüssel zum Problem. Sehen wir uns das etwas genauer an.

Stellen wir uns zwei primitive Menschen vor, von denen jeder die Fähigkeit besitzt, Gefühle in musikalischen Klängen auszudrücken . Einer von ihnen schafft es, aus ein paar Noten einen Satz zu finden, der ihm Freude bereitet. Weil es ihm Freude macht , wiederholt er es. Nachdem er es mehrere Male wiederholt hat, findet er, dass die bloße Wiederholung davon eintönig wird; Also wiederholt er es das nächste Mal etwas anders. Er erlebt nun, ohne zu verstehen warum, eine subtilere Form der Lust. Wenn Sie ihm sagen würden, dass er das Gesetz, dass ein großer Teil der ästhetischen Freude darin besteht, die Einheit in der Vielfalt zu verwirklichen , sehr praktisch demonstriert , würde er Ihre Bedeutung nicht verstehen; aber das ist es trotzdem, was er tut. Er hat noch immer seine alte Freude an der angenehmen Tonfolge; Aber dieses Vergnügen wird durch ein anderes verstärkt und verfeinert — das Vergnügen, das Thema in den Verkleidungen zu entdecken, die es annimmt. Dieser Urmensch hat den ersten Schritt zur Sonatenform gemacht; er hilft bei der Geburt der absoluten Musik. Aus dieser Wurzel erwächst all unsere reine Freude an angenehmen Melodien um ihrer selbst willen, an deren

Ausschmückung, am Jonglieren mit ihnen; mit einem Wort, all unsere Freude an absoluter Musik. [23] Nun nimm den anderen Mann. Er beginnt in einer anderen Richtung. Wenn er beginnt, seiner rauen melodischen Kurve nachzuzeichnen, liegt das nicht in erster Linie daran, dass er an der Kurve selbst eine überwältigende Freude empfindet. Er beginnt , weil ihn ein bestimmtes Erlebnis emotional bewegt hat und die emotionale Störung einen Ausdruck im Ton finden muss; seine melodische Kurve muss das Erlebnis suggerieren. Nehmen wir an, es ist der Tod eines Freundes. Hier liegt ein viel deutlicherer Impuls vor, als er auf den anderen Mann wirkte; und es führt dementsprechend zu einem bestimmteren Ausdruck. Die Kurve, die die Melodie nimmt, wird jetzt nicht nur durch das musikalische Vergnügen bestimmt, das sie bereitet, wenn sie in diese oder jene Richtung geht, sondern in erster Linie durch die Notwendigkeit, die Melodie repräsentativ für ein bestimmtes Gefühl zu machen oder an das Wesen oder das Ereignis zu erinnern, das das Gefühl geweckt hat . *Dieser* Mann steht an der Wende des Weges, der zur poetischen Musik führt – zum Lied, zur Oper und zur symphonischen Dichtung. (Ich behaupte nicht, ich möchte es noch einmal sagen, dass es eine absolute Trennlinie zwischen absoluter Musik und poetischer Musik gibt, oder zwischen den Geisteszuständen, aus denen sie hervorgehen; die beiden kreuzen sich immer wieder und betreten das Territorium des anderen . Ich bringe einfach das Element in jedem einzelnen zur Geltung, das ihm seine besondere Bedeutung verleiht.) In der absoluten Musik ist, wie Wagner betonte, das Wesentliche „das Erwecken von Freude an schönen Formen“. Das Wesentliche in der poetischen Musik ist die wahrheitsgetreue Wiedergabe einer Emotion, die ebenso eindeutig ist wie die andere, unbestimmt. Nehmen Sie zwei konkrete Beispiele. Der Eröffnungssatz von Beethovens 8. Symphonie bezieht sich auf nichts, was sich außerhalb seiner selbst befindet; es ist das, was Herbert Spencer die Musik der puren Erheiterung genannt hat; Um es zu würdigen, muss man an nichts anderes denken als an sich selbst ; Der Spaß liegt vor allem in der Art und Weise, wie die Noten zusammengesetzt sind. [24] Aber das unheimliche Motiv, das im ersten Akt der *Walküre die Ankunft Hundings ankündigt* , reizt Sie auf eine andere Art und Weise. Hier ist Ihr Vergnügen nur teilweise auf die besondere Art und Weise der Noten zurückzuführen; Der andere Teil liegt an der *Wahrhaftigkeit* des Themas, seiner Übereinstimmung mit der Figur, die es darstellen soll. Und um auf unsere beiden Urmenschen zurückzukommen: Der erste von ihnen war in der Stimmung, die letztendlich zur Eröffnung der 8. Symphonie führen würde, während der zweite von ihnen in der Stimmung war, die letztendlich das Hunding-Motiv hervorbringen würde .

Jeder, der sich die Mühe macht, die Phrasen einer gewöhnlichen Symphonie und die eines modernen Liedes zu analysieren , wird einen großen Unterschied zwischen den Arten von Ideen erkennen, die sie hervorrufen.

In der alten Symphonie oder Sonate wurde eine Abfolge von Noten, die an sich angenehm waren, aber keinen spezifischen Bezug zum wirklichen Leben hatten – die also nicht versuchten, sehr nahe an einen starken emotionalen oder dramatischen Ausdruck heranzukommen, sondern uns hauptsächlich aufgrund ihrer rein formalen Beziehungen und des rein physischen Vergnügens, das ihnen als Klang innewohnt, beeinflussten und berührten – dargelegt, variiert, ausgearbeitet und mit anderen Themen derselben Art kombiniert. Nehmen Sie tausend dieser Themen – zum Beispiel von Haydn, Mozart und dem frühen Beethoven – und obwohl sie Sie musikalisch berühren, werden Sie dennoch nicht sagen können, dass sie aus einer *bestimmten Emotion* entstanden sind oder dass sie eine besondere Reflexion über das Leben verkörpern. Es ist die Besonderheit der Musik, dass sie einerseits fast so eindeutig sprechen kann wie Poesie und sich auf Dinge beziehen kann, die erkannt werden intellektuell, wie in der Poesie, kann es andererseits einen Eindruck auf uns machen, rein als Klang, zu dem die Worte der Poesie, rein als Worte, keine vergleichbare Wirkung haben können. Ein Vers von Tennyson, dessen Worte so transponiert sind, dass sie keine intellektuelle Bedeutung haben, würde beim lauten Lesen keinen Eindruck machen; das heißt, es würde kein Vergnügen allein aus dem Klang der Worte selbst hervorgerufen werden. Aber spielen Sie die diatonische Tonleiter auf dem Klavier oder schlagen Sie hier und da einen beliebigen Akkord an, und obwohl das Ding nichts bedeutet, wird das Ohr zwangsläufig ein gewisses Vergnügen daran haben. Musikalischer Klang bereitet uns an und für sich Freude, unabhängig davon, ob wir auch nur die entfernteste mentale Verbindung zwischen seinen Teilen finden. Diese Verbindung kann groß oder klein oder praktisch nicht existent sein; und je größer sie ist, desto komplizierter wird natürlich unser Vergnügen; aber sie ist nicht wesentlich dafür, dass wir an Musik, rein als Klang betrachtet, physiologische Freude empfinden. Nun ist es durchaus möglich, ein längeres Musikstück zu konstruieren, das absolut keinen emotionalen Ausdruck hat, in dem Sinne, dass es einen Bezug zur menschlichen Erfahrung suggeriert – das schlicht und einfach eine Abfolge und Kombination angenehmer Klänge ist. Es liegt in der Natur der Sache , dass nicht viel von der tatsächlich geschriebenen Musik durchgehend dieser Art sein kann. Emotionen einer gewissen Qualität und Ausprägung dringen hier und da sicher selbst in die „mathematischste" Musik ein; aber es steht außer Frage, dass, während manche Musik voller Andeutungen menschlicher Interessen, des wirklichen Menschen und Lebens ist, es eine enorme Menge sehr angenehmer Musik gibt, der das Interessante der Wirklichkeit völlig fehlt und die uns eher über physiologische als über psychologische Kanäle erreicht, oder jedenfalls, wenn man es unwissenschaftlich ausdrückt, über ganz andere psychologische Kanäle.

Vergleichen Sie mit Musik dieser Art die Phrasen eines äußerst ausdrucksstarken modernen Liedes oder eines Stücks wie Wagners *Faust-Ouvertüre* oder eines symphonischen Gedichts von Liszt oder César Franck. Hier kommt die Inspiration direkt von einem Aspekt der äußeren Natur oder von einer tatsächlichen menschlichen Erfahrung; und die musikalische Phrase wird entsprechend modifiziert. Während weiterhin (1) die physiologische Freude am Thema als Klang und (2) die formale Freude an der Struktur, Ausgewogenheit und Entwicklung des Themas bestehen bleibt, kommt nun ein drittes interessantes Element hinzu – die Anerkennung der Wahrhaftigkeit des Themas, seine Eignung als Ausdruck einer positiven, eindeutigen Emotion, etwas Gesehenem, einer tatsächlichen Erfahrung von Menschen. Und es ist wichtig zu beachten, dass Musik mit einem solchen Inhalt stark von der Ausdrucksweise und Entwicklung absoluter Musik abweichen und dennoch interessant sein kann. Der Beweis dafür ist im Rezitativ zu finden . Hier gibt es in jeder Hinsicht – melodisch, rhythmisch und harmonisch – eine sehr große Abweichung von der eher formalen Musik. Versucht man, ein gewöhnliches Rezitativstück als reine Musik zu spielen, ohne die Stimme und ohne Kenntnis der Worte, so wird die Abweichung von der Musik der autarken Ordnung im Allgemeinen offensichtlich. Die Rechtfertigung des Rezitativs ist nicht in seiner Übereinstimmung mit den Gesetzen zu suchen , die für reine nicht-dramatische Instrumentalmusik gelten, sondern in seiner Übereinstimmung mit einer bestimmten literarischen Idee, die ihren Ausdruck durch das Medium des Tons sucht; und unsere Toleranz dafür und unsere Wertschätzung dafür beruhen auf dieser Ergänzung des etwas geringeren körperlichen Vergnügens durch das überlegene geistige Vergnügen, das durch den Sinn für dramatische Wahrheit und Eignung entsteht. Also nochmal im Lied. Lass irgendwen Versuchen Sie sich vorzustellen, wie wenig ihm das Ende von Schuberts *Erlkönig* sagen würde, wenn er den Text oder das Thema des Liedes überhaupt nicht kennen würde, und er wird erkennen , wie das literarische Element Musik dieser Art gleichzeitig modifiziert und unterstützt. Als absolutes Musikstück bedeutet der letzte Satz des *Erlkönigs* überhaupt nichts; es gewinnt erst dann an Bedeutung, wenn es mit den Worten in Verbindung gebracht wird; und die Rechtfertigung ihres Verzichts auf die Ausdrucksweise reiner, sich selbst genügender Musik liegt gerade in ihrer Übereinstimmung mit der literarischen Idee. Um noch einen Schritt weiter zu gehen: Die für Mazeppa typischen Phrasen in Liszts symphonischer Dichtung würden uns sowohl in sich selbst als auch in ihrer Entwicklung wahrscheinlich verwirren, wenn wir ihnen schlicht und einfach in einer Symphonie begegnen würden; Sie werden erst dann zu solchen Wundern von ergreifendem und wahrhaftigem Ausdruck, wenn sie im Geiste mit Mazeppa in Verbindung gebracht werden. Und um noch weiter zu gehen und die Veränderung, die ein „ Programm “ hervorrufen kann, nicht anhand der

Struktur eines Themas, sondern anhand seiner Behandlung zu zeigen, möchte ich die Wiederholungen im letzten Satz von Tschaikowskys „Pathetische" Symphonie nennen , die, obwohl sie in einer Symphonie des älteren Stils nicht gerechtfertigt sind, vielen von uns mit der direktesten psychologischen Bedeutung überladen erscheinen. Vom Rezitativ bis zur symphonischen Dichtung oder der Programmsymphonie sehen wir, dass die Verschmelzung des literarischen oder bildlichen mit dem musikalischen Interesse notwendigerweise zu einer Veränderung des Gewebes des musikalischen Themas und der musikalischen Entwicklung führt. Man könnte, wenn man wollte, die Geschichte von Mazeppa nicht in solchen Ausdrücken wie denen des „Jupiters" ausdrücken. Während wir also eine *apriorische* Rechtfertigung des Programmsatzes haben , beginnen wir, die Schwierigkeiten zu verstehen, die mit der Programmentwicklung einhergehen , und einige Gründe für die vielen Misserfolge in der Vergangenheit. Es stellte sich heraus, dass ein Großteil der Arbeit, die die älteren Männer zur Konsolidierung und Ausarbeitung der Form der Symphonie geleistet hatten, für die neue Schule wenig hilfreich war. Es musste ein neuer Phrasentyp und damit eine neue Entwicklungsmethode entwickelt werden.

Ich glaube, niemand wird die allgemeine Wahrheit der hier dargelegten Prinzipien bestreiten. Dass es zwischen absoluter Musik *an sich* und Vokal- oder Programmmusik *an sich deutliche psychologische Unterschiede gibt und dass die Alten zwar* zu der einen tendierten, die modernen Menschen jedoch eine deutliche Vorliebe für die andere zeigten – das sind ziemlich offensichtliche Tatsachen. Daher ist es notwendig, den Klassikern klarzumachen, dass es nicht geht, die formalen Regeln der alten Musik *en bloc auf die neue anzuwenden, als ob sie in beiden Genres* gleichermaßen gültig wären . Wenn die modernen Menschen die klassischen Formen ablehnen und versuchen, eigene neue zu schaffen, kann dies nur daran liegen, dass ihre Ideen nicht die klassischen Ideen sind und sie die Übernahme als das Natürlichste und Günstigste für sich empfinden müssen. Als Wagner die gängige Opernform ablehnte und sich bemühte, in allen Punkten seines Werks eine Übereinstimmung der poetischen und musikalischen Schemata zu erreichen, sagten ihm die Pedanten, dass er die seit langem genehmigten Formen vermeide, weil er nicht in ihnen schreiben könne. Sie haben nicht gesehen, dass es für ihn als bloßen Musiker viel weniger Mühe gewesen wäre, sich hinter den alten Formen zu verstecken, als eine konsequente neue zu entwickeln, und dass er einfach deshalb eine neue Struktur anstrebte, weil er etwas ganz Neues zu sagen hatte. Und wenn die Pedanten behaupten, die Programmisten würden die Programmform wählen , weil sie leichter zu verarbeiten sei als die absolute Form, dann erkennen sie nicht, wie viel geistige Originalität nötig ist, um dem Lied oder dem symphonischen Gedicht einen authentischen Ausdruck zu verleihen, wo das Werk nicht nur unseren musikalischen Sinn befriedigen muss, sondern auch am Maßstab der literarischen Äußerung oder der literarischen Idee gemessen wird, mit der es sich beschäftigt.

V

Ästhetik der Musik abzuschweifen , können wir sehen, dass die Tendenz, die eine Art von Musik zu schreiben, ebenso tief in uns verwurzelt ist wie die Tendenz, die andere Art zu schreiben. Manche Musiker gehen aufgrund ihrer Neigung den einen Weg, andere den anderen; aber keine der beiden Parteien hat das Recht anzunehmen, dass die von ihr bevorzugte Art von Musik die einzige ist. Daher ist es ein Fehler zu sagen, dass Musik ihren eigenen Bereich verlässt, wenn sie zur Programmmusik wird . Ihr wirklicher Bereich umfasst sowohl absolute als auch Programmmusik ; die eine ist uns ebenso inhärent wie die andere.

Aus Gründen, die später deutlich werden, entwickelte sich der absolute Zweig der Kunst jedoch schneller als der poetische Zweig. Selbst als die absolute Musik in Beethoven ihren großartigen Höhepunkt erreicht hatte, hatte die Programmmusik im Grunde überhaupt nichts von bleibendem Wert geleistet. Viele Komponisten schienen eine vage Vorstellung davon zu haben, dass man mit rein instrumentaler Musik Andeutungen des wirklichen Lebens vermitteln *könnte* , genau wie es die Poesie und das Lied tun; aber sie hatten noch nicht gelernt, wo sie anfangen und wo sie aufhören sollten, was in dieser Hinsicht lohnend war und was nicht. Ihre Versuche mit Programmmusik waren meist grobe Nachahmungen äußerer Dinge in einer Sprache, die noch nicht reichhaltig genug war, um auszudrücken, was sie sagen wollten; sie enthalten für unsere Ohren eher zu viel Programm und eher zu wenig Musik. Im 16. und 17. Jahrhundert gingen die Gedanken der Männer, die versuchten, poetische Musik nur für Instrumente zu schreiben, in zwei Hauptrichtungen. Sie schrieben entweder Stücke, die an sich musikalisch interessant waren, und gaben ihnen phantasievolle Titel wie „Diana im Wald", „Die tugendhafte Kokette", „Juno oder die eifersüchtige Frau" usw., oder sie begannen offen mit der Absicht, Erscheinungen und Ereignisse in Musik darzustellen. So finden wir im Fitzwilliam Virginal Book Stücke mit den Titeln „Faire wether ", „Calm wether" , „Lightening", „Thunder" und „A clear day". Diese Dinge waren nicht auf ein Land beschränkt; man findet sie in ganz Europa. Gelegentlich arbeiteten die Programmschreiber sowohl mit Vokal- als auch mit Instrumentalformen. Muffat schrieb Stücke der Art „Diana im Wald". Jannequin beschrieb die Schlacht von Malegnano in Musik, Hermann die Schlacht von Pavia. Im 17. Jahrhundert schrieb Carlo Farina Orchesterstücke, in denen die Stimmen von Tieren nachgeahmt wurden. Buxtehude schrieb sieben Klaviersuiten, in denen er die Natur und Qualität der sieben Planeten in Musik beschreibt. Frescobaldi malte ein Schlachtencapriccio. Frohberger malte eine Suite, die Kaiser Ferdinand IV. zeigt, wie er auf der Jakobsleiter in den Himmel aufsteigt. Frohberger war in der Tat überdurchschnittlich realistisch. Er malte beispielsweise nicht nur die Natur, sondern gab die Örtlichkeit so genau an, wie es eine Geographie oder ein Reiseführer nur können; und es waren nicht nur die Menschen im Allgemeinen, die sich in seinen Szenen bewegten, sondern auch der Graf dieser oder der Prinz jener. In einigen Suiten, die einer bewundernden Welt leider verloren gegangen sind, malte er einen Sturm auf der Strecke Dover-Calais und lieferte eine Reihe Bilder von dem, was dem Grafen von Thurn auf einer gefährlichen Reise den Rhein hinunter widerfuhr. [25]

All dies erscheint heute sehr grob, aber die bloße Verbreitung dieser Praxis weist darauf hin, dass damals das Gefühl weit verbreitet war, Musik *könne* als darstellende Kunst dienen. Tatsächlich kann ein viel früheres Beispiel dieser Tendenz angeführt werden, das zeigt, dass sogar die alten Griechen ihr Programm hatten – Musikschriftsteller. In Strabons Geographie gibt es eine Passage, in der er beschreibt, was er in Delphi hörte. Hier, sagt er, gab es einen musikalischen Wettstreit „von Spielern auf der Cithara, die ein Loblied zu Ehren von Apollon aufführten. Die Spieler auf der Cithara wurden von Flötenspielern und Citharisten begleitet , die ohne Gesang auftraten. Sie führten ein Melos (einen Gesang) auf, das als pythische Stimmung bezeichnet wird. Es bestand aus fünf Teilen – der Auftaktklänge, der Ampeira , dem Katazeleusmus , Jamben und Daktylen und Pfeifen. Timosthenes , der Befehlshaber der Flotte des zweiten Ptolemäus und Autor eines Werks in zehn Büchern über Häfen , komponierte ein Melos . Sein Ziel war es, in diesem Melos den Wettstreit von Apollon mit der Schlange Python zu feiern . Der Auftakt sollte das Vorspiel ausdrücken; die Ampeira den ersten Beginn des Wettstreits; der Katazeleusmus den Wettstreit selbst; die Jamben und Daktylen bezeichneten den triumphalen Gesang bei Erringung des Sieges, zusammen mit musikalischen Takten, von denen der Daktylus besonders Die Psalme 42:18 wurden zum Lobgesang verwendet und die Jamben zum Beleidigen und Tadeln; die Syrinxen und Pfeifen schilderten den Tod, und die Spieler imitierten das Zischen des sterbenden Ungeheuers." [26] Wer kein Mitgefühl hat, mag sagen, es sei zu hoffen, dass der Gentleman ein besserer Admiral war, als er ein besserer Musiker gewesen zu sein scheint.

Aber zurück zum modernen Europa. Diese groben Imitationen von Vögeln und Tieren und dem Rollen der Wellen sind keine Programmmusik ; Sie sind der roheste Teil des Rohmaterials, aus dem Programmmusik entsteht. Die Schwierigkeit besteht darin, das Stück sowohl als Musik als auch als Darstellung dessen, was es beschreiben soll, interessant zu machen. Ein Komponist könnte uns eine Phrase vorlegen und uns sagen, dass diese Hamlet oder Othello darstellt, oder ein Todesröcheln, oder die Überquerung des Roten Meeres durch die Israeliten, oder irgendetwas anderes, was ihm gefällt; aber solange der Satz nicht ein eigenes Interesse hat und er nicht sowohl unseren musikalischen als auch unseren literarischen Sinn durch die

Art und Weise befriedigen kann, wie er ihn in der Fortsetzung handhabt, kombiniert und umwandelt, wird er unsere Aufmerksamkeit nicht fesseln. Das große Problem sowohl der modernen symphonischen Dichtung als auch der modernen Oper besteht in der Tat darin, eine Geschichte angemessen zu erzählen und gleichzeitig unseren Wunsch nach einer interessanten musikalischen Entwicklung zu befriedigen. Wenn der Komponist seine Aufmerksamkeit zu ausschließlich auf den literarischen Teil seines Themas richtet, wird es seinem Werk an organischer *musikalischer* Einheit mangeln; Wenn er zu sehr darauf bedacht ist, dies zu erreichen, wird er wahrscheinlich an dramatischer Bestimmtheit scheitern. Das ist, wie ich bald zu zeigen versuchen werde, wirklich der Kern sowohl der Oper als auch der Programmmusik ; Und wenn *es uns* selten gelingt, ein so verzwicktes Problem zu lösen, ist es nicht verwunderlich, dass die Lösung nicht den Männern des 16., 17. oder 18. Jahrhunderts einfiel.

Tatsächlich versuchte jedoch ein alter Komponist, *eine* Verbindung zwischen Programmzweck und einem echten Sinn für musikalische Form herzustellen. Dies war Johann Kuhnau (1660 ? -1722), der in seinen sechs Bibelsonaten „den Kampf zwischen David und Goliath", „Sauls Melancholie, die durch Musik zerstreut wird", „Jakobs Hochzeit" usw. beschreibt. Kuhnau war ein wirklich bemerkenswerter Mann. Er war ein guter Musiker, der interessante Klavierstücke ohne jedes Programmschema schreiben konnte . Darüber hinaus war er ein scharfsinniger Mann, der versuchte, das Problem der Verbindung von musikalischem Ausdruck und poetischem Zweck ernsthaft zu durchdenken, soweit dies damals überhaupt möglich war. Im Vorwort zu den Bibelsonaten weist er darauf hin, dass der Musiker, wie der Dichter, Prosaschriftsteller und Maler, die Gedanken seiner Zuhörer oft in eine bestimmte Richtung lenken möchte. Wenn er in seiner Musik nicht nur Traurigkeit, sondern die Traurigkeit dieses oder jenes Individuums ausdrücken will – um, wie er sagt, einen traurigen Hiskia von einem weinenden Petrus oder einem klagenden Jeremia zu unterscheiden – muss er Worte verwenden, um die Emotion deutlich zu machen. Aber nicht unbedingt, wohlgemerkt, indem er die Musik *zu* den Worten schreibt, wie in einem Lied. Sein eigener Plan ist es, sein Thema musikalisch zu illustrieren und uns seine poetische Absicht durch eine detaillierte verbale Darstellung klarzumachen. So stellt er jeder seiner Bibelsonaten einen ausführlichen Bericht über das Ereignis voran, von dem sie handelt, und fasst dann die Hauptmotive zusammen. Dies ist zum Beispiel die Zusammenfassung der ersten Sonate nach einer langen allgemeinen Einleitung. Die Sonate drückt aus, sagt er:

1. Das Stampfen und die Tapferkeit von Goliath.

2. Das Zittern der Israeliten und ihr Gebet zu Gott beim Anblick ihres schrecklichen Feindes.

3. Der Mut Davids, sein Wunsch, den stolzen Geist des Riesen zu brechen, und sein kindliches Vertrauen in Gottes Hilfe.

4. Der Wortstreit zwischen David und Goliath und der Streit selbst, bei dem Goliath von dem Stein an der Stirn verletzt wird, zu Boden fällt und getötet wird.

5. Die Flucht der Philister, und wie sie von den Israeliten verfolgt und mit dem Schwert niedergemetzelt werden.

6. Der Jubel der Israeliten über den Sieg.

7. Der Chor der Frauen lobt David.

8. Und schließlich die allgemeine Freude, die in ausgelassenem Tanzen und Springen ihren Ausdruck findet.

Man wird sofort erkennen, dass das Programm hier anders ist als das einiger Vorgänger und Zeitgenossen Kuhnaus . Es zielt zwar darauf ab, einige äußere Dinge darzustellen – wie das Stampfen Goliaths, den Aufprall des Steins auf seinen Kopf und so weiter –, aber sie sind nicht von Natur aus absurd oder unmöglich; während er den wirklich emotionalen Momenten der Geschichte viel Raum gibt. In den Sonaten ist es jedoch der poetische Zweck, der die Musik lenkt und sowohl Ausdruck, Abfolge als auch Form bestimmt. Jede Episode, die in der Geschichte vorkommt, muss in der Musik dargestellt werden; und Kuhnau achtet darauf, in seiner Partitur die verbale Angabe genau an der Stelle zu drucken, an der die Musik darauf folgt. Er nennt uns den genauen Takt, in dem der Stein auf Goliath zielt, und den Takt, in dem der Riese zu Boden fällt; wo Laban beginnt, seinen Betrug an Jakob zu üben , wo Jakob „verliebt und zufrieden" ist und wo „sein Herz ihn warnt, dass etwas nicht stimmt"; und so weiter – und setzt damit ein Beispiel für Komponisten wie Strauss, die dem Käufer einer Partitur wie *Till Eulenspiegel törichterweise* keinen Leitfaden für die verschiedenen Abenteuer des Helden geben. Einige von Kuhnaus Stilmitteln rufen ein Lächeln hervor, wie in der Fünften Sonate – „Gideon, der Retter des Volkes Israel". Das Zeichen für Gideon war, dass das Fell taunass, aber der Boden trocken sein sollte; in der nächsten Nacht sollte der Boden nass und das Fell trocken sein. Kuhnau drückt das zweite Zeichen naiv aus, indem er das Thema des ersten Zeichens in Gegenbewegung wiedergibt. Aber von all *der Naivität* abgesehen ist ein Großteil der Musik der Sonaten sehr schön; und es ist bemerkenswert, dass Kuhnau in seinem allgemeinen Vorwort darauf hinweist , dass dem Autor von Programmmusik mehr Freiheit eingeräumt werden muss als dem Absolutisten, ein traditionelles „Gesetz" zu brechen, wenn der Ausdruck es verlangt. [27] Kuhnau war tatsächlich auf dem richtigen Weg. Er war ein Mann, der vor seiner Zeit geboren wurde; Hätte er in unserer Zeit gelebt und hätte er über alle Ressourcen des modernen Ausdrucks und unsere riesigen

Orchester verfügt, hätte er möglicherweise eine sehr ähnliche Haltung zur Musik eingenommen wie die modernen Programmisten .

John Sebastian Bach, der Nachfolger Kuhnaus an der Thomaskirche in Leipzig, machte ein und nur ein einziges Experiment in derselben Richtung. Dies war das „Capriccio zum Abgang meines geliebten Bruders". Der erste Satz, sagt er, schildert „die Schmeicheleien von Freunden, die ihn dazu bewegen wollen, den Gedanken an die Reise aufzugeben"; das zweite ist „eine Darstellung der verschiedenen Dinge, die ihm in fremden Ländern widerfahren können"; der dritte äußert eine „allgemeine Klage seiner Freunde, die sich von ihm verabschieden"; und das Finale ist eine Fuge auf das Signal des Postillons.

Bach unternahm jedoch keinen weiteren Versuch, sich in dieser Richtung weiterzuentwickeln. Die Arbeit , zu *der er* in die Welt geschickt worden war, war von anderer Art.

kultivierte Couperin in Frankreich das Programm *Genre* mit einigem Erfolg. Er schrieb nicht nur harmlose Kleinigkeiten mit Titeln wie „La Galante", sondern auch zusammenhängende musikalische Abgrenzungsstücke wie „Die Pilger". Wie Kuhnau begründete er seine Grundsätze in einem Vorwort. „Bei der Komposition meiner Stücke", sagt er, „habe ich immer ein bestimmtes Objekt oder eine bestimmte Materie vor Augen. Die Titel meiner Stücke entsprechen diesen Anlässen. Jedes Stück ist eine Art Porträt."

Bei Rameau wiederum finden wir Stücke wie „Seufzer", „Zärtliche Klagen", „Das fröhliche Mädchen", „Der Zyklop" usw. und etwas später schrieb Dittersdorf (1739-1799) zwölf Programmsinfonien , die Ovids „Metamorphosen" und „Der Krieg der menschlichen Leidenschaften" illustrierten.

Mozarts Vater schrieb eine musikalische Beschreibung einer Schlittenfahrt, in der die Damen vor Kälte zitternd dargestellt werden; Mozart selbst vermied die Programmform jedoch ebenso entschieden wie Bach. Haydn beschäftigte sich jedoch ausführlicher damit, wie ich bereits erwähnte.

Beethovens Stellung in der Geschichte der Programmmusik ist etwas eigenartig. Ungefähr zu der Zeit, als die Napoleonischen Kriege jedermann mit dem Prunk der Armeen vertraut gemacht hatten , kam es zu einer wahren Flut von Schlachtgeschützen. Wahrscheinlich gab es damals keine Schlacht von Bedeutung, über die nicht eine Fantasie geschrieben worden wäre, und jede unterschied sich von der anderen nur durch ihren Titel. In einem schwachen Moment erlag Beethoven der allgemeinen Versuchung und schrieb seine „Schlacht von Vittoria", die nicht nur eines seiner unbedeutendsten Werke, sondern eines der unbedeutendsten Werke in der Geschichte der Programmmusik ist . Beethovens wirkliche Beiträge zu dieser

Kunstform waren eher indirekt als direkt. Er erzählte einem seiner Freunde, dass er beim Komponieren immer ein Bild im Kopf hatte; Und wenn man das ganz wörtlich nehmen könnte, käme es einem so vor, als wären wir schlicht und einfach der Programmmusik auf der Spur. Wir werden jedoch wahrscheinlich nie erfahren, inwieweit Beethoven sich bei seiner musikalischen Inspiration auf poetische Anregungen stützte; und wenn wir uns die inneren Zeugnisse seiner Musik ansehen, werden wir sehen, dass sie sich zwar häufig mit poetischen Themen befasst, diese jedoch eher vom Standpunkt der alten Formen als vom Standpunkt der neuen aus behandelt. Was ihren geistigen Ursprung betrifft, sind die großartigen Ouvertüren *zu Leonora* , *Egmont* und *Coriolan* poetische Musik; das heißt, sie zielen in einer musikalischen Textur darauf ab, eine Figur zu skizzieren oder eine Geschichte zu erzählen. Aber was die Form betrifft, in der der Komponist arbeiten möchte, so wird das Verfahren fast ausschließlich von den Gesetzen der absoluten Musik bestimmt. Wagner hat in seinem Essay über „Liszts Sinfonische Dichtungen" an einer bekannten Stelle darauf aufmerksam gemacht. Er zeigt, was die formalen Gesetze der alten Symphonie waren und wie notwendig sie waren, um abstrakter Musik logischen Zusammenhang zu verleihen. Aber, sagt er, als diese Gesetze kompromisslos auf eine andere Art von Kunstwerk – die Ouvertüre – angewendet wurden, kam es sofort zu einer Störung zwischen den Zielen der Ouvertüre und den Anforderungen der symphonischen Form. Letzterem ging es nur um *den Wandel* – die ständige Darstellung von Themen in neuem Licht. Darüber hinaus sollte sich die Ouvertüre mit der dramatischen Entwicklung befassen. „Jetzt wird es offensichtlich sein", sagt er, „dass im Konflikt einer dramatischen Idee mit dieser Form sofort die Notwendigkeit entstehen muss, entweder die Entwicklung (die Idee) dem Wechsel (der Form) zu opfern, oder ..." Letzteres zu Ersterem. Anschließend lobt er Glucks *Iphigenie in Aulis*-Ouvertüre für die geschickte Art und Weise, wie sie verhindert, dass die dramatische Entwicklung durch die Einhaltung fremder Formgesetze verdorben wird. Dann, sagt er, scheiterte Beethoven, der in größerem Maßstab und mit einer gewaltigeren Vorstellungskraft arbeitete als Gluck, dennoch an dem Felsen, dem Gluck entkommen konnte. „Wer Augen hat", sagt Wagner, „kann gerade an dieser Ouvertüre (*also* der großen *Leonora Nr. 3*) erkennen, wie schädlich für den Meister die Beibehaltung der traditionellen Form sein musste. Denn wer überhaupt dazu in der Lage ist." Das Verständnis eines solchen Werkes wird mir nicht zustimmen, wenn ich behaupte, dass die Wiederholung des ersten Teils nach dem Mittelteil eine Schwäche darstellt, die die Idee des Werkes fast unverständlich verzerrt und dass dies umso mehr, wie überall sonst; und insbesondere in der Coda wird der Meister offensichtlich von nichts anderem als der dramatischen Entwicklung bestimmt. Aber wer genug Verstand und Vorurteilslosigkeit hat, um dies zu erkennen, wird zugeben müssen, dass das Übel nur durch den völligen Verzicht auf diese Wiederholung hätte vermieden werden können; ein Verzicht jedoch, der die Ouvertüreform – *also* die ursprüngliche, lediglich suggestive, symphonische Tanzform – abgeschafft und den Ausgangspunkt für die Schaffung einer neuen Form gebildet hätte."

Wagner hat zweifellos recht. Beethoven schwankte zeitweise unsicher zwischen den Anforderungen des poetischen Ausdrucks und den Anforderungen der absoluten Form. Reine und einfache poetische Musik zu schreiben, war natürlich nicht seine Bestimmung. Das war anderen Männern vorbehalten. Eine Seite seines mächtigen Genies sollte von Wagner aufgegriffen und im Musikdrama zu ihrem logischen Abschluss geführt werden. Eine andere Seite, die von Berlioz, Liszt und Richard Strauss kultiviert wurde, findet ihr logisches Ende in der symphonischen Dichtung; und so wie Wagner die Beethoven-Ouvertüre vom Standpunkt des Musikdramas aus kritisierte , schlage ich in Kürze vor, Wagner vom Standpunkt der symphonischen Dichtung aus zu kritisieren . Ich werde zu zeigen versuchen, dass die Wagner-Oper, soweit sie, wie Wagner dachte, das Ideal darstellt, nach dem die Musik Beethovens strebte, in Wirklichkeit nur eine Übergangsform ist; und dass die symphonische Dichtung die völlig zufriedenstellende, völlig logische Form ist, zu der die Wagner-Oper in derselben Beziehung steht wie die *Leonora*- Ouvertüre zu *Tristan und Isolde* .

VI

Bevor wir uns jedoch auf diese ästhetische Diskussion einlassen, wollen wir unseren historischen Überblick über die Entwicklung der Programmmusik kurz zusammenfassen . Erst mit der Romantik wurde die Einbeziehung der Poesie in die Musik abgeschlossen, und gleichzeitig wurden das Vokabular und die Farbpalette der Musik geeignet, alle Arten literarischer und bildlicher Ideen auszudrücken. Die älteren Musiker hätten, selbst wenn sie es versucht hätten, weder das moderne sinfonische Gedicht noch das moderne Lied schreiben können. Und das aus mehreren Gründen. Erstens waren sie ziemlich damit beschäftigt, der Musik die Sprache zu geben, die sie heute ist; sie mussten ein Vokabular entwickeln und sich architektonische Prinzipien ausdenken; und das Letzte, was sie hätten tun können, war, die sicheren und formalen Linien ihrer eigenen Kunst zu verlassen – sicher, weil sie präzise und formal waren – und sich in eine Ausdrucksweise zu stürzen, die ihnen keinen Zusammenhang, kein Leitprinzip zu bieten schien. Zweitens fehlte ihnen einer der Hauptanreize für die Entwicklung der modernen Programmmusik , die Anregung einer lebhaften, lebendigen, modernen, hochemotionalen und malerischen Poesie. Ein Schumann, ein Brahms, ein Franz hätten in keinem anderen Jahrhundert als diesem solche Lieder schreiben können, denn die Triebfeder ihrer Lieder waren die in den Texten enthaltenen emotionalen Möglichkeiten. Erst als die Komponisten wirklich tiefstes künstlerisches Interesse an den Texten empfanden, die sie vertonten, statt sie nur als Rahmen für musikalische Ausschmückungen zu betrachten, erreichten sie die moderne Wahrhaftigkeit und Direktheit der Phrase. Mit Texten wie denen der älteren Lieder oder Opern kann man nicht viel mehr anfangen, als sie im Hinblick auf ihre rein musikalischen und nicht ihre musikalisch -poetischen Möglichkeiten zu vertonen; und wenn man aus Respekt vor einer törichten Tradition darauf beharrt, den Text einer fremden und relativ unbekannten Sprache zu vertonen, wird man zwangsläufig in seinen Phrasen und seiner allgemeinen Struktur immer konventioneller. Der besondere Vorteil der modernen deutschen Liedermacher war, dass sie Texte in ihrer eigenen Sprache vertonen konnten, lebendig mit jeder Anregung, die sich für eine musikalische Behandlung eignen konnte. Die Emotion war intensiv, die Form konzentriert und direkt, die Idee klar und prägnant; und die Musiker, die zu diesem Zeitpunkt über eine voll entwickelte Sprache verfügten, machten sich daran, diese Eigenschaften des Gedichts in ihrer Musik wiederzugeben. Daher kam mit der Romantik ein neuer Geist in die Musik, der sich auf die Oper, die Klaviermusik und das sinfonische Gedicht auswirkte.

Ein weiterer großer Unterschied zwischen den vorromantischen und den nachromantischen Komponisten bestand darin, dass letztere im Großen und

Ganzen viel kultiviertere Männer waren als erstere. Dies lag natürlich nicht an einem besonderen Verdienst, sondern an den veränderten sozialen Verhältnissen des Musikers. Das Mäzenatensystem im 18. Jahrhundert hat dem Musiker zweifellos dabei geholfen, sich *als* Musiker weiterzuentwickeln, es muss seine Entwicklung aber auch auf andere Weise verzögert haben. Unter diesem System, in dem er oft kaum besser war als der Diener eines Aristokraten, musste es ihm oft verwehrt bleiben, die Welt aus erster Hand zu studieren, ihr von Angesicht zu Angesicht zu begegnen und sie mit seinen eigenen Augen zu betrachten. Weder Haydn [28] noch Mozart beispielsweise standen auf dem Niveau der besten Kultur der Zeit. Der große deutsche Musikhistoriker Ambros hat darauf hingewiesen, dass in Mozarts Briefen aus Italien nur von Sängern und Tänzern die Rede ist; „Er scheint das Kolosseum und den Vatikan mit allem, was diese enthalten, kaum bemerkt zu haben." Und Ambros führt weiter aus, dass der moderne Musiker seinen Shakespeare und seinen Sophokles im Original liest und sie fast auswendig kennt. Er liest Humboldts Kosmos und die Geschichten von Niebuhr und Ranke; er studiert die Dialektik Hegels ebenso wie oder vielleicht mehr als die Kunst der Fuge; und wenn er nach Italien geht , kümmert er sich nicht um die Oper, sondern beschäftigt sich mit der Natur und den Überresten der klassischen Kunst. Er sei tatsächlich, sagt Ambros, „Herr Mikrokosmos". [29]

Um ein gutes Bild des alltäglichen Lebens eines Musikers im Hause seines Mäzens im 18. Jahrhundert zu erhalten, brauchen wir uns nur der Autobiographie Dittersdorfs zuzuwenden. Unter ihnen allen scheinen Gluck und Händel die einzigen Musiker zu sein, die viel Kultur besaßen, [30] und die uns als

Abgesehen von der Musik war er intellektuell den großen Männern seiner Zeit ebenbürtig – Voltaire, Rousseau, Condorcet, Diderot, Lessing und den anderen. Es gibt keinen Beweis dafür, dass Beethoven ein Mann von großer Kultur oder ein angesehener Denker außerhalb seiner eigenen Kunst war. Es ist in der Tat wahrscheinlich, dass die enorme musikalische Kraft vieler dieser Männer und der jahrhundertelange Fortschritt, den sie in vergleichsweise wenigen Jahren mit der Musik machten, darauf zurückzuführen waren, dass sie nichts anderes als Musiker waren, auf der Konzentration all ihrer Fähigkeiten , all ihre Erfahrungen, über das Problem, Klang zu einem vollständigen, lebendigen, flexiblen Ausdrucksmittel zu machen. Aber die späteren Musiker waren von einer anderen Art. Die Romantik brachte einen neuen Musikertyp hervor. Er saß nicht mehr im Musikzimmer eines Aristokraten, gekleidet in die Livree des Aristokraten, und spinnte Musik aus seinem eigenen inneren Bewusstsein heraus. Er reiste in der Welt umher und sah und lernte viel. Er verkehrte mit Dichtern; er besuchte häufig die Ateliers der Maler. Wir haben Männer wie Hoffmann, Schriftsteller, Maler, Musiker und Kritiker zugleich; wie Liszt Pianist, Komponist, Autor; wie Schumann, Musiker und Musikkritiker; Wie Wagner durchforstet er gierig das gesamte Gebiet des menschlichen Wissens und vermischt sich – in mehr als einer Hinsicht – mit jedem möglichen und unmöglichen Thema unter der Sonne. Ich verwende den Begriff nicht in einem beleidigenden oder abwertenden Sinne, wenn ich sage, dass der durchschnittliche moderne Musiker in Angelegenheiten außerhalb der Musik ein viel gebildeterer und vielseitigerer Mann ist als sein Vorgänger; Er weiß mehr, sieht mehr , liest mehr, denkt mehr. Männer wie Wagner, Brahms, Richard Strauss, Hugo Wolf und Bruneau stehen dem allgemeinen Geistesleben ihrer Zeit viel näher als jeder der älteren Musiker dem Geistesleben *seiner* Zeit. Ich behaupte keinen Moment, dass sie allein deshalb größere *Musiker seien;* Ich bezeichne es einfach als einen psychologischen Faktor in ihrer Arbeit, als etwas, das in hohem Maße die Qualität dieser Arbeit bestimmt und sicherlich auch ihre Themenwahl bestimmt.

Dies wird dadurch erreicht, dass die Musiker bestrebt sind, in ihrer Musik alle Eindrücke auszudrücken, die sie aus der Welt und ihrer Kultur gewonnen haben. Aber damit sie dies tun konnten, waren, wie wir bereits gesehen haben, zwei Dinge notwendig. Der musikalische Wortschatz – die Palette an Melodie und Harmonie – musste erweitert werden, und die Kapazität des Orchesters musste enorm gesteigert werden. Es ist töricht, über die Menschen des 17. und 18. Jahrhunderts zu lachen, weil sie mit der poetischen Musik nicht weiterkamen. Sie hatten nicht die Mittel dazu. Die Sonatenform entwickelte sich größtenteils auf dem Klavier und der Violine, und die Natur dieser Instrumente bestimmte weitgehend, was auf ihnen zum Ausdruck gebracht werden konnte und sollte. Erst als die Harmonie reicher, tiefer und voller wurde und die Menschen gelernt hatten, dem Orchester alle möglichen Ausdrucksformen zu entlocken, wurde Programmmusik im wahren Sinne des Wortes möglich.

Die großen historischen Fakten besagen also, dass der Anreiz für die poetische Musik im 19. Jahrhundert aus der umfassenderen Ausbildung der Musiker, der enormen Entwicklung der musikalischen Ausdrucksmittel und der unaufhörlichen Anregung der Musiker durch Poesie und Literatur im Allgemeinen kam. [31] Wie wir wissen, brach der neue Geist in drei Formen aus – in den hochemotionalen Liedern von Schubert, Schumann, Brahms, Franz und den anderen, im poetischen Musikdrama Wagners und in den symphonischen Dichtungen oder Programmsinfonien von Berlioz, Liszt, Tschaikowsky , Raff und einem Dutzend anderer, die bis zu Richard Strauss führten. Sogar die Männer, die sich mit der letztgenannten Form nicht viel beschäftigten, unterstützten die Sache der instrumentalen poetischen Musik auf andere Weise. Schumann beispielsweise folgte mit seinen poetischen kleinen Klavierstücken, seinen feinen Charakterskizzen im *Carneval* und in den *Papillons* und anderswo tatsächlich derselben Spur, die zu Liszts *Mazeppa* , Berlioz' *Harold en Italie* und Strauss' *Till führte. Eulenspiegel* .

VII

Wir haben also anhand zweier Untersuchungslinien festgestellt, dass die Argumente für die Programmmusik etwas stärker sind, als ihre voreiligen Gegner sich das vorgestellt haben. Einerseits haben wir gesehen, dass bei einer psychologischen Analyse von Wesen und Ursprung der Musik zwei Geisteshaltungen, zwei Ausdrucksarten und zwei Phrasenarten erkennbar sind, von denen die eine absolut und die andere die Programmmusik hervorgegangen ist. Andererseits haben wir gesehen, dass die Programmmusik aus verschiedenen Gründen nicht von den großen Meistern des 18. Jahrhunderts gepflegt werden konnte, die die Form der klassischen Sinfonie überholten; während ihre Faszination für die modernen Menschen darauf zurückzuführen ist, dass sie das einzige Ausdrucksmedium für eine bestimmte Art moderner Ideen ist. Es ist also höchste Zeit, dass nicht nur Kritiker, sondern auch Komponisten erkennen , dass die Form stirbt, wenn die Köpfe draußen sind; dass man keine Symphonie in der Form von Mozart oder Beethoven schreiben kann, wenn die eigene Geisteswelt nicht annähernd der ihren ähnelt, und dass es töricht von einem Komponisten wäre, seine literarische, bildliche oder dramatische Suggestion beiseite zu werfen und zu versuchen, durch die Verwendung einer ihm unsympathischen Form wieder in eine emotionale Atmosphäre zu gelangen, in der er nicht atmen könnte, wenn er sie nicht in die literarische, bildliche oder dramatische Suggestion einfließen lässt.

Der Wandel, der zu Beginn des 19. Jahrhunderts in der Musik stattfand und erstmals in Wagners Opern seine volle Wirkung entfaltete, lässt sich am besten mit den oft zitierten Worten Wagners selbst beschreiben: „die Befruchtung der Musik durch Poesie". Er war der Ansicht, dass es bei Beethoven erhebliche Beweise für die Wirkung der Poesie auf die Musik gab, obwohl, wie aus den bereits zitierten Passagen der *Leonora- Ouvertüre* hervorgeht , die absolute Musik bei Beethoven die Zügel immer noch zu fest im Griff hat. Er hat seine Vorstellungen, ganz gleich welchen Ursprung sie auch hatten, immer im Rahmen der symphonischen Form ausgearbeitet. Grob gesagt ging Berlioz den umgekehrten Weg und behielt die Linien seines poetischen Plans stets im Auge. Wagners Kritik an dieser Praxis von Berlioz ist interessant, wenn auch nicht endgültig. Beim Hören dieser Art von Musik, sagt er, „kam es immer vor, dass ich den musikalischen Faden so völlig verlor, dass ich ihn mit keiner Anstrengung wieder finden und wieder zusammenfügen konnte." Sein Punkt war, um es mit unseren eigenen Worten auszudrücken: Wenn er ein Berlioz-Werk hörte, konnte er die Musik *als bloße Musik* nicht völlig genießen , weil sie nicht nach rein musikalischen Gesichtspunkten entwickelt wurde; Sagen wir, das Hauptthema bereitete ihm bei seiner ersten Ankündigung Freude, aber er konnte den *Grund für seine zukünftige Behandlung nicht erkennen, so wie man in einer Symphonie immer den Grund* für die Wiederkehr der Themen erkennen kann . Denn der Verlauf der Musik war nicht von abstrakten musikalischen Absichten bestimmt, sondern von poetischen Absichten, die ihm nicht klar waren; und das Ergebnis war, dass er sozusagen zwischen zwei Stühle fiel. „Ich entdeckte", sagt er, „dass ich zwar den musikalischen Faden (*also* das logische und klare Spiel bestimmter Motive) verloren hatte, mich aber nun an szenischen Motiven festhalten musste, die vor meinem Auge nicht präsent waren, noch nicht einmal im Geringsten angedeutet." im Programm . Diese Motive gab es unbestreitbar in Shakespeares berühmter Balkonszene" (Wagner spricht von Berlioz' *Romeo und Julia*); „Aber darin, dass sie alle getreulich beibehalten worden waren und in der genauen Reihenfolge, die ihnen der Dramatiker vorgegeben hatte, lag der große Fehler des Komponisten." Und Wagners Behauptung war folgende: Wenn ein Komponist eine bestimmte Szene aus einem Drama in Musik wiedergeben will, darf er die Sache nicht so nehmen, wie sie ist, und von Punkt zu Punkt genauso weitergehen, wie es der Dichter getan hat. Was für den Dichter richtig war, wäre für den Musiker falsch. *Er* muss seine Geschichte erzählen oder seine Szene nach den Gesetzen und Möglichkeiten der Musik malen, nicht nach denen der Poesie; und Wagner lobt Liszt weiter dafür, dass er mit überlegenem künstlerischen Instinkt die Falle vermieden hat, die Berlioz beinahe zum Verhängnis geworden wäre. Anstatt zu versuchen, uns in der Musik genau das zu sagen, was der Dichter uns bereits in Versen gesagt hatte, überdenkt Liszt in der Musik, was der Dichter gesagt hat, und gibt es uns als etwas preis, das aus dem musikalischen Gefühl selbst geboren ist.

Nun brauchen wir nicht weiter auf die Frage einzugehen, inwieweit Wagner mit seinen Aussagen über Berlioz Recht hat. Aus seinen eigenen Worten, mit denen er Liszt lobte, geht jedenfalls hervor, dass Wagner *von vornherein keine* Einwände gegen die symphonische Dichtung hatte, sondern nur gegen die symphonische Dichtung, als sie auf Zeilen verlief, die er für falsch hielt. Es muss lediglich der richtige Kompromiss zwischen dem poetischen Zweck und der musikalischen Form gefunden werden. Ich denke, Richard Strauss hat dies bewirkt , und es wäre interessant, Wagners Kritik an Strauss zu erfahren. Aber da wir das nicht verstehen können, können *wir* Wagner vom Standpunkt der symphonischen Dichtung aus kritisieren .

VIII

Bevor wir dies jedoch tun, lassen Sie uns kurz auf ein oder zwei andere Hauptthemen eingehen.

Der erste Punkt, den ich betone, ist, dass „Form" in der Programmmusik nicht dasselbe bedeuten kann wie Form in der absoluten Musik; und aus diesem Grund. Solange Sie nur in einem Medium arbeiten, wird die Form einfach durch die Notwendigkeiten und Möglichkeiten dieses Mediums gesteuert. In einer Symphonie oder einer Fuge muss man nur das Wesen der absoluten Musik berücksichtigen; Im Drama muss man sich um keine Probleme kümmern, außer denen, die in der Natur des Dramas liegen. Aber sobald man beginnt, in einer Form zu arbeiten, die eine Mischung aus beiden darstellt, möchte jeder den anderen auf seinem eigenen Weg ziehen, und es muss ein Kompromiss gefunden werden. Deshalb ist es einfacher, unseren Sinn für Form in einem Drama oder einer Symphonie zu befriedigen als in einer Oper oder einer symphonischen Dichtung. Dasselbe sehen wir in der Prosaliteratur. Wenn Sie einen reinen Liebesroman schreiben möchten, bei dem es um nichts anderes als Romantik geht, ist Ihr Kurs ziemlich einfach. Auch wenn Sie eine Abhandlung über die Gesellschaft schreiben, sind Sie nur an die Gesetze gebunden, die für diese Art von Arbeit gelten. Aber wenn man beides kombinieren möchte – wenn man einen Roman schreiben möchte, der nicht nur die Charaktere darstellt, sondern auch eine soziologische Lektion vermittelt, wie in Zolas Romanen oder einigen Geschichten des Amerikaners Frank Norris, dann liegt ein Konflikt dazwischen die beiden Tendenzen. Die Soziologie neigt dazu, die Fiktion zu verderben , und die Fiktion verdirbt die Soziologie. So ist es in der poetischen Musik; Die Poesie möchte, dass die Musik *ihren Weg* geht , die Musik besteht darauf, dass die Poesie *ihren* Weg geht. Was im Fall des soziologischen Romans tatsächlich passiert, ist Folgendes. Wir geben zu, dass Zolas *Débâcle* kein so künstlerisches Werk ist wie beispielsweise RL Stevensons *Prinz Otto* ; aber wir machen Zugeständnisse; Wir geben ein wenig rein ästhetisches Vergnügen auf, um dafür ein großes Vergnügen einer anderen Art zu bekommen – das, ein größeres Bild eines realeren Lebens auf die Leinwand gebracht zu sehen. Wenn wir die größere menschliche Qualität der Fiktion nur erreichen können, indem wir auf ein wenig von der ästhetischen Befriedigung verzichten , die eine perfekte Form mit sich bringt – nun, da wir vernünftige Wesen sind, gibt es Zeiten, in denen wir die Situation fröhlich akzeptieren und den Kompromiss eingehen.

Und so ist es auch in der poetischen Musik. Wagners *Tannhäuser* -Ouvertüre und das *Tristan-* Vorspiel sind vom Standpunkt der reinen Form aus nicht so befriedigend wie ein Satz aus einer Beethoven-Sinfonie. Wir erhalten Wiederholungen der Themen, die eher durch poetische als durch musikalische Notwendigkeiten bestimmt sind. Wenn man das Prinzip ein wenig weiter treibt, erhält man fast überhaupt keine musikalische Kontinuität, sondern nur eine Kontinuität des Bildes. Wenn wir das Vorspiel zum *Traum des Gerontius untersuchen* , sehen wir, dass die Reihenfolge der Themen eher einem poetischen oder szenischen als einem musikalischen Zweck folgt. Das ist legitim, solange es nicht zu weit geht, solange wir nicht das Gefühl haben, dass die musikalische Kontinuität völlig über Bord geworfen wird, um eine didaktische oder literarische Kontinuität zu gewährleisten. Aber das allgemeine Prinzip ist, dass ein Stück musikalischer Entwicklung wie das *Tristan-* oder *Gerontius-* Vorspiel, das in absoluter Musik nicht ganz zufriedenstellend wäre, in poetischer Musik durchaus zufriedenstellend ist. Es erzählt die literarische Geschichte gut genug und verhungert dennoch nicht unser musikalisches Empfinden.

IX

Dies bringt uns zu einem zweiten Punkt. Uns wird oft gesagt, dass Programmmusik in Ordnung ist, wenn sie so konzipiert und gehandhabt wird, dass sie *als reine Musik ausreicht, unabhängig davon, ob wir das* Programm kennen oder nicht. Und da dies für viele Menschen ein fairer Kompromiss zu sein scheint und Programmmusiker so lange misshandelt wurden, dass einige von ihnen geradezu überglücklich sind vor Dankbarkeit dafür, dass sie *nicht* rausgeschmissen wurden, gibt es eine Tendenz, diese Quasi-Lösung zu akzeptieren das Problem als so etwas wie das letzte. Der Programmatiker ist bereit zuzugeben, dass eine Reihe von Themen, egal wie angenehm sie auch sein mögen, keine symphonische Musik ausmachen, es sei denn, sie haben eine emotionale Verbindung und eine logische musikalische Entwicklung; während der Absolutist gnädig zulässt, dass ein konkretes Thema die Grundlage einer Symphonie sein kann, wenn nur die Musik von einer solchen Art ist, dass sie den Hörer genauso anspricht, auch wenn er möglicherweise nicht weiß, um welches Thema es sich handelt.

Gerade gegen diesen Kompromiss sollten wir meiner Meinung nach protestieren, denn er scheint mir auf einem völligen Missverständnis der Natur absoluter und programmatischer Musik zu beruhen. Er ignoriert nicht nur den Unterschied im intellektuellen Ursprung zwischen einer Phrase wie jener, die das Finale der *Jupiter- Symphonie* eröffnet , und einer solchen, die *Till Eulenspiegel* , aber es übersieht die Tatsache, dass mit diesem Unterschied in dem Ausgedrückten notwendigerweise auch ein Unterschied in der Art und Weise des Ausdrucks einhergehen muss. Es ist unmöglich, dem heimtückischen Kompromiss zuzustimmen, dass Programmmusik „für sich selbst sprechen" sollte, ohne dass eine Kenntnis des Programms notwendig ist. [32] Wir brauchen nicht nur das Programm – die Angabe des literarischen oder bildlichen Themas der Komposition –, sondern dies ist zugleich für die Hälfte unseres Vergnügens verantwortlich und eine Rechtfertigung gewisser formaler Eigenheiten, die die Musik nun getrost annehmen kann. Wenn Form und Farbe der Themen eines Musikstücks, die Reihenfolge ihres Auftretens und die Variationen, die sie durchlaufen, alle dadurch bestimmt sind, dass der Komponist ein bestimmtes Bild im Kopf hat, dann ist es sicherlich notwendig, dass man uns sagt, was dieses Bild ist. Wenn es für ihn notwendig war, als er komponierte, ist es für uns notwendig, wenn wir die Musik so hören wollen, wie er es wollte. Uns eine symphonische Dichtung vorzulegen, ohne uns alle Absichten des Komponisten mitzuteilen, ist ebenso töricht, wie uns die Musik eines Liedes oder einer Oper anhören zu lassen, ohne den Text zu hören. In der Oper und im Lied laufen die Dinge so und so, weil die poetische Absicht es erfordert, und ihre Rechtfertigung liegt gerade in ihrer Angemessenheit für diese poetische Absicht. Ebenso laufen die Dinge in der symphonischen Dichtung so und so, weil die poetische Absicht es erfordert; und auch hier müssen wir wissen, was diese poetische Absicht war, bevor wir das Verhalten des Musikers rechtfertigen oder verurteilen können. Untersuchen wir einen einfachen Fall, sagen wir die Ouvertüre zu „*Romeo und Julia* " von Tschaikowski , und sehen wir, ob dieses besondere Werk von demjenigen, der das Programm kennt, und demjenigen, der es nicht kennt, als reine Musik gleichermaßen verstanden und geschätzt werden kann .

Es besteht nicht der geringste Zweifel daran, dass „ *Romeo und Julia*"jedem ein großes Vergnügen bereiten würde, der einfach unvorhergesehen in einen Konzertraum ging und die Ouvertüre hörte, ohne zu wissen, dass sie eine poetische Grundlage hatte – der sie also als Ganzes hörte Musik pur und einfach in Sonatenform. Aber ich bestreite entschieden, dass dieser Hörer genauso viel Freude an dem Werk haben würde wie ich, zum Beispiel, wenn ich die poetische Geschichte kenne, zu der es geschrieben ist. Er könnte zum Beispiel die Passage für gedämpfte Streicher für äußerst schön halten, aber er würde nicht so viel Freude daran haben wie ich, der nicht nur die ganze *musikalische* Lieblichkeit der Melodie und der Harmonien und der Klangfarbe empfindet , sondern auch die Liebenden sieht auf dem Balkon und atmen Sie die Atmosphäre von Shakespeares Szene ein. In einem solchen Fall bin ich um zwei oder drei Gefühle reicher als mein Mitmensch. Meine Natur wird von zwei oder drei Seiten bewegt, statt nur von einer. Ich würde noch weiter gehen und sagen, dass der Auditor, den ich vermutet habe, nicht nur weniger Freude an der Arbeit hat als ich, sondern dass er Tschaikowskys Arbeit überhaupt nicht hört. Wenn der Musiker Musik zu einem Theaterstück schreibt und Phrasen erfindet, um die Charaktere zu symbolisieren und die Ereignisse des Theaterstücks darzustellen, hören wir *seinem* Werk einfach überhaupt nicht zu, wenn wir ihm in Unkenntnis seines poetischen Schemas zuhören. Wir mögen die Musik hören, aber es ist nicht die Musik, die er uns hören lassen wollte, oder jedenfalls nicht die Musik, die er uns hören lassen wollte. Wenn Melodie, Harmonie, Farbe und Entwicklung durch bestimmte Bilder im Kopf des Musikers geformt und gesteuert werden, kommen wir nicht über das bloße Äußere der Musik hinaus, es sei denn, wir sind auch mit diesen Bildern vertraut. Nehmen wir ein anderes Beispiel. Der Leser wird sich daran erinnern, dass die Ouvertüre mit einem *religiösen* Thema in den Klarinetten und Fagotten beginnt, das an Bruder Lawrence erinnern soll. In den darauffolgenden Konfliktszenen zwischen den beiden verfeindeten Fraktionen taucht dieses Thema immer wieder in den Blechbläsern auf, manchmal in besonders eindringlicher und durchsetzungsfähiger Weise. Der zufällige Zuhörer, den ich angenommen habe, würde dies wahrscheinlich lediglich als eine Frage des Kontrapunkts betrachten; Tschaikowsky habe zwei Themen erfunden, würde er sagen, und kombiniere sie nun einfach. Aber auch hier würde er sich irren. Diese

Passagen bereiten uns sicherlich musikalisches Vergnügen und sollen es auch sein, aber sie sollen auch noch etwas mehr bewirken. Das Wiederauftauchen des „Friar Lawrence"-Themas hat sowohl eine dramatische als auch eine musikalische Bedeutung. So wie es von den ruhigen Holzbläsern übernommen und den befehlenden Blechbläsern übergeben wird und wie eine warnende Stimme durch den wahnsinnigen Aufruhr, der rundherum tobt, hervorsticht, erzählt es sofort seine eigene Geschichte für jeden mit einem Kenntnis des Themas der Ouvertüre. So auch noch einmal mit der traurigen Verwandlung des Liebesmotivs am Ende der Ouvertüre. Tschaikowsky verändert die Melodie und die Harmonie nicht aus rein musikalischen Gründen auf diese Weise. Ihm geht es um mehr als einen Appell an die abstrakte Musikalität; und ich wiederhole, dass der Hörer, der sich dessen nicht bewusst ist, nicht nur weniger Freude an dem Werk hat, sondern das Werk auch nicht so hört, wie Tschaikowski es konzipiert und geschrieben hat und beabsichtigt hat, dass es gehört wird. Das gleiche Argument gilt für das Lied. Stellen Sie sich eines der ausdrucksstärksten und subtilsten modernen Lieder vor – sagen wir das „O wüsst 'ich doch " oder die *Feldeinsamkeit* von Brahms –, das Ihnen bei einem Konzert vorgesungen wird, ohne dass Sie die geringste Kenntnis des Textes haben. Natürlich konnte man nicht umhin, ein gewisses Vergnügen in der Musik zu verspüren; aber es wäre nichts im Vergleich zu den Empfindungen, die man hätte, wenn man die Worte wüsste oder ihnen in einem Programm folgen könnte . Dann würden Sie nicht nur feststellen, dass bestimmte Passagen , die Ihnen zuvor als bloße Musik am wenigsten interessant erschienen, von ergreifender Ausdruckskraft sind, sondern dass diese scheinbaren Besonderheiten durch die Poesie gerechtfertigt und sogar notwendig sind. Stellen Sie sich nun vor, dass Sie drei Monate später dasselbe Lied hören . Sie haben die eigentlichen Wörter Punkt für Punkt vergessen; aber Sie behalten immer noch die Erinnerung an die emotionalen Stimmungen, die sie suggerierten; und so reagieren Sie immer noch auf jede *Ausdrucksnuance* in der Musik. Unter diesen Bedingungen ein Lied anzuhören ist genau dasselbe wie das Anhören einer symphonischen Dichtung. In „*Die Ideale* " beispielsweise unterteilt Liszt Schillers Gedicht in Abschnitte unterschiedlicher Intensität oder unterschiedlicher *Gefühlsklangfarbe* und platziert diese jeweils in der Partitur vor dem Abschnitt der Musik, der sie illustriert. „*Die Ideale* "ist in der Tat eine Erweiterung der Liedform, bei der die Worte nicht gesungen werden, sondern uns entweder suggeriert werden oder uns bekannt sein sollen. Aber es wäre töricht anzunehmen, dass entweder am Brahms-Lied oder an *Die Ideale* der Mann, der die literarische Grundlage nicht kennt, das gleiche Vergnügen haben kann wie der Mann, der sie kennt.

Wir müssen nur alle anderen symphonischen Dichtungen genauso behandeln, wie wir gerade Tschaikowskys Gedichte behandelt haben *Romeo und Julia* – um uns zu fragen, was der Komponist uns hören wollte und wie viel davon wir wirklich *hören* , wenn wir sein poetisches Schema nicht kennen – um zu erkennen, wie töricht es ist, absolute Musik als Maßstab für Programmmusik hochzuhalten sich anpassen. Gelegentlich wird der Einwand jedoch umgekehrt vorgebracht, und uns wird gesagt, dass Programmmusik absurd sei, weil sie uns nicht verständlich anspreche und ihre Geschichte nicht so deutlich darstelle, dass niemand sie verwechseln könne. Der Vorwurf der Absurdität muss eigentlich beim Komponisten liegen. Die schlichte Wahrheit ist, dass ein Komponist kein Recht hat, uns ein symphonisches Gedicht vorzulegen, ohne uns die umfassendste Anleitung zu seinen literarischen Plänen zu geben. Es wäre von Wagner oder Schubert lächerlich zu glauben, ihr Geschäft sei beendet, wenn sie ihrer Musik einfach den Titel gegeben hätten, sagen wir, „ *Der Ring des Nibelungen“* oder „*Der Erlkönig“* ; Ebenso lächerlich ist es von Strauss, ein Werk „*Till Eulenspiegel“* oder „*Don Juan“* zu nennen und es uns zu überlassen, den Rest selbst zu entdecken. Wenn Strauss zum Beispiel das Don-Juan-Thema (das auf den vier Hörnern) in dieser bestimmten Reihenfolge zusammenstellte, nicht nur, weil ihm die Abfolge der Klänge gefiel, sondern weil sie das Bild von Don Juan, das er vor Augen hatte, genau umrissen In diesem Moment wäre es töricht von ihm, es *uns* als eine bloß aus sich selbst existierende Klangfolge vorzulegen und uns nicht zu sagen, welchen Aspekt von Don Juan es darstellen soll.

Was die „inhärente Dummheit der Programmmusik “ betrifft – zu dieser Meinung kam ein Kritiker, der in der Unschuld seines Herzens dachte, das gerade erwähnte Motiv bedeute eine Sache, während er später herausfand, dass es eine ganz andere Bedeutung hatte –, so möchte ich ihm versichern, dass er sich bei dieser Phrase wahrscheinlich nie wieder irren wird und dass er jedes Mal, wenn er *Don Juan hört* , in diesem Ausmaß dem, was der Komponist ihm vermitteln wollte, näher sein wird als je zuvor. Und wenn er eine gleiche Gewissheit über die Bedeutung aller anderen Themen in *Don Juan hätte* , wäre er dann nicht in der Lage, das Ganze in Übereinstimmung mit Strauss' eigenen Ideen neu zu erschaffen? Und würden dann nicht alle Schwierigkeiten verschwinden und die „inhärente Dummheit" bei denen zu liegen scheinen, die die Form verfluchten, weil sie den Schlüssel zur Idee nicht hatten? Wenn jemand *Till Eulenspiegel* hört und nicht mehr über die Absichten des Komponisten weiß, als der Titel verrät, kann ich verstehen, dass er nicht dahinterkommt. Aber wenn er die bewundernswerten deutschen oder englischen Analysen auswendig lernt, die heute in fast jedem Programmheft zu finden sind , und wenn ihm dann nicht alles glasklar wird, wenn er dann nicht allen Abstufungen dieses magischen Stücks Erzählkunst folgen kann – nun, dann kann man nur sagen, dass die Natur ihn der Fähigkeit zur symphonischen Dichtung beraubt hat, so wie sie manche Menschen unempfindlich gegenüber Botticelli oder Maeterlinck macht. Er wirft nur ein interessantes Licht auf seine eigene Psychologie; der Wert der musikalischen Form bleibt unangefochten .

Warum erspart Strauss oder irgendein anderer Komponist von Programmmusik sich und uns nicht all diese Mühe, indem er uns ein für alle Mal die psychologischen Grundlinien zeigt, auf denen er sein Werk aufgebaut hat? Tatsächlich ist der Komponist selbst die Ursache aller Missverständnisse und aller ästhetischen Verwirrung. Nichts könnte klarer sein als die Symbolik der Musik in Strauss' *Don Quijote* , wenn man die genaue Absicht jeder Variation kennt; aber die Tatsache, dass Strauss im Klavierduett den Hinweis darauf gibt und alles in der Partitur weglässt, zeigt, wie absurd lasch und inkonsequent die Praxis dieser Herren ist. *Also sprach Zarathustra ist wiederum ganz klar, weil hier und da Hinweise darauf gegeben werden* , mit welchem genauen Teil von Nietzsches Buch sich der Musiker beschäftigt; während „*Ein Heldenleben* “ uns in Ermangelung eines offiziellen „Führers“ einfach nur beunruhigt, indem es vergebliche Vermutungen über die Bedeutung dieses oder jenes Satzes anregt. Wagner hätte nicht im Traum daran gedacht, uns ein langes Werk vorzulegen und uns einfach zu sagen, dass *Parsifal darin das Thema sei* . Warum sollte der Autor symphonischer Dichtungen dann erwarten, dass wir alle seine Absichten ergründen, wenn er lediglich den Titel seines Werkes abgedruckt hat? Wenn ich die Worte der Oper brauche, um zu verstehen, was Wagner im Kopf hatte, als er dieses oder jenes Motiv schrieb, dann sind sicherlich Worte – die die Musik nicht begleiten, sondern ihr vorangestellt werden – notwendig, um mir zu sagen, was Strauss wann im Kopf hatte er prägte das Violinsolo in *Ein Heldenleben* . Wenn es absurd ist, mir ein Lied vorzuspielen, ohne mir eine Kopie des Textes zu geben, und von mir zu erwarten, dass ich die Musik, die aus einer poetischen Idee entstanden ist, so verstehe, als ob sie unabhängig von jeglichen verbalen Vorschlägen geschrieben worden wäre, dann ist es ebenso absurd, dies zu tun legte mir als reine Musik ein Orchesterstück vor, das nie als reine Musik konzipiert wurde. Wenn das Gedicht oder das Bild für die Vorstellungskraft des Komponisten notwendig war, ist es für meine notwendig; wenn es für keinen von uns notwendig ist, hat er kein Recht, den Titel davon an seinem Werk anzubringen.

Es ist wiederum merkwürdig, dass Leute, die Wagner gegenüber den Absolutisten verteidigen können, nicht auch erkennen können, dass sie damit implizit Strauss und seine Kollegen rechtfertigen. So schreibt ein anderer Kritiker: „Wagner sah, dass die intellektuelle Idee nicht allein durch Musik vermittelt werden konnte; dass zusammen mit der Farbe – der Musik – das gesprochene Wort kommen musste, um klar zu machen, was gemeint war.“ So weit, gut. Aber dann streitet er mit Strauss, weil er versucht, *seine* Themen zum Ausdruck von mehr als nur reiner und einfacher Musik zu bringen und uns ein Programm zu geben , das uns dabei hilft. Warum, wo in aller Klarheit, ist der Unterschied zwischen dem Singen der Worte zu einer musikalischen Phrase, die sie veranlasst haben, und dem Drucken dieser Worte neben der Phrase oder am Anfang der Partitur? Ist es wichtig, ob der Komponist eine Liebesszene schreibt und die eigentlichen Worte von einem Tenor und einem Sopran *singen lässt* oder ob er das Ganze einfach einem Orchester überträgt und uns *sagt*, dass dies eine Szene zwischen zwei Liebenden ist und dass ihre Liebe von dieser und jener Qualität ist? Ich kann beim besten Willen nicht verstehen, warum die eine Vorgehensweise richtig und die andere falsch sein soll. Und noch einmal: Wenn es im Falle der Oper unbedingt erforderlich ist, dass wir nicht im geringsten Zweifel darüber gelassen werden, wer die Protagonisten sind und was ihre Gefühle sind, so ist es im Falle der symphonischen Dichtung ebenso wichtig, dass wir nicht im Unklaren über die Punkte bleiben, die die Struktur der Musik ausmachen. Keine symphonische Dichtung sollte veröffentlicht oder aufgeführt werden, ohne dass der Komponist sie selbst gründlich analysiert hat, so wie er nie daran denken würde, die Musik seines Liedes oder seiner Oper ohne den Text zu veröffentlichen. Ein Kompromiss ist nicht möglich. Wenn das Lied und die Oper legitime Mischungen aus literarischen Ideen und musikalischem Ausdruck sind, ist dies auch bei der symphonischen Dichtung der Fall, und wenn uns die literarische Grundlage im Falle der Oper vollständig dargelegt werden muss, brauchen wir sie im anderen Fall ebenso vollständig, wie sie uns vorgelegt werden kann. Das große Problem ist, dass Komponisten wie Strauss so oft weder das eine noch das andere tun; Sie stellen uns ihr Werk weder als reine und schlichte Musik vor, noch geben sie uns ausreichende Hinweise darauf, was die repräsentative Musik darstellen soll.

Lassen Sie mich nun kurz zu zeigen versuchen, dass Wagner den Sinn seiner eigenen Reformen missverstanden hat und dass die ideale poetische Kunstform, nach der er strebte, nicht die Oper, sondern die sinfonische Dichtung war.

X

Um das folgende Argument klarer zu machen, werde ich gleich seine Schlussfolgerung darlegen; Ich werde versuchen zu zeigen, dass Wagners eigene Analyse der Natur von Poesie, Musik und Drama schlüssig beweist, dass die ideale Kunstform nicht die Oper, sondern die symphonische Dichtung ist. Ich werde Wagners Theorie nicht kritisieren , außer hier und da für einen Moment. Ich werde es im Großen und Ganzen so akzeptieren, wie es ist, davon ausgehen, dass es im Wesentlichen auf Tatsachen basiert und vollkommen logisch ist, und daraus beweisen, dass er bei der endgültigen Schlussfolgerung stehen geblieben ist – wenn er recht konsequent dabei gewesen wäre Das Ende hätte er durch seine eigene Argumentation gesehen, und der Zeigefinger der Demonstration winkte ihn zu einem Punkt weiter als dem der Oper, zu einem Punkt noch weiter oben auf der Straße, wo die symphonische Dichtung auf ihn wartete. Und um zu dieser Schlussfolgerung zu gelangen, müssen wir meines Erachtens nur auf seine eigenen Worte zurückgreifen.

In „*Eine Studie über Wagner*" (1899) habe ich behauptet, dass Wagner aufgrund seiner Geistesstruktur weitgehend unempfindlich gegenüber den Reizen der Poesie als Poesie und der Musik als Musik war. Das heißt, er konnte und konnte weder aus der Poesie noch aus der abstrakten Musik die genauen, an sich völlig zufriedenstellenden Empfindungen gewinnen, die ein Liebhaber der Poesie oder abstrakter Musik gewinnen würde. Für ihn hatte die Poesie etwas Unbefriedigendes, Unvollkommenes, Unvollständiges an sich, wenn sie nicht der Musik die Hand reichte; Musik war ebenso mangelhaft, wenn sie nicht aus einem poetischen Anreiz geboren wurde. Wer dies bestreitet, ist blind für die klaren Beweise in Wagners Prosawerken; die bloße gegenteilige Behauptung seiner unkritischeren Bewunderer zählt einfach nichts gegen die zahlreichen Passagen, die als Beweis herangezogen werden können. Bemerkungen wie diese: "Was nicht wert ist, gesungen zu werden, ist auch nicht wert, daß der Dichter sich die Mühe macht, es zu erzählen", oder diese: "Als das vortrefflichste Werk des Dichters muß gelten, welches in seiner letzten Vollendung ganz Musik werden soll", oder diese: "Ein Bedürfnis in der Musik, das nur die Poesie stillen kann", oder diese: "Erscheint das Werk des bloßen Wortdichters als ein nicht verwirklichter dichterischer Zweck, so ist dagegen das Werk des absoluten Musikers nur als ganz bar eines solchen Zweckes zu bezeichnen; denn das Gefühl konnte durch den bloß musikalischen Ausdruck wohl ganz erregt, aber nicht gelenkt werden " [33] - Bemerkungen wie diese sind nicht wegzuerklären. Ja, schon Wagners Vorstellung eines alle Künste umfassenden Kunstwerkes war ein sicherer Beweis dafür, daß es in jeder Kunst ein spezifisches Etwas gebe, für das er unempfänglich war.

Dies ist also die Haupttatsache in Wagners künstlerischer Psychologie. Als ihm eine poetische Idee kam, war es eine, die nach der emotionalen Farbe der Musik schrie, um sie zu vervollständigen; Wenn ihm eine musikalische Idee kam, war sie von Anfang an von einem poetischen Konzept gesteuert und gelenkt. Daher ist nicht nur seine dramatische Arbeit, sondern auch seine theoretische Arbeit einfach Ausdruck dieser psychologischen Voreingenommenheit. Seine Gegner taten ihm Unrecht, als sie sagten, er habe bestimmte Theorien ausgearbeitet und dann Opern geschrieben, um sie zu illustrieren und zu rechtfertigen. Tatsache war, dass die Theorien und die Opern nur zwei Zweige desselben Stammes waren – nicht Ursache und Wirkung, sondern zwei Wirkungen derselben Ursache. Sowohl in den Opern als auch in den Prosawerken suchte er lediglich nach Selbstdarstellung. Aber als wirrer Denker, wie ich glaube, war Wagner bei den meisten Themen, mit denen sich sein beschäftigtes Gehirn beschäftigte, völlig klar darüber, was er in der Oper tun wollte und was er dazu sagen wollte. Selbst die beunruhigende Undurchsichtigkeit seines Stils, die seine Lektüre zu einer so schweren Prüfung für den literarischen Sinn macht, kann nicht verhindern, dass die großen Umrisse seines Systems in vollkommener Klarheit hervortreten. In diesem System glaubte er, drei Dinge bewiesen zu haben: (1) dass die Poesie in einem bestimmten Stadium ihrer Entwicklung die Hilfe der Musik in Anspruch nehmen muss, um ihre Wünsche vollständig zu verwirklichen , (2) dass die Musik aus demselben Grund dies getan hat eine bestimmte Stufe, um die Hilfe der Poesie in Anspruch zu nehmen, und (3) dass wir im musikalischen Drama die besten Kräfte der Musik und der Poesie in vollem Umfang nutzen und in einem harmonischen Ganzen vereinen. (Er war auch der Ansicht, dass die Szenenmalerei, das Bühnenbild und die Gesten der Schauspieler unsere anderen ästhetischen Sinne ausreichend befriedigten; wir brauchen uns jedoch hier nicht mit diesem Aspekt seiner Theorie zu befassen.)

Lassen Sie mich zunächst ganz klarstellen, dass Wagner eine ideale musikalisch-poetische Kunstform schaffen wollte, indem er von der Musik alles abtrennte, was nicht zur Poesie tendierte, und von der Poesie alles, was nicht zur Musik tendierte. "Die Einheit der künstlerischen Form", sagt er in *Oper und Drama* , "ist nur denkbar als Ausstrahlung eines einheitlichen Inhalts: einen einheitlichen Inhalt können wir jedoch nur erkennen , wenn er in einen künstlerischen Ausdruck eingebettet ist, durch den er sich dem Gefühl *ganz mitteilen kann* . Ein Inhalt, der einen zweifachen Ausdruck vorschreiben sollte, d. h. einen Ausdruck, der den Boten verpflichtete, sich abwechselnd an den Verstand und das Gefühl zu wenden – ein solcher Inhalt könnte selbst nur ein dualer, ein disharmonischer sein. Jedes künstlerische Ziel führt in erster Linie zu einer einheitlichen Form ... Da es der instinktive Wille jedes künstlerischen Ziels ist, sich dem Gefühl mitzuteilen, folgt daraus, dass der gespaltene Ausdruck unfähig ist, das Gefühl ganz zu erregen ..." "Dies ", fährt er fort, "diese vollständige Erregung des Gefühls war dem bloßen Wortdichter durch *sein* Ausdrucksorgan unmöglich; was er daher dem Gefühl dadurch nicht mitteilen konnte, musste er dem Verstand mitteilen, um den Inhalt seines Ziels ganz zum Ausdruck zu bringen: er musste ihm die ganze Kraft des Ausdrucks überlassen. dem Verstand, dem Denken, was er nicht dem Gefühl zur Wahrnehmung geben konnte." So fällt die Poesie sozusagen zwischen zwei Stühle; der Dichter möchte direkt an das Gefühl appellieren, scheitert aber teilweise daran, dass er diesen Appell durch das Medium der Worte machen muss, die eher das Organ des Verstandes als des Gefühls sind. Das Einzige, was man also tun kann, ist, diesen Mangel an Gefühl durch die Zuflucht zur Musik zu beheben, die das Gefühl *par excellence* anspricht.

Im *Gegensatz dazu* ist die Musik selbst als abstrakte Musik unvollständig; denn obwohl sie uns tatsächlich bewegt, lässt sie uns über die Ursache und den Zweck der Erregung im Unklaren. „Erscheint das Werk des bloßen Wortdichters", sagt Wagner, „als ein nicht verwirklichter dichterischer Zweck, so ist das Werk des absoluten Musikers dagegen nur als gänzlich bar eines solchen Zweckes zu bezeichnen; denn das Gefühl konnte durch den rein musikalischen Ausdruck zwar durchaus erregt, aber nicht gelenkt werden . " Oder, wie er es an anderer Stelle ausdrückt, die Instrumentalmusik habe ihre regelmäßigen Klangmuster so lange abgearbeitet, bis sie „sich eine idiomatische Sprache erarbeitet hatte – eine Sprache, die jedoch in jedem höheren künstlerischen Sinne willkürlich und unfähig war, das Reinmenschliche auszudrücken, solange nicht das Verlangen nach einer klaren und verständlichen Darstellung bestimmter, individueller menschlicher Gefühle ihr einziges notwendiges Maß zur Gestaltung jener melodischen Partikel wurde."

So viel ist also klar: Nach der Wagnerschen Theorie braucht bloße Poesie Musik, um direkt an das Gefühl zu appellieren; bloße Musik braucht die konkreten Anregungen der Poesie, um ihr Ordnung und Richtung zu geben. Sogar in Beethovens späteren Werken verschiebt sich das Pendel vom absoluten, abstrakten musikalischen Tonweben zum Bemühen, eindeutigere Dinge auszudrücken; in ihm erwachte, sagt Wagner, „eine Sehnsucht nach dem deutlichen Ausdruck spezifischer, charakteristisch individueller Emotionen", und er „legte sich immer weniger darauf, bloß Musik zu machen". Der Höhepunkt dieses Impulses, musikalisches Gefühl und poetische Absicht in einem einzigen Kunstwerk zu vereinen, sollte natürlich die Wagnersche Oper oder das Wagnersche Musikdrama sein.

Diese Argumentation führt zu zwei weiteren Vorschlägen:

(1) Erstens: Da Musik und Poesie zusammenarbeiten sollen, um ein einziges Produkt zu schaffen, und da die vollkommenste Kunstform diejenige ist, die einen einzigen, ungeteilten, nicht ablenkenden Reiz auf uns ausübt, folgt

daraus, dass die Je enger die beiden Faktoren zusammenwirken, desto besser wird das Ergebnis sein. Es darf kein kleines Stück Musik geben, das sozusagen herumhängt und sich weigert, der Poesie auf Augenhöhe zu begegnen; Es darf kein bisschen Poesie geben, das sich dem musikalischen Ausdruck verweigert. Der Kompromiss muss perfekt sein ; Es muss genau so viel poetischen Zweck vorhanden sein, wie nötig ist, um die musikalische Äußerung eindeutig und unverkennbar zu halten, und genau so viel musikalische Ausstrahlung, wie nötig ist, um die *gesamte* Poesie in den idealen Bereich des Gefühls zu heben. jeweils nur so viel und nicht mehr. Es muss eine vollständige „ Emotionalisierung des Intellekts" stattfinden; oder, um einen weiteren Ausdruck Wagners zu verwenden, wir müssen eine „wirklich einheitliche" Form haben. Und als Antwort auf die Frage: „Muss sich der Dichter in der Gegenwart des Musikers und der Musiker in der Gegenwart des Dichters *beschränken ?*" er sagt, dass sie sich nicht gegenseitig einschränken dürfen, „sondern durch die Liebe die Kräfte des anderen zur höchsten Macht wecken dürfen ..." „... Wenn das *Ziel des Dichters* – als solches – noch vorhanden und sichtbar ist, dann ist es das nicht noch im musikalischen Ausdruck untergegangen; wenn aber der *Ausdruck des Musikers* – als solcher – noch erkennbar ist, dann ist er wiederum noch nicht vom dichterischen Ziel inspiriert." In der „*Zukunftsmusik*" drückt er den gleichen Gedanken mit anderen Worten aus: Der ideale Text kann nur von „demjenigen Dichter erreicht werden, der sich der Tendenz und der unerschöpflichen Ausdrucksfähigkeit der Musik voll bewusst ist und deshalb sein Gedicht so formuliert, dass es in die Musik eindringt." feinste Fasern des musikalischen Gewebes, und der gesprochene *Gedanke* löst sich vollständig im *Gefühl auf*.

(2) Zweitens müssen die neuen Umstände eine neue Form rechtfertigen. Was in der Symphonie im Hinblick auf ihren besonderen Zweck völlig richtig war, wird im Musikdrama, wo der Zweck völlig anders ist, völlig falsch sein. Nirgendwo ist Wagner vielleicht auf sichererem Boden oder in seiner Argumentation aufschlussreicher als hier. Er zeigt, wie die Symphonie – wie alle rein abstrakten musikalischen Äußerungen – bestimmte formale Vorgehensweisen annehmen muss, wenn sie überhaupt zusammenhängen soll. Die Entwicklung der Sonatenform im 18. Jahrhundert wurde nicht von den willkürlichen Wünschen einzelner hier und da bestimmt, sondern von einer tiefen zugrunde liegenden Logik – einer Logik der Emotionen –, die unbewusst durch sie und durch ihre Zuhörer lief. Es war diese dunkle, intuitive Logik, die das Bedürfnis nach einem zweiten Thema im Gegensatz zum ersten, nach einer Darlegung dieser beiden Themen, nach ihrer Ausarbeitung und ihrer abschließenden Wiederholung spürbar machte; es war diese Logik, die den Charakterkontrast zwischen den verschiedenen Sätzen bestimmte. Das Kaleidoskop musste uns das Bild ständig in neuen Aspekten vor Augen führen; das Wesen des dramatischen Schaffens ist *die*

Entwicklung ; das Wesen „aller aus dem Marsch oder Tanz entstandenen Formen" ist *die Veränderung* . Daher muss die neue Form für die dramatische Musik in der Natur dieser *Gattung gesucht werden* , nicht in der Natur einer ganz fremden *Gattung* . In dem Aufsatz *Über Franz Liszts Symphonische Dichtungen* weist Wagner, wie wir gesehen haben, darauf hin, wie die Gesetze des Dramas und die Gesetze der Symphonie im Widerspruch stehen. Lassen Sie mich den Kern seiner Bemerkungen noch einmal zitieren. „Es wird offensichtlich sein, dass im Konflikt einer dramatischen Idee mit dieser (symphonischen) Form sofort die Notwendigkeit entstehen muss, entweder die Entwicklung (die Idee) der Abwechslung (der Form) oder diese der ersteren zu opfern"; worauf die Kritik der *Leonora folgt*. Ouvertüre, die ich bereits zitiert habe. Als er zu dem Punkt kommt, dass eine neue Form notwendig gewesen wäre, um Beethovens Ideen in der *Leonora frei und konsequent spielen zu lassen* , fragt er: „Was wäre nun diese Form?" und antwortet: „Notwendigerweise eine Form, die durch das darzustellende Thema und seine logische Entwicklung vorgegeben ist."

Nachdem wir die beiden Hauptprinzipien von Wagners Theorie kurz umrissen haben, wollen wir nun das zweite, das in sich und in all seinen Implikationen vollkommen klar ist, beiseitelassen und zum ersten zurückkehren, dessen Implikationen vielleicht nicht ganz so klar sind. Wagner selbst war der Ansicht, dass seine Operngedichte mit zunehmender künstlerischer Weisheit immer näher an die ideale Form heranrückten, in der es gerade so viel Musik geben sollte, wie die Poesie erforderte, und gerade so viel Poesie, wie die Musik erforderte. Er gab zu, dass die Gedichte von *Rienzi* , *Der Fliegende Holländer* , *Tannhäuser* und *Lohengrin* nicht ganz das waren, was sie sein sollten; sie waren einfach Stufen seiner Entwicklung. Aber er war bereit, das Gedicht von *Tristan* dem strengsten möglichen Test auf Übereinstimmung mit seinem Ideal zu unterziehen. „An dieses Werk", sagt er, „gestatte ich Ihnen, die strengsten Ansprüche zu stellen, die sich aus meinen theoretischen Prämissen ableiten lassen : nicht, weil ich es auf einem System aufgebaut habe, denn jede Theorie hatte ich völlig vergessen; sondern weil ich hier mit völliger Freiheit und der völligsten Missachtung aller theoretischen Skrupel vorging..."

Worin besteht nun gemäß Wagners Theorie der große Vorteil, den der Musikdramatiker gegenüber dem Dichter oder Romanautor hat? Ganz einfach darin, dass er allen mehr oder weniger einfallslosen Stoff, den diese benötigen, um ihren Zweck klar zu machen, beiseitelassen und sich sofort in das Herz seines Themas stürzen kann. Nehmen wir als Beispiel dieses Gedicht *Tristan und Isolde* . Bevor der Dichter oder Romanautor Sie bewegen kann, muss er auf eine relativ emotionslose Ebene herabsteigen, um Ihr Verständnis mit bestimmten positiven Tatsachen vertraut zu machen, die es unbedingt kennen muss. Er muss Ihnen erzählen, wer Tristan und Isolde waren, wann und wo sie lebten, in welcher Beziehung sie zu den anderen Personen des Dramas standen und noch zwanzig andere Dinge, die an sich kaum emotional dargestellt werden können. Ein langes Gedicht oder Drama enthält naturgemäß zwangsläufig eine gewisse Menge an Schlacke, die zwischen seinem Gold verstreut ist; die schönen Appelle an das Gefühl werden nur durch die Verwendung dieses weniger emotionalen Gewebes zu einer zusammenhängenden Geschichte oder einem zusammenhängenden Bild gemacht. Dieser Schwierigkeit entgeht der Musikdramatiker; in der Musik hat er einen mächtigen Motor, der es ihm ermöglicht, auf all diese bloßen Umhüllungen seines Gefühls zu verzichten und direkt und unmittelbar zum Gefühl selbst zu gelangen. Er vermeidet das Willkürliche und nimmt sofort Stellung im Zentrum des „rein Menschlichen". So braucht Wagner für *seine Tragödie* kein Vortasten ; der erste Takt der Ouvertüre versetzt Sie sofort in die Welt und die Stimmung, in die der Dichter Sie durch zwanzig erklärende Seiten ziehen muss. „All diese detaillierte Beschreibung und Darstellung des historisch -konventionellen, die erforderlich ist, um uns die Ereignisse einer bestimmten, weit zurückliegenden historischen Epoche klar verständlich zu machen, und die der historische Romanschriftsteller oder Dramatiker unserer Zeit daher in so erschöpfender Länge darlegen muss – all das könnte ich übergehen." Er beschäftigt sich nicht mit historischen Themen, sondern mit dem einfachen Mythos oder der Legende, denn „die Legende, in welchem Zeitalter oder Volk sie auch vorkommt, hat das Verdienst, nichts als den rein menschlichen Inhalt dieses Zeitalters und Volkes zu sehen und diesen Inhalt in einer ihr eigenen Form mit schärfsten Umrissen und daher schnell verständlich wiederzugeben." Der Musiker muss in der Tat alles außer dem rein Menschlichen ablegen; er muss einen poetischen Gegenstand, dessen Kern dies ist, nehmen und ihn dann durch Musik zum Glühen bringen. In *Tristan* , sagt Wagner, „tauchte ich in die innere Tiefe der Seelenereignisse ein und baute aus diesem innersten Mittelpunkt der Welt furchtlos ihre äußere Form auf. Ein Blick in den Band dieses Gedichts wird Ihnen sofort zeigen, dass ich die erschöpfende Detailarbeit, die ein historischer Dichter der Klärung der äußeren Zusammenhänge seiner Handlung widmen muss, zum Nachteil einer klaren Darstellung ihrer inneren Motive, jetzt nur auf diese letzteren anzuwenden wagte. Leben und Tod, die ganze Bedeutung und Existenz der Außenwelt hängen hier von nichts anderem ab als von den inneren Bewegungen der Seele." Das Ziel war natürlich – auf eine frühere Ordnung der Bilder zurückzugreifen – die Menge an Schlacke in dem Werk zu verringern und die Menge an reinem Gold zu erhöhen; der gesamte verfügbare Raum sollte nicht Demonstrationen oder der Aufzählung von Tatsachen gewidmet werden, sondern der Weckung von Gefühlen, der „Aufdeckung der inneren Triebfedern der Handlung, jener inneren Seelenmotive, die letztlich und allein die Handlung als *notwendig* kennzeichnen ."

So viel ist also klar. Ohne eine von Wagners Behauptungen in Frage zu stellen – seine Theorie als wahr zu akzeptieren, ohne seinen Daten oder seiner Argumentation zu widersprechen – kommen wir zu folgenden Standpunkten:

a. Der Poesie ohne Musik mangelt es an Ausdruck und an der Ansprache der Gefühle. Der Musik ohne Poesie fehlt die Kraft, den Gefühlen eine klare Richtung zu geben.

b. Es muss daher nach einer Kunstform gesucht werden, die eine Mischung aus beiden ist und die Vorteile jeder Form, aber die Mängel keiner Form mit sich bringt.

c. In dem Maße, in dem die Vorteile erhalten bleiben und die Mängel eliminiert werden, wird sich die neue Kunstform der idealen Vollkommenheit nähern.

d. Der musikalische Defekt, vor dem man sich hüten muss, ist der Versuch, die dramatische Musik den Gesetzen der symphonischen Musik zu unterwerfen: dieser ist leicht zu überwinden, und es bleibt nur der poetische Defekt, den es zu vermeiden gilt, *nämlich*

e. Alles poetische oder verbale Material, das nicht „ musikalisiert " oder in den Geist der Musik eingebunden werden kann, ist überflüssig und schädlich; Daher wird diese Art von Material tendenziell verschwinden, je perfekter das Musikdrama wird.

So weit, so gut. Der noch zu erwägende Punkt ist dieser: Können wir dieses nicht-musikalische Material *jemals völlig aus der Oper eliminieren? Nehmen wir beispielsweise in Begriffen der Wagnerschen* Ästhetik an , dass eine gute Oper zum Thema Romeo und Julia der künstlerischen Vollkommenheit näher kommt als Shakespeares Stück, weil sie auf all die unbeholfenen Methoden des Dichters verzichtet, das Gefühl durch die zähflüssigen Wasser des Verstandes zu erreichen – dass sie sich nur mit dem „rein Menschlichen" befasst, mit den „inneren Triebfedern" der Seelen der Charaktere, und dass sie diese – um einen Begriff aus der Elektrotechnik zu verwenden – auf das höchste Potenzial, die höchste Glut erhebt. Unter Berücksichtigung all dessen wollen wir unsere Frage noch einen Punkt weiter vertiefen. Geben wir zu, dass es in der Oper weniger nicht-emotionale Materie gibt als im Drama, weniger hartes, widerspenstiges Material, das nicht emotionalisiert werden kann , das aber vorhanden sein muss, weil ohne es die Struktur nicht zusammenhalten kann. Wenn man zugibt, dass es weniger davon geben wird, würde dann jemand wagen zu behaupten, dass in der Oper *nichts davon* vorkommen wird ? Ich glaube nicht. Abgesehen von *a priori*- Überlegungen wird uns ein Appell an die praktische Erfahrung bald desillusionieren . Von all den Tausenden von Opern, die seit es die Oper gibt, geschrieben wurden, wird keine einzige, abgesehen von Wagners Werken, diese Feuerprobe erfolgreich bestehen. Von Wagners Opern sind *Rienzi* , *Der Fliegende Holländer* , *Tannhäuser* und *Lohengrin* , wie ich bereits gezeigt habe, nach seinem eigenen Eingeständnis abgeschmettert. *Der Ring* wird den Test sicher nicht bestehen, *Parsifal* sicher nicht, *Die Meistersinger* sicher nicht. Bleibt nur *Tristan* , auf dessen Form und Inhalt er selbst mit Recht stolz war. Er wird die Richter mit einem milderen Urteil davonkommen als alle anderen, aber wird er ohne einen Makel an seinem Charakter abgewiesen werden? Auf keinen Fall. Sogar in dem reinen, schillernden, prächtigen Metall des *Tristan* selbst finden wir hier und da ein hitzebeständiges Stück fremden Erzes eingebettet, eines Rohmaterials, das noch nicht der subtilen Alchemie unterzogen wurde, die es vergöttlichen müsste . Wenn uns also dieser letzte Tropfen im Stich lässt, wo sollen wir dann nach Rettung suchen? Die einzige Antwort kann sein, dass *Rettung auf dieser Ebene unmöglich ist* . Reduzieren Sie den gröberen , erklärenden, emotionslosen Stoff der Oper – das rein utilitaristische Zeug, den Kleister, der die wertvolleren Dinge zusammenhält – reduzieren Sie ihn, wie Sie wollen, *ein Teil* davon müssen Sie in der Oper beibehalten, denn ohne ihn kann die Oper nicht genügend intellektuelle, dramatische Konsistenz haben, um sicherzustellen, dass wir sie erfassen. Und wenn (1) unter Zugrundelegung dieser Prämissen die Argumentation, die den Wagnerschen Lehrsatz stützt, fehlerlos war und (2) das Gehirn, das sich bemühte, diesen Lehrsatz in praktische Kunst umzusetzen, ein Organ war, das mächtiger war als alles, was die Menschen so schnell nicht mehr sehen werden – dann kann meines Erachtens nur eine Schlussfolgerung gezogen werden, nämlich dass der Misserfolg dadurch bedingt ist, dass versucht wurde, die Theorie im falschen Medium umzusetzen . Anders ausgedrückt: Die Logik des Falles wird im letzten Stadium, wenn es darum geht, zu ihrem endgültigen Schluss zu gelangen, nicht konsequent genug angewendet. Immer im Hinterkopf, dass laut Wagner die Stärke des Musikdramas im Vergleich zu jeder anderen poetischen Kunstform darin liegt, dass der nicht-emotionale Anteil auf ein Minimum reduziert werden kann, wollen wir uns fragen, ob sich nicht eine Form finden lässt, in der sogar auf dieses Minimum verzichtet werden kann. Die Antwort wird sein, dass die notwendigen Bedingungen in der Symphonischen Dichtung vereinigt sind, die somit der wahre Erbe der Wagnerschen Theorie ist und zu lange von ihrem rechtmäßigen Erbe ausgeschlossen geblieben ist.

Zwei Punkte müssen nun erörtert werden: (1) Kann die Zugehörigkeit der sinfonischen Dichtung zur Wagnerschen Theorie eindeutig festgestellt und die Überlegenheit ihrer Nachfolgerechte gegenüber denen ihrer Halbbruderin, der Oper, eindeutig nachgewiesen werden? Und (2) Gibt es keine von Wagner selbst angeführten Mängel, die die sinfonische Dichtung ungeeignet machen, die Oper zu überflügeln?

Der erste Punkt braucht uns nicht lange aufzuhalten; am allerwenigsten kann der durch und durch Wagnerianer hier viel Recht haben, zu protestieren. Wenn Wagners Argumentation richtig ist, muss seine Schlussfolgerung akzeptiert werden – nämlich, dass es umso besser ist, je weniger Abfallstoffe man in seiner poetischen Musik hat. Nun führte er selbst das Versagen, das poetische Thema vollständig zu „ musikalisieren ", darauf zurück, dass wir, anstatt das Gefühl anzusprechen, zu sehr dazu neigten, das Verständnis anzusprechen. Er sagt uns auch, dass *Worte* der Kanal sind, durch den das Verständnis wirkt. In allen Fällen, in denen Worte verwendet werden, besteht also eine große Wahrscheinlichkeit, dass sie uns weiter auf dem Weg des bloßen Verständnisses mitnehmen, als es die ideale Kunst erfordert; und wenn Sie dieses Merkmal so weit wie möglich verringern, wird ein Teil davon zwangsläufig bestehen bleiben . Ihre einzige Möglichkeit besteht also darin, eine Form zu finden, die alle Vorteile der poetischen Musik nutzt und diesen einen Mangel vermeidet. Diese Form ist zweifellos das symphonische Gedicht. Es *beseitigt* die Mängel, die mit der Verwendung von Worten einhergehen, denn es verzichtet auf Worte; es erfüllt Wagners Forderung, dass Musik nicht nur um ihrer selbst willen singen soll, sondern zu einem poetischen Zweck; es kann seine Struktur nach den gleichen Grundsätzen wie die Oper ordnen, *d. h.* die Themen werden gleichzeitig im Hinblick auf musikalische Schönheit und poetische Angemessenheit konzipiert und deuten durch die Veränderungen, die sie erfahren, auf das sich verändernde Aussehen der Personen und Szenen des Dramas hin. Eine sinfonische Dichtung ist die konzentrierte Essenz der Oper; sie verhält sich zur Oper wie Bovril zum Ochsen.

Man kann jedoch sagen, dass Wagner selbst uns ausdrücklich vor Programmmusik als einem künstlerischen Irrtum gewarnt hat. Das ist ganz richtig. Wagners Argumentation ist hier jedoch außerordentlich schwach. Es ist klar, dass er in diesem Punkt keine richtig durchdachten Prinzipien hatte, die ihn leiten konnten. Zunächst einmal ist seine Unterscheidung zwischen Programmmusik und sinfonischer Dichtung durch und durch falsch. Wenn Programmmusik Musik ist, die auf einem Programm basiert - *d. h* . auf einem literarischen Thema -, dann gehört jede sinfonische Dichtung, ja jede Oper notwendigerweise in diese Kategorie. Die Wahrheit ist wahrscheinlich, dass Wagner an dieser falschen Unterscheidung festhielt, weil er dachte, sie würde ihm aus einer peinlichen Situation helfen. Er sah sich gezwungen, öffentlich etwas zu Liszts sinfonischen Dichtungen zu sagen, und ich fürchte, sein Aufsatz zu diesem Thema ist kaum ein Musterbeispiel für Naivität. Liszt zu verurteilen war natürlich aus vielen Gründen unmöglich. Er musste um jeden Preis gelobt werden; aber wenn wir den 18-seitigen Aufsatz kritisch prüfen, werden wir feststellen, dass sich überraschend wenig davon wirklich mit Liszts Werk beschäftigt. Es gibt viel Deklamation und viel ästhetische Theoriebildung – das meiste davon sehr gut; aber überraschend wenig rationale Kritik an Liszts symphonischen Dichtungen. Wagner tut praktisch nichts anderes als (1) die *a priori-Aussage* zuzugeben, dass es genauso sinnvoll ist, eine symphonische Dichtung wie eine Sinfonie zu schreiben – er fragt, „ob Marsch oder Tanz ... ein würdigeres Motiv der Form liefern können als beispielsweise ein geistiges Bild der ... charakteristischen Merkmale in den Taten und Leiden eines Orpheus, eines Prometheus usw.", und ob es nicht edler ist, wenn Musik ihre Form „aus einem imaginären Orpheus- oder Prometheus-Motiv als aus einem imaginären Marsch- oder Tanzmotiv" bezieht; und (2) das Verfahren von Berlioz dem von Liszt abwertend gegenüberzustellen. Der abschließende Eindruck, den der Aufsatz bei mir hinterlässt, ist jedoch, dass Wagner dieser Pflicht eher ungern nachkam. Er wollte nicht zu viel über Liszts Musik sagen; deshalb argumentierte er einerseits, dass die sinfonische Dichtung jedenfalls zulässig sei, andererseits, dass sie der Programmmusik von Berlioz vorzuziehen sei.

Hier sind seine Unterscheidungen und seine Argumentation nicht haltbar. Wie wir gesehen haben, beanstandete er bei Berlioz die Art und Weise, in der der Musiker den literarischen Hinweisen seines Themas folgte, ohne diese so umzugestalten, dass sie in ein *musikalisch* logisches Schema passten. Nun ist es absurd, Programmmusik pauschal zu verurteilen, weil ein *bestimmter* Mann darin einen Fehler macht; Berlioz kann durchaus falsch liegen [34] und Programmmusik trotzdem richtig sein. Aber wenn man Wagners Kritik so nimmt, wie sie ist, und sie mit den vorherigen Argumenten dieses Aufsatzes in Beziehung setzt, welche Schlussfolgerung ist daraus zu ziehen? Nur diese, dass Wagner der Musik nicht auf die richtige Weise zuhörte, wenn er, wie er sagt, nicht „an szenischen Motiven festhalten konnte, die nicht vor seinem Auge lagen". Für die meisten von uns ist es *nicht* notwendig, eine poetische Szene visuell vor sich zu haben; wir können sie leicht in unserer Vorstellung rekonstruieren; und die sinfonische Dichtung vermittelt uns das musikalische Gefühl, das die Oper uns vermitteln möchte, und sagt uns, wir sollen uns den Anlass des Ganzen *vorstellen* , anstatt diesen Anlass auf eine Bühne vor uns zu bringen. Das Vorspiel und das Finale des *Tristan* bilden eine rudimentäre sinfonische Dichtung, bei der wir nie verlangen, ein Wort zu hören oder einen Schauspieler zu sehen. Eine explizitere sinfonische Dichtung tut dasselbe in größerem Maßstab. Wir können, wenn wir wollen, aus „ *Romeo und Julia" eine Oper in drei Akten machen* , aber nach Wagners eigenen Prinzipien ist die Essenz der Sache in Tschaikowskis Konzertouvertüre enthalten. Und wenn mir gesagt wird, dieses Thema sei mit den Liebenden in Verbindung zu bringen, dieses mit Bruder Lorenzo usw., dann spielt sich während des Spielens der Ouvertüre das ganze Drama in meinem Kopf ab und ist für mich genauso real, als sähe ich künstliche Männer und Frauen, die in einem künstlichen Bühnenbild künstlich agieren. So ist es auch mit „*Ein Heldenleben"* . Nichts wäre einfacher, als aus diesem Thema eine Oper zu machen; aber wer will schon die Oper, mit ihrem

Aussortieren der wirklich wichtigen Rollen durch eine Anzahl von Rollen, die wirklich nicht wichtig sind, mit all ihren Bühnenabsurditäten, ihren posierenden Schauspielern? Wir haben die diffusen Emotionen von drei oder vier Stunden, konzentriert in den reichen Emotionen von vierzig Minuten. Wir haben das ganze Leben des Helden, genau wie wir es in der Oper bekommen würden; aber der kleine Korb Erdbeeren enthält weniger Sandkörner als der große Korb. [35]

Ich hoffe nicht, dass man mich so auffasst, die Oper sei eine falsche und nutzlose Form und dass alle Komponisten fortan wie verrückt an der Herstellung symphonischer Dichtungen arbeiten sollten. Ich vertrete die Ansicht, dass wir für bestimmte Zwecke die Oper *brauchen ; nur durch sie können* gewisse Bedürfnisse unserer Seele befriedigt werden, genauso wie wir – obwohl Wagner das nicht wusste – zur Befriedigung anderer Bedürfnisse auf reine Poesie und reine Musik zurückgreifen müssen. Für bestimmte andere Befriedigungen müssen wir jedoch auf die symphonische Dichtung zurückgreifen; und diese Form, behaupte ich, ist die einzige Form, die logisch aus Wagners eigener ästhetischer Theorie abgeleitet werden kann . Wie ich zu zeigen versucht habe, kann man nur in der symphonischen Dichtung Musik erhalten, die von einer poetischen Absicht befruchtet ist , und dennoch, indem man die eigentlichen Worte weglässt, das Eindringen selbst eines Minimums an nicht-emotionaler Substanz vermeiden. In *Der Ring und das Buch* beschreibt Browning, wie der Kunsthandwerker einen goldenen Ring herstellen muss. Um sein Material bearbeitbar zu machen, muss er dem Gold eine Legierung beimischen; aber wenn der Kreis geschlossen ist , treibt er die Legierung mit einem Säurestrahl aus, so dass nur das reine Metall übrig bleibt. Das ist die sinfonische Dichtung; die Oper ist der Ring mit der darin verbliebenen Legierung. Wenn wir Perfektion der Form wollen – die vollendete, innige Verschmelzung von Materie und Form, die „wahrhaft einheitliche" Form, nach der Wagner strebte – dann müssen wir sie in der sinfonischen Dichtung suchen, nicht in der Oper.

Nur ein Einwand, den Wagner dagegen vorbringen könnte, ist meines Erachtens noch nicht berücksichtigt worden. Er hat ausdrücklich darauf hingewiesen, dass es *nicht* ausreicht, dass wir die äußeren, bewegenden, konkreten Züge des Dramas im Kopf tragen; Sie müssen uns in der Fülle des wirklichen Lebens auf der Bühne präsentiert werden. „Kein Programm ", sagt er in *Zukunftsmusik* , „das eher die beunruhigende Frage ‚Warum' aufwirft? [36] als sie stillt – kein Programm kann also die Bedeutung der Symphonie ausdrücken; nein, nichts als eine Bühnenaufführung." der dramatischen Handlung selbst. Dies war eine Meinung, die er immer vertrat; Aber ist es schließlich mehr als ein bloßer *obiter dictum* ? Wagner hatte eine Leidenschaft dafür, alles und jedes auf der Bühne zu sehen – eine Leidenschaft, die manchmal etwas kindisch wird, denn er war sich einiger

Absurditäten seiner Charaktere und seiner Situationen, die für das Publikum schmerzlich offensichtlich sind, überhaupt nicht bewusst. Um ehrlich zu sein, waren seine Vorstellungen von der Bühne manchmal etwas grob; Auf jeden Fall erkannte er nicht, dass selbst die beste Opernschauspielerin *per se* der besten Schauspielschauspielerin unterlegen sein muss – Menschen können nicht singen und gleichzeitig ein völlig natürliches Verhalten zeigen . Ich gehe also davon aus, dass seine Vorliebe für Bühnenbilder rein persönlicher Natur war; es hat keine logische Beziehung zu seiner allgemeinen ästhetischen Theorie; und wir können uns weigern, daran gebunden zu sein. Wir alle mögen die Oper und tolerieren ihre Absurditäten und intellektuellen Mängel, weil wir wissen, dass diese untrennbar mit ihr verbunden sind; Aber es muss noch einmal gesagt werden, dass die symphonische Dichtung von diesen Bühnenabsurditäten frei ist. Herr Arthur Symons hat kürzlich darauf hingewiesen, wie stark unser Sinn für das Lächerliche belastet wird, wenn uns sichtbar vor Augen geführt wird, was eigentlich nur ein Symbol sein sollte. Der Fremde in Ibsens „ *Frau vom Meer*" ist als Symbol für den Ruf des Meeres zum Blut von Ellida Wangel sehr eindrucksvoll; Aber wenn ein gewöhnlicher Mensch in einem Touristenanzug auf die Bühne kommt und vorgibt, das inkarnierte Symbol zu sein, wird unser Sinn für die Poesie der Sache auf eine harte Probe gestellt. So auch in der Szene, in der Wotan versucht, Siegfrieds Vorwärtskommen mit seinem Speer zu behindern, und Siegfried ihn mit seinem Schwert zerschmettert. Dies alles ist sehr schön als Symbol für „die letzte wirkungslose Haltung der etablierten Autorität gegen die junge, ungehemmte Individualität der Zukunft"; Aber was das offene Auge auf der Bühne sieht, ist ein junger Mann, der ein Stück Stock, den ein alter Mann hält, in zwei Teile zerhackt, der die Stücke aufhebt, mit ihnen davongeht und sagt: „Vorwärts! Ich kann dich nicht aufhalten!" Was sehr beeindruckend ist, wenn man es lediglich imaginär als Symbol auffasst, wird unscheinbar, wenn man es auf gewöhnliche Männer mit Beinen und Armen beschränkt, die „Eigentum"-Schwerter und Speere halten.

In der Tat mangelt es der Oper nicht an Absurditäten, und das wird ihr stets den Rang als höchste Form der dramatischen Kunst verwehren; und Wagner muss, wie ich bereits sagte, einige seiner eigenen Absurditäten und Kindlichkeiten auf der Bühne mit ganz ungewöhnlicher Ernsthaftigkeit aufgefasst haben. Es liegt auch auf der Hand, dass die symphonische Dichtung keine derartigen Behinderungen aufweist. Wenn Wagners Theorie richtig ist, dann kann eine symphonische Dichtung zu einem bestimmten Thema, was ihre musikalische Form betrifft, den ihr durch den dichterischen Impuls vorgegebenen Linien genauso gut folgen, wie es eine Oper zu diesem Thema könnte; während es die „Auffüllung" vermeidet, die untrennbar mit der Oper verbunden ist, indem es uns in unserem Programm lediglich einen Umriss des poetischen Themas gibt, anstatt das Thema von Kopf bis Fuß mit Pseudopoesie zu beschmieren, die selten über das Niveau hinausgeht aus gereimter oder rhythmischer Prosa. Was die Unfähigkeit betrifft, den poetischen Motiven des Themas anhand des Programms zu folgen – nun, ich glaube, wir sind nicht alle so unvollkommen mit Vorstellungskraft ausgestattet, wie Wagner hier offenbar gewesen zu sein scheint. Ich gebe durchaus zu, dass es in dieser Hinsicht Geister wie ihn gibt, denen poetische Musik ohne Sprache und Tat wenig oder gar nichts vermittelt – die nicht in der Lage sind, beim Zuhören, etwa bei „ *Ein Heldenleben* ", alle Einzelheiten der Geschichte auf Augenhöhe zu halten Tempo mit der Musik; aber die ausreichende Antwort für solche Menschen ist, dass andere Menschen dies tun *können* . Zusammenfassend lässt sich sagen, dass die symphonische Dichtung theoretisch aus Wagners eigener Ästhetik ableitbar ist ; Wenn wir in der Praxis jedoch einige Elemente vermissen, die die Oper interessant machen, werden wir durch das Fehlen anderer Elemente entschädigt, die die Oper langweilig und absurd machen.

XI

Ein Punkt muss noch besprochen werden, obwohl wir ihn nur ganz kurz ansprechen müssen. Inwieweit kann Musik äußere Dinge darstellen – sollte sie überhaupt versuchen, äußere Dinge darzustellen? Ich glaube, es war Schopenhauer, der sagte, Musik sei keine repräsentative, sondern eine darstellende Kunst. Aber das war schon zu seiner Zeit eine sehr oberflächliche Psychologisierung , und bei uns ist sie noch oberflächlicher. Das ganze Problem ist überaus einfach, wenn die Menschen in ihrem Bemühen, zu beweisen, dass Musik nicht „nachahmen" kann, sie nicht unnötig verwechseln würden. Der Himmel weiß nur, wie viel Bastard - Ästhetik aus dieser unglücklichen Bemerkung Beethovens über die Pastoralsymphonie entstanden ist, die wir bereits untersucht haben. Schauen Sie sich als Beispiel dieses Zitat von Victor Cousin an, das auf seine Art zeigen soll, dass Musik keine „Malerei", sondern nur ein „Ausdruck von Emotionen" sein darf. „Geben Sie dem weisesten Symphoniker einen Sturm, den er wiedergeben kann. Nichts ist einfacher, als das Pfeifen des Windes und das Geräusch des Donners nachzuahmen. Aber durch welche Kombination geordneter Klänge könnte er uns die Blitze vor Augen führen, die plötzlich den Schleier zerreißen." Nacht, und das, was das Schrecklichste an dem Sturm ist, die abwechselnde Bewegung der Wellen, die mal berghoch steigen, mal sinken und kopfüber in bodenlose Abgründe zu stürzen scheinen. Wenn dem Zuhörer nicht vorher gesagt wurde, worum es geht? Er wird es nie erraten, und ich fordere ihn auf, einen Sturm von einer Schlacht zu unterscheiden. Trotz wissenschaftlicher Fähigkeiten und Genialität wird sich die Musik, richtig beraten, nicht auf einen hoffnungslosen Wettbewerb einlassen Das Auf und Ab der Wellen und anderer ähnlicher Phänomene wird besser ausgedrückt; mit Klängen wird es in unserer Seele die Gefühle hervorrufen, die nacheinander während der verschiedenen Szenen des Sturms aufkommen , sogar der Überwinder des Malers, weil es der Musik gegeben ist, die Seele noch tiefgreifender zu bewegen und zu beeinflussen als der Malerei. [37]

Beachten Sie bitte, dass Sie nicht sagen können, ob ein bestimmtes Orchesterstück einen Sturm oder eine Schlacht darstellen sollte, wenn Sie es nicht vorher erfahren haben. Dem Komponisten wird daher empfohlen, nicht zu versuchen, einen Sturm zu malen, sondern „in unserer Seele die Gefühle hervorzurufen, die nacheinander während der verschiedenen Szenen des Sturms in uns aufsteigen". Warum, im Namen aller ästhetischen Unschuld, hilft uns das? Wie können wir, wenn kein verbaler Hinweis vorliegt, „die Gefühle, die nacheinander während der verschiedenen Szenen des Sturms in uns aufsteigen", von den Gefühlen unterscheiden, die während der verschiedenen Szenen einer Schlacht in uns aufkommen würden? Wir hören nur, das heißt, eine bestimmte Masse an Geräuschen; Wie können wir schon allein aufgrund des „Gefühls", das dies in uns hervorruft, wissen, dass es sich um eine Schlacht, einen Sturm oder irgendetwas anderes handelt? Welcher Mensch kann zum Beispiel beim Hören feierlicher Musik möglicherweise wissen, ob sie den Tod Napoleons, die Beerdigung von Herrn Gladstone, die poetische Betrachtung der Natur, die Eröffnung der St. Louis-Ausstellung, das Leben beschreiben soll? Werk von John Stuart Mill oder irgendetwas anderes unter der Sonne? Die „Gefühle" sind völlig unfähig, durch den unbestimmten Ton zu der bestimmten Szene zu dringen, die sie inspiriert hat. Was der Komponist tun muss, ist uns zu sagen, was diese bestimmte Szene ist; Niemand zum Beispiel hätte vermutet, dass der vierte Satz von Schumanns *rheinischer* Symphonie seinen Ursprung in der Ernennung des Erzbischofs von Geissel zum Erzbischof von Köln hat, wenn uns der Komponist selbst nicht davon erzählt hätte. Niemand hätte gewusst, dass ein bestimmter Teil der Pastoralsymphonie die Dankbarkeit eines Bauern nach einem Sturm darstellt, wenn Beethoven das nicht selbst gesagt hätte. Die „Gefühle" sind in solchen Fällen ebenso wenig verlässlichere Orientierungshilfen wie das „Gemälde". Und wenn der Komponist uns einen verbalen Hinweis geben muss, um uns eindeutig zu zeigen, welche Gefühle er darstellt, muss er uns nur einen verbalen Hinweis geben, um uns ganz klar zu machen, was sein Gemälde darstellen soll; und es ist im letzteren Fall genauso wenig verwerflich, auf den verbalen Hinweis angewiesen zu sein wie im ersteren.

Niemand, der bei Sinnen ist, hat jemals behauptet, dass Musik allein äußere Dinge so genau darstellen könnte, dass wir sie sofort und unfehlbar erkennen könnten, ohne jegliche Unterstützung durch das Sehen, wie in der Oper, oder durch eine verbale Begleitung. Wie M. Alfred Ernst es ausgedrückt hat: „Es geht nicht darum, ein Objekt zu malen – das könnte der Musik nicht gelingen; es geht auch nicht darum, die Geräusche der Natur, wie das Rauschen fließenden Wassers, exakt wiederzugeben." Donnergrollen, der Gesang der Vögel; aber wenn diese Phänomene im behandelten Thema vorkommen, wird sie durch den Ton ins Gedächtnis gerufen Genauer wäre es zu sagen, dass es die Phänomene der Natur vergeistigt ..." Und er zeigt, wie beispielsweise Mozart Beschreibungen verwendet. „In seinem *Don Juan* hat er mehr als einmal die Gesten, die Mimik seiner Figuren übersetzt. Wir können zum Beispiel die aufsteigenden Tonleitern im Orchester im Duell zwischen dem Kommandanten und Don Juan zitieren. Die Figuren im Bass beziehen sich darauf zu dem alten Mann, die oben zu Juan; jedes Mal, wenn einer der beiden Gegner auf den anderen zutritt und angreift, tritt diese Gestalt heraus, schrill, schnell wie ein Schwertstoß, und zwar in dem Moment, in dem Don Juan den Kommandanten bedrängt, stürzt sich immer wieder auf ihn, schlägt ihn und tötet ihn, die Tonleitern der Violine folgen aufeinander, ohne dem Zuhörer Zeit zum Atmen zu geben ... Zu Beginn des

Sextetts, als Leporello aus Angst, verwechselt zu werden, versucht zu entkommen Don Juan, das Orchester reproduziert seine heimlichen Bewegungen; wir sehen, wie der Unglückliche vorsichtig mit gebeugtem Rücken voranschreitet und nach einem Ausweg sucht." [38] Man muss auch nicht an die zahlreichen „Beschreibungen", „Nachahmungen" bei Wagner erinnert werden – an die Wassermusik, die Feuermusik, das Rauschen von Klingsors Speer, die Stimmen des Waldes, und so weiter. Jeder Dramatiker, ja sogar jeder Gesangsautor ist voll von Passagen dieser Art; Es lässt sich einfach nicht vermeiden in einer Musik, die auf etwas abzielt, das über das abstrakte Spielen von Noten hinausgeht.

Aber wie wir sehen, bleibt es in jedem Fall nicht allein der Musik überlassen, ihre Geschichte zu erzählen; Wir sind nicht gezwungen, das dargestellte Thema allein anhand der Töne selbst zu erraten. Das Thema wird uns auf die eine oder andere Weise erzählt – wir sehen, wie Don Juan auf den Kommandanten zustößt, oder wie der Speer auf Parsifals Kopf fliegt oder wie das Feuer das Lager von Brünhilde leckt; oder es gibt in den Worten des Liedes oder der Oper einen Hinweis auf das Äußere, das in der Musik veranschaulicht wird. Und in der symphonischen Dichtung ist alles, was wir brauchen, damit alles vollkommen klar ist, eine Aussage im Programm über das Bild, auf dem die Musik basiert. Von mir wird nicht erwartet, allein anhand der Töne zu wissen, was das „Riesen"-Motiv im *Rheingold* darstellen soll; aber wenn mir gesagt wird, dass es sich um die Riesen handelt, kann ich mich an der Ausdruckskraft seiner schwerfälligen, unhandlichen Bewegungen erfreuen. Ebenso muss mir gesagt werden, dass die ersten Seiten von *Also sprach Zarathustra* als Darstellung der Majestät und Weite der Natur gedacht sind. Und – um noch einmal auf die Argumentation der vorangegangenen Seiten zurückzugreifen – es gibt nichts, was in dieser Zeile im Lied oder in der Oper getan werden könnte, was in der symphonischen Dichtung nicht genauso wirkungsvoll umgesetzt werden könnte, wenn die Komponisten ihren Zuhörern nur dasselbe bieten würden Wenn der Hörer sich nur die Mühe machen würde, diese Absichten zu beherrschen, bevor er die Musik hört, die darauf basiert, würde er die volle Einsicht in seine literarischen Absichten erlangen, wie es der Lied- oder Opernautor tut. Wenn sie dies tun würden, würde ihre Freude an der symphonischen Dichtung enorm gesteigert werden; alles darin wäre für sie lebendig. Für mich jedenfalls bedeutet das Hören von „*Till Eulenspiegel*", „ *Ein Heldenleben* " oder „*Don Quijote*" nicht nur, die Musik zu genießen, sondern auch, das ganze Geschehen so klar zu sehen, als würde ich es in einem Buch lesen oder auf der Bühne sehen. Ich empfinde nichts von der Langeweile, nichts von den unglücklichen Provokationen zum Lachen, die untrennbar mit dieser künstlichen, szenischen Kunstform, der Oper, verbunden sind. Natürlich vermisse ich einige der Faktoren, die die Oper so herrlich machen – den unaussprechlichen Nervenkitzel, der durch die menschliche Stimme vermittelt wird, die Beschleunigung des Pulses, der durch die Bewegungen der Schauspieler entsteht, und die Katastrophen auf der Bühne; aber andererseits bleibt mir vieles erspart, und ich habe die Genugtuung zu wissen, dass mein Formsinn die reinste, unverfälschteste Freude empfindet, die ihm an poetischer Musik überhaupt möglich ist. Die Argumente für Programmmusik sind ebenso überzeugend wie für die Oper oder die Symphonie. Dass in seinem Namen viele dumme Dinge getan wurden, dass viele Narren und Schwächlinge unter seinem Banner gekämpft haben, zählt nichts; Wie viele Sinfonien, wie viele Opern gibt es, die die Welt gerne sterben lassen würde! Die Richtigkeit der Form wird durch die Unrichtigkeit der Menschen, die sich dafür entscheiden, darin zu arbeiten, nicht beeinträchtigt; und dass die Form selbst im Wesentlichen richtig ist, habe ich hoffentlich ausreichend bewiesen. Zu der Frage abschließend, inwieweit Musik berechtigt ist, Äußerlichkeiten zu suggerieren, können wir nur sagen, dass man besser nicht zu dogmatisch sein sollte. Dinge, die vor hundert Jahren noch unmöglich erschienen wären, lassen sich heute mit Leichtigkeit erledigen. Wer würde glauben, dass eine Windmühle in der Musik dargestellt werden könnte ? Doch Strauss' Windmühle in *Don Quijote* ist wirklich außerordentlich klug und befriedigend; Er deutet auch wunderbar das Karakolieren des Pferdes an, während der Ritter es auf Herz und Nieren prüft. Seine bildnerische Begabung ist in der Tat etwas Einzigartiges in der Musikgeschichte; Wagners Instrument ist daneben nur ein unvollkommenes Instrument. Die Repräsentationskraft der Musik wächst von Tag zu Tag. Die einzige ästhetische Tatsache, deren wir uns sicher sein können, ist die, dass keine Darstellung geduldet wird, die nicht gleichzeitig *Musik ist* . Das ist der ultimative Test; Die nachahmenden Passagen, die uns zum Lächeln bringen, sind die Passagen, die lediglich nachahmen, ohne ausreichenden musikalischen Charme, um sie für uns lebendig zu halten. Aber hier kehren wir natürlich einfach zu der bereits in diesem Artikel vertretenen Position zurück – dass in jeder poetischen Musik eine möglichst umfassende Befriedigung nicht nur des literarischen oder bildlichen, sondern auch des musikalischen Sinns vorhanden sein muss.

FUSSNOTEN:

[19] Siehe einen interessanten Artikel von Max Vancsa – *Zur Geschichte der Programm -Musik* – in Nr. 23 und 24 von *Die Musik* (1903).

[20] Der Leser wird darunter natürlich nicht verstehen, dass ein Stück Programmmusik beim Abspielen genauso gut klingen sollte wie absolute Musik, *also für den Mann, der das* Programm nicht kennt, genauso interessant sein sollte wie für den Mann, der es kennt . Gegen diesen aktuellen Irrtum argumentiere ich weiter unten.

[21] Der Begriff „poetisch" wird als eine Art verbale Abkürzung verwendet. Ein Musikstück kann durch ein Drama, einen Roman, ein historisches Ereignis, ein Gedicht, eine philosophische Abhandlung (wie *Also sprach Zarathustra*) oder irgendetwas anderes angeregt werden. Die eine Phrase „poetische Musik" wird bequem die ästhetischen Tatsachen abdecken, die mit all diesen Suggestionsarten verbunden sind.

[22] Das heißt, Klang *als* Klang (Musik) *plus* zu bestimmten Symbolen (Wörtern) geronnener Klang.

[23] Ich behaupte natürlich nicht, dass dies die tatsächliche und historische Entwicklung der Musik sei. Ich löse mich lediglich von den historischen Tatsachen, um das ihnen zugrunde liegende psychologische Element stärker hervorzuheben; so wie wir in der Ökonomie den tatsächlichen Lauf der Dinge zu verstehen versuchen, indem wir die Faktoren, die das Gewinnstreben betreffen, von den anderen Faktoren der menschlichen Natur isolieren und von diesen aus deduktiv argumentieren.

[24] Natürlich sind hinter den Notizen Emotionen zu spüren; der Leser wird nicht annehmen, dass ich damit meine, das Vergnügen sei rein körperlicher Natur, wie ein Geschmack oder ein Geruch . Aber die emotionale Welle ist relativ klein und sehr vage; sie kommt weder direkt von einer äußeren Existenz, noch lässt sie eine solche vermuten.

[25] Einige dieser historischen Fakten entnehme ich dem bereits zitierten Artikel von Max Vancsa.

[26] Siehe Strabos *Geographie* , Bohn-Ausgabe, Band II, S. 120.

[27] Die Bibelsonaten sowie Kuhnaus andere Klavierwerke und seine Prosawerke sind im Band IV der *Denkmäler Deutscher Tonkunst zu finden* , der sorgfältig von Karl Päsler herausgegeben wurde . Herr Shedlock gibt in seinem Buch über *die Pianofortesonate* einen ziemlich ausführlichen Bericht über Kuhnau; es ist jedoch schade, dass er keinen Platz für eine vollständige Übersetzung des Vorworts zu den Bibelsonaten gefunden hat.

[28] „Er war und blieb", sagt Wagner, „ein fürstlicher Musikoffizier, dessen Aufgabe es war, für die Unterhaltung seines pompösen Herrn zu sorgen ... Fügsam und fromm, blieb der Frieden seines freundlichen und heiteren Gemüts bis ins hohe Alter ungestört; nur das Auge, das uns von seinem Porträt aus ansieht, ist von einer sanften Melancholie erfüllt."

[29] Siehe Ambros: *Die Grenzen der Musik und Poesie* (1885), iv. V.

[30] Es ist bezeichnend, dass auch der robuste, unabhängige Gluck mitten in seiner Karriere Opfer fürstlicher Gönnerschaft wurde. Nachdem er sich in *Telemacco* (1749) und *La Clemenza di Tito* (1750) einen Namen gemacht hatte und offenbar auf dem besten Weg zur Reform der Oper war, wurde er 1754

Kapellmeister in Wien. Von diesem Zeitpunkt an bis 1762, als *Orfeo* vorgestellt wurde, schrieb er nicht wie Gluck, sondern wie ein Hofdiener. Siehe einen prägnanten Absatz zu diesem Thema in Herrn Hadows Buch „ *The Viennese Period*" (Bd. V. der Oxford History of Music), S. 90.

[31] Auch die Entwicklung der Oper war ein wichtiger Faktor. Erst als die Menschen den dramatischen musikalischen Ausdruck in Verbindung mit Worten beherrschten, konnten sie die gleiche Art von Ausdruck auch ohne Worte erreichen.

[32] Sogar Berlioz sagte in einem schwachen Moment, er hoffe, dass die Musik der *Symphonie fantastique* selbst „ein musikalisches Interesse haben würde, unabhängig von der dramatischen Absicht", obwohl er auf jeden Fall auf dem Titel jedes Satzes bestand dem Publikum präsentiert wird. Siehe sein Vorwort zur Symphonie.

[33] Hier und an anderer Stelle in diesem Artikel wage ich es, aus der Übersetzung von Wagners Prosawerken von Herrn W. Ashton Ellis zu zitieren.

[34] Natürlich stimme ich mit Wagners Kritik an Berlioz nicht überein; sie scheint mir recht oberflächlich und nicht aufschlussreich , aber eine Diskussion darüber würde unseren gegenwärtigen Zweck sprengen.

[35] Der Leser wird verstehen, dass ich meine Argumentation nicht auf den tatsächlichen musikalischen Wert von *Ein Heldenleben* stütze ; ich verwende dieses Werk nur als Illustration einer ästhetischen Theorie. Im eigentlichen *Heldenleben* gibt es etwas mehr Härte, als mir lieb ist; aber es besteht keine wirkliche Notwendigkeit, sie dort einzubauen. In dem Artikel über Strauss in diesem Band habe ich versucht zu zeigen, wie er sein Konzept unnötig geschwächt hat, indem er sich nicht durchgehend auf das eine Stück Porträt beschränkt hat.

[36] *also* die beunruhigende Frage, was die Musik poetisch „bedeutet".

[37] *Du Vrai, du Beau und du Bien.* Ich zitiere aus dem kleinen Buch „ *Urteil in der Literatur*" von Herrn Basil Worsfold .

[38] *L'Œuvre dramatique de Berlioz* , S. 30–34 usw.

An ALFRED WILLIAMS

HERBERT SPENCER UND DER URSPRUNG
DER MUSIK

I

Es ist nun fast fünfzig Jahre her, dass Spencer erstmals seinen berühmten
Aufsatz über „Der Ursprung und die Funktion der Musik" veröffentlichte.
Dieser Aufsatz wurde von vielen Seiten heftig angegriffen; Es wurde
beanstandet, dass es vom Standpunkt der ästhetischen Psychologie aus
unzureichend sei und im Widerspruch zu einigen bekannten Tatsachen der
Musikgeschichte stünde. Dennoch hielt Spencer, seiner allgemeinen
intellektuellen Gewohnheit entsprechend, immer hartnäckig an seiner
Theorie fest und kehrte in späteren Jahren, ohne sie überhaupt zu
modifizieren, nur auf das Thema zurück, um seine Doktrin erneut zu
bekräftigen und die kritischen Angriffe abzuwehren, die es gab darauf
gemacht. Er hatte keine Schwierigkeiten, sich mit der Gegentheorie Darwins
auseinanderzusetzen – dass Musik aus der amourösen Rivalität der
Männchen in der Gegenwart der Weibchen bestimmter Arten entstand –,
denn Darwins kurzer Ausflug in das fremde Feld der musikalischen Ästhetik
war ebenso humorvoll und unnütz wie eine Diskussion des Bimetallismus
von Tschaikowsky gewesen wäre. Dann beschäftigte sich Spencer mit den
zweifelhaften Einwänden des verstorbenen Edmund Gurney und denen von
Dr. Wallaschek und punktete zweifellos zuweilen gegen sie, wenn sie ihren
eigenen Fall unnötig überbewertet hatten, ohne jedoch, wie mir scheint, den
Eindruck zu beseitigen, dass sie erfolgreich angegriffen hatten der zentrale
Punkt seiner Theorie. Gegen Ende seiner Tage kam er in seinen *Fakten und
Kommentaren* noch einmal auf das Thema zurück und erwies mir die Ehre ,
der kurzen Kritik an seiner Theorie entgegenzutreten, die ich in meiner *Studie
über Wagner* geäußert hatte , indem er behauptete, dass ich eine …
„Verwechslung zwischen dem Ursprung einer Sache und der Sache, die aus
ihr entsteht", und dass einige meiner Kritikpunkte „weitgehend darauf
hinausliefen, zuzugeben", was ich bestritten habe. Ich kann nur sagen, dass
ich, obwohl ich darüber nachdachte, dass Spencer einige der stärkeren
Argumente , die ich gegen ihn vorgebracht hatte, mit Schweigen überging
und hier und da auf einen bloß dialektischen Sieg abzielte, indem er meine
Worte in einem anderen Sinne interpretierte als dem, was ich beabsichtigt
hatte, zustimmte Selbst durch seine späteren Argumente war er immer noch
nicht von der Wahrheit seiner ursprünglichen Theorie überzeugt. Ich werde

versuchen zu zeigen, dass diese Theorie auf einem Missverständnis der wahren Natur der Musik und auf einer allzu voreiligen Annahme eines Kausalzusammenhangs zwischen Phänomenen beruht, die eigentlich nur ähnlich sind, und dass sie durch unbeabsichtigte falsche Darstellungen einiger davon untermauert wird die Hauptfaktoren des Problems. Die Frage ist von Interesse, das über Spencers Verbindung damit hinausgeht. Die Sprachtheorie vom Ursprung der Musik wurde hier und da als etablierte ästhetische Tatsache übernommen und daraus ästhetische Schlussfolgerungen gezogen, die unsere Ansichten über aktuelle Entwicklungen der Kunst beeinflussen müssen. Wagner behauptete — natürlich auf eigene Faust —, dass das Lied „nur eine zur höchsten Leidenschaft erregte Sprache" sei, und unzählige bewundernde Kommentatoren folgten ihm in seinem Irrtum. Es lohnt sich daher, als Beitrag zu einem ziemlich dunklen Punkt der Musikästhetik zu versuchen, die Falschheit der Sprachtheorie nachzuweisen und ihr gleichzeitig eine Theorie über den Ursprung und die Natur der Musik gegenüberzustellen passt besser zu historischen und psychologischen Fakten; und dies geschieht am besten, indem man die Sprachtheorie in den Händen ihres stärksten Befürworters untersucht.

Kurz gesagt lautet Spencers Theorie: „Variationen der Stimme sind die physiologischen Ergebnisse von Variationen der Gefühle", da „alle Gefühle … das gemeinsame Merkmal haben, dass sie Muskelreize sind." Je nach Intensität und Qualität des Gefühls variieren die Töne, in denen es ausgedrückt wird, in der Lautstärke, im *Timbre*, in der Tonhöhe, in der Breite der Intervalle und in der Schnelligkeit. „Diese stimmlichen Eigentümlichkeiten, die auf erregte Gefühle hinweisen, sind es, die das Lied besonders von der gewöhnlichen Sprache unterscheiden." Mit anderen Worten, die aufgeregte Rede geht in das Rezitativ über, und das Rezitativ geht wiederum in den Gesang über; und das Lied „wich ursprünglich allmählich und unauffällig von der emotionalen Sprache ab." Gegen diese Ansicht habe ich in meiner *Studie über Wagner argumentiert*, dass „es falsch ist, wenn man annimmt, dass, weil Gesang einige Merkmale der Sprache aufweist, das eine zwangsläufig aus dem anderen hervorgegangen ist. Die Ähnlichkeiten zwischen den äußeren Merkmalen der Sprache und." die des Gesangs sind nur das, was man erwarten kann, da es sich bei beiden um Klangphänomene handelt und der Klang nur auf die von Spencer angegebene Weise variieren kann … Die bloße Ähnlichkeit von Gesang und Sprache in ihren äußerlichsten Merkmalen ist kein Beweis dafür Das eine ist das Ergebnis des anderen, sondern einfach, dass sie bestimmte kausale Phänomene gemeinsam haben, während die inneren Unterschiede zwischen ihnen größer sind als ihre Ähnlichkeiten. Der aufmerksame Leser wird tatsächlich bemerken, dass Spencer seine Argumentation von Anfang an unbewusst verfeinert. Es ist völlig richtig, dass „Variationen der Stimme die physiologischen Ergebnisse von Variationen der Gefühle sind"; Es ist auch durchaus wahr, dass die „stimmlichen Besonderheiten, die auf aufgeregte Gefühle hinweisen" – wie Lautstärke, hohe Tonhöhe, erhöhte Resonanz usw. – im Gesang stärker ausgeprägt sind als in der gewöhnlichen Sprache. Daraus folgt aber keineswegs, dass das *Lied diese Eigentümlichkeiten von der Sprache übernommen hat*, dass die Sprache sie zuerst übernommen hat, sie dann zum Rezitativ und dann noch weiter zum Lied entwickelt hat. Die Herstellung einer symmetrischen, aber künstlichen Kette dieser Art wirft von Anfang an eine Frage auf. Spencer stellte sich nie die offensichtliche Alternative: „Könnte und würde das Lied nicht all diese Besonderheiten haben, selbst wenn die Sprache nie erfunden worden wäre? Angesichts der Fähigkeit des Menschen, Emotionen in unterschiedlichem Ausmaß zu empfinden, wäre das nicht der Fall? Äußern sich starke Gefühle natürlicherweise in lauteren, vielfältigeren und klangvolleren Tönen als schwache Gefühle – und das selbst dann, wenn der Mensch noch keine Sprache hätte?" Tatsächlich beschreibt Spencer lediglich die Merkmale des *Tons* als Ausdruck von Gefühlen im Detail und ordnet sie dann fälschlicherweise zunächst einer Tonordnung zu, nämlich der Sprache. Niemand würde auf die Idee kommen, die physiologischen Tatsachen , die er in seinem Aufsatz darlegte, mit seiner gewohnten Geduld und gewissenhaften Genauigkeit zu bestreiten. Es steht außer Frage, dass im Großen und Ganzen sowohl ein lauter Ton beim Sprechen als auch ein lauter Ton beim Singen auf ein gesteigertes Gefühl hinweisen; und dass Gesang und Sprache in allen anderen von ihm aufgezählten Aspekten genau die gleichen Merkmale aufweisen. Dies berechtigt uns jedoch keineswegs zu der Behauptung, dass das Lied aus der Sprache „herausgewachsen" sei. Spencer argumentierte zu voreilig von einer bloßen Analogie zu einer Sache. Wir sind bereit zuzugeben – um das vorstehende Argument anders auszudrücken –, dass die gewöhnliche Sprache von Menschen in Momenten emotionaler Erregung rhythmischer wird, eine ausgeprägtere *Klangfarbe erhält* und sich im Allgemeinen in den von Spencer aufgezählten Arten unterscheidet. Was wir *nicht* zugeben wollen, ist, dass es sich entweder um eine niedrigere Form der Musik handelt oder um den Stoff, aus dem die Musik erwachsen ist. Unsere Behauptung ist, dass der Unterschied zwischen Sprache und aufgeregter Sprache zwar nur gradueller Natur ist, *der Unterschied zwischen Sprache und Musik jedoch nicht nur gradueller Natur ist, sondern der Art nach* – wir haben es mit ähnlichen physiologischen, aber weit voneinander entfernten psychologischen Phänomenen zu tun; und dass dies nicht nur für die moderne Musik gilt, wie Spencer zuzugeben scheint, sondern auch für die primitive Musik, aus der unsere komplexe moderne Kunst hervorgegangen ist.

Darüber hinaus ignorierte Spencer das neue Licht, das die moderne physiopsychologische Forschung auf die Frage geworfen hat, und auf das ich in der *Studie über Wagner teilweise Bezug genommen habe* . Stricker hat in seinem Werk *Du Langage et de la Musique* (1885) neben einer Vielzahl von mit Vorsicht zu genießenden Aussagen und Schlussfolgerungen auf jeden Fall gute Argumente dafür vorgebracht, dass die Sprachorgane und die Gesangsorgane von verschiedenen Gehirnbereichen gesteuert werden. Wallascheks Schlussfolgerungen wiederum sind zu wichtig, als dass sie von einem Vertreter der Sprachtheorie stillschweigend übergangen werden könnten. Ich wage es, aus meinem *Wagner* die Passage vollständig zu zitieren, in der ich Wallascheks Argument zusammengefasst habe: „Darüber hinaus steht es jetzt nicht nur außer Frage, dass die Fähigkeit zur artikulierten Sprache ein eigenes Gehirnzentrum hat , sondern dass dieses auch in der dritten Frontalwindung der linken Gehirnhälfte lokalisiert wurde "; und Dr. Wallaschek hat in einem brillanten Aufsatz versucht zu zeigen, dass es ein weiteres Zentrum geben muss, das musikalisches Denken und Sprechen steuert. [39] Ohne auf Dr. Wallascheks Theorie im Detail einzugehen, mag es hier genügen, einige seiner Tatsachen und Schlussfolgerungen anzuführen: (*a*) „die Bildung von Begriffen findet in einem anderen Teil des Gehirns statt, und die Begriffe wandern durch andere Kanäle als der Ausdruck von Gefühlen und die rein automatischen Prozesse"; [40] (*b*) Kinder mit Aphasie (*d. h.* Zerstörung oder Störung der Fähigkeit zur artikulierten Sprache) können dennoch singen; [41] (*c*) *Patienten mit Aphasie, die bei normalen Gelegenheiten nicht zusammenhängend sprechen können, können beim Singen eines Liedes manchmal die Wörter artikulieren — die Wörter werden* durch Assoziation mit der Melodie ins Bewußtsein gebracht ; [42] (*d*) die dritte linke Frontalwindung (die die artikulierte Sprache steuert) ist bei Idioten und niederen Rassen sehr klein, die dennoch sehr empfänglich für Musik sind; [43] (*e*) die Fähigkeit zum musikalischen Gedächtnis kann zerstört sein, ohne die anderen geistigen Fähigkeiten zu beeinträchtigen; [44] (*f*) folglich „drücken wir uns aus und hören auf ganz verschiedene Weise, wenn wir singen und wenn wir sprechen." [45] Alle diese Beweise ignorierte Spencer bis zuletzt.

Es scheint ihm auch nie in den Sinn gekommen zu sein, den Gemütszustand eines Musikers zum Zeitpunkt der Komposition zu analysieren und das dabei gewonnene Ergebnis zu nutzen , um Licht auf den Ursprung der Musik zu werfen. Hätte er dies getan, hätte er die Kraft von M. Combarieus Bemerkung gesehen – die seine Kritik an mir zeigte, dass er sie *nicht gesehen hatte:* „Mr. Spencer vernachlässigt oder ignoriert alles, was der Kunst, die er studiert, ihren besonderen und einzigartigen Charakter verleiht; Er scheint nicht erkannt zu haben , was eine Musikkomposition ist , welchen Regeln sie folgt, was die Natur des Charmes und der Schönheit ist, die wir darin finden. Kurz gesagt, wir können ihm im Vergleich dazu eine grundlegende Tatsache entgegenhalten wo alles andere nur einen ganz sekundären Wert hat: nämlich die Existenz einer musikalischen Denkweise (*une pensée musicale*). Der Musiker denkt mit Tönen, wie der Literat mit Worten denkt. [46]

Hier liegt tatsächlich der Kern der Meinungsverschiedenheit zwischen Spencer und jenen, die die Sprachtheorie als absolut unzureichende Erklärung für den Ursprung der Musik ablehnen. Was kritisierte er an dieser Kritik? „Hier", sagt er, „haben wir ein eindrucksvolles Beispiel dafür, wie eine Hypothese unhaltbar erscheinen kann, indem man sie als etwas darstellt, was sie nicht zu sein vorgibt. Ich habe einen Bericht über den *Ursprung* der Musik gegeben, und jetzt werde ich getadelt, weil meine Vorstellung vom Ursprung der Musik keine Vorstellung von Musik als voll entwickelt beinhaltet. Was ist jeder Evolutionsprozess anderes als die allmähliche Annahme von Merkmalen, die ursprünglich nicht vorhanden waren?" Ich denke, man wird sehen, dass Spencer den wahren Punkt von M. Combarieus Einwand völlig verfehlt hat. Wir erwarten nicht, dass man von einer Theorie über den Ursprung der Musik bei primitiven Menschen alle späteren *Formen* vorhersagen kann, in die sich die Musik verzweigt hat; aber wir erwarten, dass die Theorie der früheren Musik, da die Evolution ein kontinuierlicher Prozess ist , nicht im Widerspruch zu allen wichtigen psychologischen Merkmalen der späteren Musik steht. Wir sagen Spencer: „Nehmen Sie Ihre Theorie, und wir sind nicht in der Lage, sie im Detail auszuarbeiten. Sie behaupten, dass der Ausdruck musikalischer Gedanken und Emotionen drei aufeinanderfolgende Formen angenommen hat – aufgeregte Sprache, Rezitativ und Musik. Nun, wir finden es unmöglich, zu dieser Schlussfolgerung zu springen, wie Sie es getan haben, nur weil es aufgrund physiologischer Ursachen gewisse Ähnlichkeiten zwischen Sprache und Gesang gibt. Wir können einen solchen Prozess nicht historisch verfolgen – denn Ihre eigene Skizze des angeblichen historischen Prozesses ist nachweislich ungenau in den Beweisen und voreilig in den Schlussfolgerungen – noch können wir uns den Prozess auch psychologisch *vorstellen* . *Für uns* besteht eine große psychologische und ästhetische Kluft zwischen aufgeregter Sprache und Gesang – *nicht nur zwischen der Sprache und dem Gesang von heute, sondern auch zwischen der roheren Sprache und dem roheren Gesang des primitiven Menschen* . Auf der anderen Seite haben wir eine Theorie, die uns keine solche Belastung auferlegt, weder historisch noch psychologisch. Diese Theorie besagt, dass Musik aus einer besonderen Reihe von Reizen und besonderen Ausdrucksorganen entsteht, mit denen die Sprache nicht nur heute überhaupt nichts zu tun hat, sondern nie etwas zu tun hatte. als *fons et origo* . Wenn wir alle Unterschiede zwischen unserer Musik und der des Wilden, der sein Rohrblatt bläst und sein Tamtam schlägt, und alle Unterschiede in der allgemeinen geistigen Struktur zwischen ihm und uns berücksichtigen, können wir dennoch erkennen, dass ihn dieselben Ursachen, die uns zur Musik anregen, angeregt haben. Nun wird niemand auch nur einen Moment lang behaupten, dass zwischen einer Bach-Fuge oder einer symphonischen Dichtung von Strauss und aufgeregter Sprache mehr als eine infinitesimale Ähnlichkeit besteht; ebenso wenig können wir erkennen, dass es jemals mehr als die geringste Ähnlichkeit zwischen den Ursachen gab, die den Wilden zu aufgeregter Sprache veranlassten, und denen, die ihn zu seiner rohen Art von Musik trieben. Aber *Ihre* Theorie, die die schlichte Tatsache außer Acht lässt, dass keine Demonstration eine Bach-Fuge aus aufgeregter Sprache ableiten konnte, und die geistigen Elemente des primitiven Menschen übersieht, aus denen sich die Bach-Fuge Schritt für Schritt entwickeln *konnte*, lädt uns zu der Annahme ein, dass die Musik aus etwas entstand, mit dem wir sie weder heute noch in den primitivsten Zeiten in Verbindung bringen können.“

„Aber“, könnte man einwenden, „das ist alles reine Behauptung. Man nimmt einfach die Musik, wie sie heute geschrieben wird, und führt sie auf etwas zurück, das man eine ‚musikalische Fähigkeit‘ oder eine ‚musikalische Denkweise‘ nennt.“ und dann, nachdem Sie diese praktische Fähigkeit erfunden haben, nehmen Sie einfach an, dass die rohe Musik des Urmenschen aus einer ähnlichen Fähigkeit stammt. Sie müssen die Existenz dieser musikalischen Fähigkeit, dieser spezifisch musikalischen Art des Denkens und Ausdrucks, beweisen Dinge, die Ihrer Annahme nach dem menschlichen Geist angeboren sind und selbst in den frühesten Tagen der Rasse keiner Hilfe durch Sprache bedürfen. Nun, ich denke, niemand wird heutzutage die Existenz von etwas in uns in Frage stellen, das man allgemein als musikalische Fähigkeit bezeichnen könnte. Für den Musiker, wie wir ihn heute kennen – und ihn tatsächlich schon seit einigen Jahrhunderten kennen – ist Musik ein Mittel des emotionalen Ausdrucks, das ohne die Hilfe von Poesie oder gar Sprache funktionieren kann. Es hat seinen Ursprung in seiner eigenen Gefühlsordnung; es hat seine eigene, eigenständige Art, sie auszudrücken; es erzählt dem Geist des Hörers seine eigene Geschichte; und weder das Gefühl noch seine Ausdrucksweise noch seine Wirkung auf den Zuhörer lassen auf eine Abhängigkeit vom Sprechen schließen. Um mit dem Komponieren zu beginnen, muss der Musiker keinen vorläufigen Anreiz erhalten, weder von der Poesie noch von irgendeinem Konzept oder Gefühl, das für einen Moment in Worten ausgedrückt werden könnte. (Er kann natürlich Gedichte vertonen, aber andererseits auch nicht; und es ist die aus sich selbst bestehende Ordnung der Musik, über die wir jetzt sprechen.) Der Musiker steht unter dem Einfluss eines inneren Reizes von etwas ganz Besonderem obskurer Art, kann drei oder vier Töne nehmen – sagen wir die des Eröffnungsthemas einer Sonate oder einer Fuge – und mit ihnen eine Struktur bilden, die durch bestimmte, ganz eigene Gesetze geordnet und kontrolliert wird und deren Ziel es ist, in unseren Köpfen eine Spannung hervorzurufen Reihe von Gefühlen, in denen jeglicher Gedanke an Sprache fehlt. Der Musiker hat Freude daran, auf diese Weise gemeinsam Töne zu bilden; Wir wiederum haben Freude sowohl am Bauprozess als auch am fertigen Gebäude selbst.

„So weit, so gut", mag der Gegner sagen; „Das ist es, was Musik heute ist, als Ergebnis einer langen Evolution seit ihrem ursprünglichen Keim. Aber können Sie behaupten, dass der primitive Mensch durch die Wirkungsweise einer ähnlichen Fähigkeit zu *seiner rohen Musik getrieben wurde – und das* sogar ohne jegliches Vertrauen? In den frühesten Tagen *produzierte* er beim Sprechen und ohne Zwischenstufe des Rezitativs Musik , die die gleiche Beziehung zu seinen Emotionen hatte wie die Musik von Bach und Beethoven zu ihren? Nun, genau das behaupten wir; Ich sehe auch keine Schwierigkeit in der Theorie, dass der Urmensch dazu kam, sich in seiner rohen Musik durch dieselben psychologischen Prozesse zu äußern, durch die wir uns heute in unserer äußern. Sprache hatte mit dem Impuls zu seiner Musik ebenso wenig zu tun wie mit dem Impuls zu unserer. Spencers Theorie besagt, dass der Mensch zuerst sprach, dann zur aufgeregten Sprache überging, dass diese rhythmischer und bestimmter wurde und sich so zum Rezitativ erweiterte, und dass daraus „allmählich, unaufdringlich" ein Lied entstand – so allmählich und … Ich fürchte, es ist so unauffällig, dass wir seine Entstehung weder verfolgen noch uns vorstellen können, dass es dabei herauskommt. Ist es nicht vernünftiger zu glauben, dass die Musik zum ersten Mal in die Welt kam, als der Wilde Freude an irgendwelchen Tönen hatte – an den Tönen der menschlichen Stimme, an einem Rohrblatt oder an einer Trommel – nur *als* Ton, und begann, sich an einer weiteren einfachen Freude zu erfreuen? in den Beziehungen zwischen Tönen? Müssen wir uns überhaupt um das Sprechen kümmern, sei es aufgeregt oder träge? Können wir nicht mit dem bloßen Gefühl beginnen, das sich im bloßen Klang ausdrückt – wie wir zunächst wissen – und von diesem aus eine Linie durch die ganze Musik der ganzen Welt ziehen? Warum sollten wir annehmen, dass der Mensch, um seine Gefühle in Tönen auszudrücken, zunächst die Sprache erfunden und dann deren emotionale Seite entwickelt haben muss, bis sie in der Lage war, sich loszureißen und auf eigene Rechnung zu leben, nämlich durch einen Prozess? wirklich unvorstellbar? Wir wissen, dass sich Gefühle in Tönen ausdrücken, und dass Gefühlswellen sich in Geräuschwellen ausdrücken, wie man am vagen Summen eines Säuglings über seinen Spielsachen oder am Stöhnen eines schmerzenden Mannes beobachten kann. Dies ist eine grundlegende Tatsache im Ursprung der Musik. Ein weiterer Grund ist die unbestreitbare Tatsache, dass Menschen, ob zivilisiert oder wild – tatsächlich viele Tiere – für den Ton *nur als Ton empfänglich sind* ; und eine weitere Tatsache ist, dass der primitive Organismus Freude an den Beziehungen zwischen Tönen hat, wie man an dem Jungen sehen kann, der ständig auf zwei Blechdosen klopft, die zufällig unterschiedliche Töne von sich geben. Es besteht sicherlich kein Grund, auf dem Punkt zu beharren, dass sowohl Töne als auch die Beziehungen zwischen Tönen *an sich* den Wilden ebenso wie uns in einem geringeren Maße interessieren und bezaubern. Ich könnte mir vorstellen, dass die Musik aus diesem Phänomen und nicht aus aufgeregter Sprache entstand; und die Beweise aus der Musik primitiver Stämme, auf die sich Spencer zur Stützung seiner Theorie stützte, tragen nicht dazu bei, meine Theorie zu entkräften. In seinem ursprünglichen Aufsatz zitierte er aus seiner eigenen *Descriptive Sociology* eine Reihe von Passagen, die sich auf die Gesangsbräuche verschiedener unentwickelter Rassen beziehen. Ich kann unter all diesen Zitaten kein einziges finden, das darauf hindeutet, dass die Musik dieser Leute einfach eine überdrehte Form der Sprache war. Im Gegenteil geht aus seinen eigenen Zitaten klar hervor, dass ihre Freude an der Musik als reiner Musik galt; dass ihre Gefühle spontan flossen, wie es bei uns der Fall ist, in ein System von Tönen und Beziehungen zwischen Tönen, das an und für sich existierte, mit nur der gleichen Abhängigkeit von den Worten, die in einem Lied von Brahms oder einem Chor von Brahms zum Ausdruck kommt Händel. [47] Zweifellos bestimmt der allgemeine Verlauf der Worte in gewissem Maße den allgemeinen Verlauf der Musik, wie es auch bei unserem eigenen Liedschreiben der Fall ist; Aber es gibt überhaupt nichts, was der Ansicht widerspricht, dass wilde Musik, auch unsere eigene, spontan einer nonverbalen Emotion entspringt und einen Ausdruck sucht, der entweder völlig unabhängig von der Sprache ist oder nur entfernt von ihr beeinflusst wird. Der Ostafrikaner, sagt Spencer, „begnügt sich beim Singen damit, ein paar Worte ohne Sinn und Rhythmus zu improvisieren und wiederholt sie, bis einem übel wird." Wenn dies nicht auf einen Geisteszustand hinweist, der grundsätzlich dem des absoluten Musikers entspricht, ist es schwer zu sagen, was die Worte bedeuten. Offensichtlich ist das, was den ostafrikanischen Gesang ausmacht, was bestimmt, dass eine Note auf die andere folgt, was ihn gegenüber dem Sinn oder Unsinn der Worte so gleichgültig macht, einfach die Freude am Ton *als* Ton, an den Beziehungen der Töne *als* Beziehungen der Töne , einfach das Bedürfnis, dass sich das, was er fühlt, genau auf diese und keine andere Weise ausdrückt – mit einem Wort, das primitive *pensée musicale* , die primitive „musikalische Denkweise". [48] Es gibt zahlreiche Beweise, die dies untermauern , und ich habe einige davon in meinem *Wagner* zitiert . „Was die Irokesen betrifft, sagt Dr. Morgan, dass ihre Kriegslieder in einer toten Sprache verfasst seien oder dass sie sie jedenfalls nicht interpretieren könnten ... Auch Mr. Baker bemerkte die Bedeutungslosigkeit des indianischen Liedes ." [49] Von einer aufgeregten Rede, die sich zunächst in ein Rezitativ und dann in einen musikalischen Gesang verwandelt, ist hier nicht viel zu erkennen. [50]

Dr. Wallascheks Schlussfolgerungen bezüglich der Musik der Wilden lauten wiederum wie folgt:

(1) „In primitiven Zeiten ist Vokalmusik keineswegs eine Verbindung von Poesie und Musik. Wir finden im Gegenteil Vokalmusik bei Stämmen, die aufgrund der unzureichenden Entwicklung der Sprache unmöglich

irgendeine Art von Poesie haben können. Somit ist die Stellung der Vokalmusik völlig unabhängig von jeder anderen Kunst. (2) Es ist unmöglich, dass in diesen Fällen Musik als direkte Nachahmung der in der Sprache vorgefertigten natürlichen Akzente entstand. (3) Weil diese Texte weder selbst eine Sprache sind, noch die Melodie allein *einer* entwickelten Sprache entnommen worden sein kann, denn in diesem Fall wären die Wörter zusammen mit der Musik entlehnt worden. Völlig bedeutungslose Wörter dienen lediglich dazu, die Vokalisierung zu erleichtern ." Außerdem „ist ein weiteres auffallendes Merkmal dieser wilden Lieder *die Freiheit, mit der der Komponist die grammatische Struktur des Satzes und die logische Reihenfolge der Wörter behandelt* . So werden in vielen andamanischen Liedern die Wörter in ihrer poetischen Form so verstümmelt, dass sie dem Metrum entsprechen , dass sie kaum wiederzuerkennen sind … Wenn Neger singen, halten sie sich strikt an den Takt und lassen sich durch keinerlei Hindernisse bei der Verwendung der Wörter behindern." Es ließen sich noch weitere Beweise dieser Art anführen, aus denen ganz klar hervorgeht, dass wir es hier mit einem Phänomen zu tun haben, auf das Spencers Theorie überhaupt kein Licht wirft. Es scheint kein Zweifel zu bestehen, dass der Wilde, wenn auch natürlich in verhältnismäßig unterentwickelter Form, denselben Sinn für Musik besitzt wie wir, etwas, das sich zu seinem Ausdruck immer direkt einer eigenen Äußerungsweise bediente, die aus Tönen, Tonbeziehungen und Rhythmus besteht und die natürliche Sprache dieses Sinns ist, und das nie das Zwischenstadium der Nachahmung oder Übertreibung der Sprachbetonung durchlaufen musste. [51]

Betrachten wir einen Augenblick die beiden Theorien und ihre Implikationen nebeneinander. Wir wissen, dass der primitive Mensch, wie das Tier, [52] für Töne, Tonfolgen, Tonfarben und Rhythmus empfänglich ist und dass aus rein physiologischen Gründen eine Reihe seiner Gefühle dazu neigen, sich in Stimmklängen auszudrücken. Dies sind nun alle Elemente, die wir benötigen, um moderne Musik zu konstruieren. Der Komponist hat starke Gefühle und ist gezwungen, seinen Gefühlen im Ton Ausdruck zu verleihen. Der Verlauf seiner Gefühle entspricht sozusagen dem Verlauf seiner Musik – das reine Gefühl ergreift die Töne, durch die es sich allein ausdrücken kann, und gestaltet sie in Form, Farbe , Abfolge und Intensität nach seinem eigenen Bild. Wir haben im primitiven Menschen, in einem rohen und unentwickelten Stadium, all diese Elemente, aus denen der moderne Musikmacher seine prachtvollen Paläste baut. Der Intensität der Gefühle des Wilden entsprechen die Breite der Intervalle seiner Stimme, ihr Nachhall und ihre Farbe ; der Farbton seines Gefühls entspricht der Farbton seiner rohen Melodie; und aus der *Gesamtheit* der Klangqualitäten , in denen er sich äußert, werden seine Zuhörer erraten können, welche Stimmung sein Lied belebt hat. Dies sind also alle Elemente, aus denen Musik entstehen *könnte* , selbst wenn der Mensch nie gelernt hätte, drei zusammenhängende Wörter zu sprechen. Und doch verlangt Spencer von uns zu glauben, dass diese Elemente, die *an sich ausreichten, um Musik hervorzubringen* , unzählige Jahrhunderte lang in der menschlichen Brust schlummerten, bis der Mensch ein ziemlich ausgefeiltes Sprachsystem entwickelt hatte – denn man muss bedenken, dass Spencers Theorie nicht die rohe und rein utilitaristische Sprache des Menschen voraussetzt, der nur einen Schritt vom Tier entfernt ist, sondern eine vergleichsweise hoch organisierte Sprache, die in der Lage ist, die Gedanken eines Wilden über mehr als seine täglichen körperlichen Bedürfnisse zusammenhängend auszudrücken. Eine solche abstrakte, ästhetische , reflektierende Form der Sprache müssen wir postulieren, wenn wir die Wahrscheinlichkeit akzeptieren wollen, dass Musik, wie Spencer sagt, aus der aufgeregten Sprache des Menschen entstand. Wenn der Mensch dann langsam und mühsam sprechen gelernt hat und viel Übung im aufgeregten Sprechen hatte, sind wir eingeladen zu glauben, dass durch einen mysteriösen Prozess *Musik* entstanden ist, der Ausdruck von Gefühlen in organisierten Tönen, die Freude am Ton *als* Ton, an Sequenzen und Beziehungen *als* Sequenzen und Beziehungen. Und die ganze Zeit über haben die Elemente, aus denen dieses organisierte Klangsystem wachsen *konnte* , die dem Menschen von Anfang an angeboren waren, weil er Nerven, Muskeln und Stimmorgane hatte, absolut nichts getan! Obwohl sie nur den Reiz des Gefühls benötigten, um ins Leben gerufen zu werden, und obwohl sie diesen Reiz Tag für Tag, Stunde für Stunde empfingen, mussten sie sich Jahrhunderte über Jahrhunderte selbst verleugnen, bis sie genau dieselbe Art von Reiz empfangen konnten, *nachdem* der Mensch sprechen gelernt hatte! Ist das glaubhaft?

II

Wenn Spencers Theorie ästhetisch und psychologisch unfassbar ist, ist er kaum glücklicher mit den pseudohistorischen Beweisen, mit denen er sie zu stützen sucht. Seine Vorstellung scheint zu sein, dass alle alte Musik und die orientalische und wilde Musik der Gegenwart die Kunst auf der zweiten oder rezitativen Entwicklungsstufe darstellen – eine Art Zwischenstation zwischen aufgeregter Sprache und voll erblühtem Gesang. So scheinen die Chinesen und Hindus „nie über das Rezitativ hinausgekommen zu sein". „Die Tanzgesänge der wilden Stämme sind sehr monoton und aufgrund ihrer Monotonie näher an der gewöhnlichen Sprache als die *Lieder* [53] zivilisierter Rassen" - was sicherlich ein völlig unzulässiger Vergleich ist. Weiter: "Daraus folgt , dass das primitive (griechische) Rezitativ einfacher war als unser modernes Rezitativ und als solches viel weniger von der Alltagssprache entfernt war als unser eigener Gesang." Diese typischen Zitate werden dazu dienen zu zeigen, wie schlicht Spencer genau das annimmt, was er beweisen muss. Die Tanzgesänge der Wilden sind nicht so hoch organisiert wie unsere europäischen Lieder; aber zeigt dies, dass zwischen dem Lied und der Sprache des Wilden nicht derselbe psychologische Unterschied besteht wie zwischen dem Lied und der Sprache des Europäers? Die antike griechische Musik war nicht so komplex wie unsere; aber wird Spencer so kühn sein zu sagen, dass ein Mann aus Athen, der zeitgenössischer Musik lauschte, nicht genau dieselbe Art von ästhetischem Vergnügen empfand, wie wir es empfinden, wenn wir einem Lied von Brahms oder einer Symphonie von Beethoven lauschen - eine Art Vergnügen, das sich in Wesen und Temperatur von jedem Vergnügen unterscheidet, das durch Sprache hervorgerufen werden kann? Fühlte der Grieche, das heißt, der griechische Musik hörte, dasselbe wie ich, wenn ich einem beredten Prediger oder einem intonierenden Quäker zuhöre, oder dasselbe wie ich, wenn ich *Musik* im eigentlichen Sinne des Wortes höre? Daran kann es sicher keinen Zweifel geben. Sieht man von dem Unterschied ab, der auf die enorme Entwicklung unserer Kunst auf formaler und technischer Seite zurückzuführen ist, kann es keinen Zweifel geben, dass der Grieche Freude an seiner Musik *als* Musik hatte, nicht *als* „Rezitativ". [54] Und wie bei den Griechen, so auch bei den Orientalen und Wilden. Wie Spencer sich vorstellen kann, dass die orientalische Musik als Ganzes und insbesondere die chinesische und indische größtenteils beim Rezitativ verharrt hat, ist mir angesichts der Fülle von Beweisen, die aus jeder Musikgeschichte oder jeder Reisesammlung hervorgehen, ein Rätsel. In der Tat gibt es in einem Großteil der orientalischen Musik jene Zweifelhaftigkeit der Tonleiter (nach unseren Vorstellungen), die unvorsichtige Reisende zu der Annahme verleitet hat, der einheimische Gesang könne keine echte Musik sein, weil er sich so sehr von unserem unterscheidet. Aber nichts kann besser belegt werden als die

Tatsache, dass reine und einfache Melodien, Melodien, die nur geschrieben und gesungen werden, um jene *gedankliche Gedanken auszudrücken* , auf die ich bereits hingewiesen habe, in der Musik aller orientalischen Völker üblich sind. Spencers Aussage, „dass die Musik der östlichen Völker nicht nur ohne Harmonie ist, sondern eher den Charakter eines Rezitativs als einer Melodie hat" und dass „der Gesang des frühen griechischen Dichters ein Rezitativ mit unisono Begleitung auf seiner viersaitigen Leier war", ist ein gutes Beispiel für die unkritische Art, in der er alles angenommen hat, was seine Theorie wahrscheinlich bestätigen würde. Seine Verwechslung von zwei oder drei unterschiedlichen Dingen, indem er sie alle als „Rezitativ" bezeichnet, ist eine der Hauptquellen seiner Fehler in dieser Frage. Was seinen Versuch betrifft, harmonische Musik auf das moderne Europa zu beschränken, möchte ich mit Naumann nur sagen, dass es überall dort, wo wir, wie in den alten ägyptischen Gemälden, eine Darstellung eines Konzerts mit vielen Instrumenten verschiedener Formen und Größen haben, unglaublich ist, dass die Interpreten alle dieselben Noten gespielt haben sollen. Das Ergebnis kann natürlich nicht Harmonie in unserem Sinne gewesen sein, denn diese ist in hohem Maße von der Theorie abhängig, wie sie sich entwickelt hat; aber es war möglicherweise eine der Wurzeln, aus denen Harmonie wachsen konnte. Und da Spencer zugab, dass seine Theorie keine Erklärung für Harmonie enthielt, wird diese Theorie offensichtlich durch jede Tatsache geschwächt, die darauf hinweist, dass der Wunsch nach Harmonie der menschlichen Brust angeboren ist, wie die Liebe zu Tönen, Tonfolgen und Beziehungen zwischen Tönen. Wir müssen alle irreführenden Konnotationen des Begriffs „Harmonie" aus unserem Gedächtnis verbannen, ebenso wie wir es bei dem Begriff „Rezitativ" tun müssen; und wenn wir dies tun, gibt es reichlich Beweise dafür, dass der harmonische Sinn – die Freude, zwei Töne zusammen erklingen zu hören – ebenso angeboren und unabhängig vom Reiz der Sprache ist wie der melodische Sinn. Das bloße Streichen der Harfensaiten beim Singen ist nicht das, was *wir* Harmonie nennen würden; aber wenn es nicht auf ein rudimentäres Gefühl hinweist, dass kombinierte Töne angenehmer sind als einzelne Töne, ist es schwer zu sagen, was es eigentlich anzeigt. Überall kommen wir tatsächlich zu der wirklich grundlegenden Tatsache, dass sogar beim primitiven Menschen ein echtes *musikalisches Gefühl existiert* , das seinen Ursprung in der Sprache hat und, soweit wir sehen können, zeitlich viel früher entstand als die Sprache, denn der Mensch drückte seine Gefühle sicherlich in reinen, unbestimmten Lauten aus, lange bevor er gelernt hatte, mit seinen Mitmenschen übereinzustimmen und bestimmten stereotypen Lauten bestimmte Bedeutungen zuzuschreiben.

III

Die Musik wilder Stämme ist jedoch Spencers letzte Bastion; und wenn seine Theorie dort keine angemessene Unterstützung findet, kann sie kaum allen Beweisen standhalten, die von anderen gegen sie vorgebracht werden. Hier, sagt er, hat er Sir Hubert Parry auf seiner Seite, „der die Ansicht vertritt, die ich hier erneut erklärt und verteidigt habe", und der „in seinem Kapitel über Volksmusik die frühen Stadien der musikalischen Entwicklung veranschaulicht hat, von den heulenden Gesängen der Wilden – Australier, Kariben, polynesische Kannibalen usw. – bis zu den rohen Melodien unserer eigenen Vorfahren. Ich sehe nicht, wie ein unvoreingenommener Leser, nachdem er die von ihm in ihrer natürlichen Reihenfolge vorgelegten Beweise untersucht hat, der gezogenen Schlussfolgerung nicht zustimmen kann." Nun, die endgültige Widerlegung Spencers kann aus dem Mund von Sir Hubert Parry selbst kommen. Was Sir Huberts eigene Theorie über den Ursprung der Musik sein mag , weiß ich nicht; aber weder die Fakten noch die Argumente, die er in seiner *„Art of Music"* anführt, stützen die Theorie, dass Musik ursprünglich als Modifikation der Eigenschaften emotionaler Sprache entstand. Lassen Sie uns Sir Hubert Parrys Beweise untersuchen.

Wir beginnen am Anfang mit dem absteigenden chromatischen Heulen der Kariben, das er auf Seite 49 seines Buches zitiert – dem „Heulgesang", auf den Spencer sich bezieht; und wenn dies, wie der Philosoph es ausdrückt, „die frühen Stadien der musikalischen Evolution" darstellt, ist sein Fall sofort über Bord geworfen. Es könnte keinen schlüssigeren Beweis dafür geben, dass Musik ihren Ursprung nicht in der Sprache hat, sondern im Ausdruck bloß vager Emotionen in bloß vagen Klängen; denn wo Spencer den früheren Einfluss der Sprache in diesem Heulen der Kariben sieht, kann ich mir nicht vorstellen. Er könnte genauso gut annehmen, dass die Sprache dem Heulen eines Hundes oder dem Brüllen eines Löwen vorausgeht. Auf welcher Grundlage findet er hier eine Unterstützung für seine Theorie? Einfach, dass ein Heulen dieser Art, wie das Lied der Omaha-Indianer, durch Unbestimmtheit der Intervalle gekennzeichnet ist! „Dies", sagt er, „ist nur eines der Merkmale, die zu erwarten sind, wenn Vokalmusik aus emotionaler Sprache entwickelt wird, da auch die Intervalle der Sprache unbestimmt sind." Gab es jemals einen greifbareren *Non Sequitur* ? Weil A eine der Eigenschaften von B hat, muss A aus B entstanden sein! Hier ist eine vollständige Rechtfertigung meiner vorherigen Bemerkung, dass Spencer eine bloße Ähnlichkeit in eine Ursache verwandelt hat. Der wahre Grund dafür, dass Musik einige der Merkmale der Sprache aufweist, ist, dass Musik und Sprache der Ausdruck verwandter Gefühlsordnungen sind und beide durch denselben Muskelapparat eine Stimme finden, sie also einfach viele gemeinsame Merkmale haben müssen. Aber wir benötigen wirklich mehr als nur einen Beweis dafür, dass die Intonationen der Musik, da sie von denselben physischen Organen beeinflusst werden, auf sehr ähnliche geistige und physische Phänomene hinweisen wie die Intonationen der Sprache, um uns davon zu überzeugen, dass Musik *ihren Ursprung* in der Sprache hat.

Nehmen Sie sich nun die weiteren von Sir Hubert Parry angeführten Beispiele vor und entdecken Sie in ihnen, wenn Sie können, irgendwelche Beweise dafür, dass sie nicht direkt aus einer primitiven *pensée musicale entstanden sind*, ohne jedes Anzeichen vorheriger Einmischung der Sprache. Über ihnen allen steht in der Tat der schlüssige Beweis dafür, dass der primitive Mensch, wenn er vor sich hin singt oder auch nur summt, unbewusst von einem rudimentären musikalischen Sinn geleitet wird. Wilde erfinden, sagt Sir Hubert, „kleine fragmentarische Figuren aus zwei oder drei Noten, die sie unaufhörlich immer und immer wieder wiederholen. Manchmal genügt eine einzige Figur. Wenn sie klug genug sind, sich zwei auszudenken , wechseln sie diese ab, aber [natürlich] ohne viel Sinn oder Ordnung"; und er zeigt später, wie selbst unter Wilden dieser primitive Sinn für Design kontinuierlich wächst. All dies steht im Einklang mit der Theorie über den Ursprung der Musik, die in diesem Aufsatz bereits aufgestellt wurde; und diese Phänomene der wilden Musik erklären mühelos alle kompliziertesten modernen Entwicklungen dieser Kunst, die Spencer, wie er halb zugibt, mit seiner Theorie *nicht* erklären kann. Der wilde Mensch drückt sich allein deshalb durch Töne aus, weil er ein physischer Organismus ist. Und allein deshalb, weil er ein physischer und psychischer Organismus ist, hat er Freude an Tönen, an Tonfolgen und an den Wechselbeziehungen von Tönen. Und um die Liste der Elemente zu vervollständigen, die notwendig sind, um alle Musik zu bilden, die jemals auf der Welt geschrieben wurde, zeigt Sir Hubert Parry, dass selbst bei dem Wilden, dessen roher Gesangsversuch kaum mehr als ein Geheul ist, ein rudimentäres Gefühl für Form, Gleichgewicht und Design vorhanden ist. „Wenn kleine Melodiefragmente [55] stereotyp werden", sagt Sir Hubert, „wie es in jeder wilden Gemeinschaft der Fall ist, die weit genug fortgeschritten ist, um wahrzunehmen und sich zu erinnern, werden Versuche unternommen, sie auf irgendeine Weise abzuwechseln und kontrastieren; und die Erregung der Sympathie mit einem ausdrucksstarken Schrei verschmilzt mit einem roh künstlerischen Vergnügen, das aus der Kontemplation von etwas in der Art eines Musters gewonnen wird." Gibt es hier irgendeine Unterstützung für die Sprachtheorie? Handelt es sich hier nicht tatsächlich um einen Eindringling, der schlicht und einfach eine Spur verwischt, die vollkommen klar und offen ist, wenn man sie in Ruhe lässt?

Die eine Tatsache, auf die sich Spencer immer zu verlassen scheint, ist, dass die Intervalle der Sprache und die Intervalle des primitivsten Gesangs beide unbestimmt sind. Aber selbst hier ist ihm Sir Hubert Parrys Buch nicht günstig, denn Sir Hubert beharrt auf der offensichtlichen Tatsache, dass die Unbestimmtheit der Intervalle in der frühen Musik ausschließlich auf den Mangel an Instrumenten zurückzuführen ist, mit denen die verschiedenen Noten einer Tonleiter festgelegt werden können. „Es ist äußerst schwierig, sicherzugehen, welche Intervalle Wilde aussprechen wollen, da sie sehr unsicher sind, ob sie auch nur annähernd genaue Noten treffen, bis sie weit genug fortgeschritten sind, um Instrumente mit mehr oder weniger angegebenen regelmäßigen Notenverhältnissen zu haben." Von einem unbestimmten Heulen zu einer bestimmten Notenfolge zu gelangen, wenn ein Instrument erfunden wurde, das die Stimme leitet und ihre Töne festlegt, kann die Arbeit eines Tages sein. Wobei dann die Funktion der Sprache und des Rezitativs ins Spiel kommt, die die Zwischenstufen der Entwicklung zwischen dem Heulen und dem Gesang einnehmen sollen – denn ich nehme an, Spencer würde kaum behaupten, dass der Mensch sprechen lernte , *bevor* er heulen lernte? Und in welchem Stadium zeigt sich dieses elementare Gefühl für musikalisches Design, das der Wilde zeigt? Kann man sich vorstellen, dass dies aus der Gewohnheit des Sprechens erwächst? Wenn nicht, wenn es unabhängig vom Sprechen ist, wenn es sich nur um reine Klänge handelt, was hatte es dann in all den Zeitaltern zu suchen, als der Mensch zwar Klänge erzeugte, sich aber noch keine Sprache geschaffen hatte? „Die primitivsten Bemühungen der Wilden", sagt Sir Hubert Parry, „werfen Licht auf die wahre Natur des musikalischen Designs und auf die Art und Weise, wie die Menschen versuchten, sich damit auseinanderzusetzen." Und weiter: „Der wilde Zustand zeigt eine Vorliebe für Design, aber eine Unfähigkeit, die Designs schlüssig und logisch zu gestalten; im niedrigsten intelligenten Stadium zeigt sich die Fähigkeit, kurze, kontrastierende Figuren auf geordnete und intelligente Weise anzuordnen." Und noch einmal: Kann man sich logisch vorstellen, dass die Sprache die Hauptrolle in diesem langen, aber ununterbrochenen Drama der Evolution spielt?

Schließlich könnte Spencer in Sir Hubert Parrys eigenen Seiten Beweise für ein weiteres Element reinen Musikgenusses im Geist des Wilden gefunden haben – nichts anderes als ein beginnendes Verlangen nach Harmonie. Sir Hubert spricht vom Aufstieg der Harmonie im Mittelalter und von der merkwürdigen Technik, zwei völlig unterschiedliche Melodien miteinander zu verbinden, indem „die Ecken gelockert und die Stellen angepasst werden, an denen die Kakophonie zu unerträglich war, um ertragen zu werden". zeigt die Existenz derselben Praxis unter Wilden. „Dies", sagt er, „mag wie eine sehr überraschende und sogar lächerliche Art erscheinen, einen künstlerischen Effekt zu erzielen, aber in Wirklichkeit ist die tatsächliche Praxis, mehrere Melodien miteinander zu kombinieren, keineswegs ungewöhnlich. Mehrere wilde und halbzivilisierte Rassen übernehmen diese

Praxis." , wie zum Beispiel die Buschmänner am unteren Ende der menschlichen Skala und die Javesen , Siamesen, Burmesen und Mauren in der Mitte. In diesen Fällen besteht der Prozess normalerweise aus dem gleichzeitigen Singen oder Spielen kurzer und einfacher Musikfiguren, wie z Wie die Wilden immer wieder sagen, mit der Hinzufügung einer Art unbestimmter Klagemelodie, die unabhängig vom Rest der Aufführung weitergeht, treiben die Javese solche Kunstgriffe auf die Spitze und erzeugen eine Art rücksichtslosen, inkohärenten, instrumentalen Kontrapunkt. ganz so, als würden mehrere Leute gleichzeitig verschiedene Melodien spielen, mit gerade genug Gespür für ein bestimmtes zentrales Prinzip, um die störenden Elemente unterzubringen. Die Praxis, Melodien zu kombinieren, scheint sich plötzlich allgemein durchgesetzt zu haben, und sie hat sehr schnell zu neuen Entwicklungen geführt. Und es ist erwähnenswert, dass eine dieser Entwicklungen im Prinzip genau die gleiche war wie die, die von den Buschmännern und Javesen und anderen halbwilden Experimentatoren in solchen Dingen übernommen wurde; die die Hauptkombination zweier Melodien durch eine kurze musikalische Figur begleiten sollte, die als Begleitung unaufhörlich wiederholt werden konnte." Phänomene wie diese untergraben die grobe und voreilige Schlussfolgerung, dass Orientalen und Wilde keine Vorstellung von Harmonie hätten; sie beweisen, dass dies ebenso niedrig ist Auf der menschlichen Skala versucht der Mensch, Harmonie zu schaffen, weil es seinem musikalischen Sinn gefällt. Wie weit er Erfolg hat, hängt von anderen Dingen als seinem bloßen Wunsch ab.

Zusammenfassend lässt sich sagen, dass wir die Sprache gänzlich aus unserer Hypothese über den Ursprung der Musik ausschließen können, da uns zwar kein Mensch die psychologischen oder historischen Prozesse vorstellen kann, durch die die Musik aus der Sprache gewachsen ist oder entstehen könnte, wir aber Wir finden im menschlichen Organismus jedes Element angeboren, aus dem unabhängig von der Sprache Musik erwachsen *kann* : die Freude am Ton, die Freude an Tonfolgen, die Freude an Tonkombinationen, die Freude am Rhythmus, die Freude an der Gestaltung. Sogar Spencer selbst sieht im Kapitel „Entwickelte Musik" in seinen *Fakten und Kommentaren* , dass diese Elemente ausreichen, um bestimmte Arten von Musik zu erklären, obwohl seine Gesamtanalyse, insbesondere in der Unterscheidung zwischen rein symmetrischer Musik und poetischer Musik, dies tut Ästhetisch unvollständig und *a priori* . Auf Spencers oft wiederholte Frage: „Wenn meine Theorie den Ursprung der Musik nicht erklärt, wie kann dann ihre Entstehung sonst erklärt werden?" Wir können antworten, dass seine Theorie wirklich nichts erklärt; es behauptet nur. Es weist auf gewisse Ähnlichkeiten zwischen Sprache und Gesang hin und stellt dann dogmatisch und ohne den geringsten Beweis fest, dass das eine aus dem anderen entstanden sei. *Im Gegensatz dazu* zeigt uns eine Analyse der primitiven Musik, dass wir im rohesten Wilden im Embryo alle Elemente haben, die die komplizierteste Musik der Neuzeit ausmachen – einige dieser Elemente kommen tatsächlich sogar bei Tieren vor. Wenn wir glauben wollen, dass sich diese an sich nicht zu Musik entwickeln könnten, müssen wir einen Grund dafür haben; und wenn wir glauben wollen, dass eine Nachahmung der Akzente der Sprache notwendig war, bevor der primitive Mensch seine Gefühle in bloß unbestimmten Lauten ausdrücken konnte, müssen wir nicht nur einen Beweis dafür haben , dass es jemals stattgefunden hat, sondern auch eine Demonstration, wie dieser Prozess möglich ist ; denn zumindest für mich ist es psychologisch unvorstellbar. Wenn Spencer sagt, dass „das Lied aus der Sprache entstand“, behaupte ich, dass er lediglich eine verbale Formel verwendet, die für uns nichts Darstellbares vermittelt; Es gehört zur Familie jener „Pseudoideen“, auf die er selbst in „ *Erste Prinzipien“ die Fläschchen seiner Verachtung geleert hat* .

FUSSNOTEN:

[39] *Ueber die Bedeutung der Aphasia für den musikalischen Ausdruck* (Vierteljahrsschrift für Mus-Wiss., September 1891).

[40] Zitierter Artikel, S. 57.

[41] *Ebenda.* , P. 60.

[42] Zum Beispiel: „Ein Patient konnte vom Beginn seiner Krankheit bis zu seinem Tod nichts anderes als *Ja* und *Nein sagen* ... Eines Morgens begann ein Patient zu singen: ‚Ich träumte, ich wohnte in Marmorhallen.‘ Der sprachlose Patient stimmte ein und sang die erste Strophe mit dem anderen und dann die zweite Strophe allein, wobei er jedes Wort richtig aussprach.“ – *Ebenda* , S. 61.

[43] Zitierter Artikel, S. 53, *Anmerkung* : „Viele Idioten, die anderer Eindrücke kaum fähig sind, sind außerordentlich empfänglich für Musik und können sich an ein Lied erinnern, das sie einmal gehört haben.“

[44] „Ein Bauer, der infolge eines schweren Schlags auf den Kopf drei Tage lang bewusstlos lag, stellte, als er zu sich kam, fest, dass er alle Musik, die er jemals kannte, vergessen hatte, obwohl er sonst nichts verloren hatte. „— *Ebd.* , P. 64 (zitiert nach Carpenter, *Mental Physiology* , 4. Auflage, S. 443).

[45] *Ebenda.* , P. 65.

[46] Siehe Jules Combarieu , *Les rapports de la musique et de la poésie , Considerées au point de vue de l'expression* (1894), in dem es eine ausführliche und gründliche Untersuchung von Spencers Theorie gibt.

[47] Ganz zu schweigen von der wilden Musik, die entweder rein nonverbal ist oder mit einem fast bedeutungslosen Refrain verbunden ist.

[48] Meiner Meinung nach muss solchen Sätzen keine Bedeutung beigemessen werden, dass die Malaysier „bei ihren *Bimbangs* oder Festen eine Art Rezitativ proben". Das Wort Rezitativ bietet hier keine Unterstützung für Spencers Theorie. Reisende , die über die Musik primitiver Rassen geschrieben haben, neigten schon immer dazu, den Begriff zu weit zu verwenden. Da sie an die hochentwickelte Musik Europas mit ihrer festen Tonleiter und ihrem weiten Spektrum an Instrumentaltönen gewöhnt sind, verwenden sie den Begriff Rezitativ als den einfachsten, um grob und grob eine Art von Musik zu bezeichnen in dieser Hinsicht viel weniger entwickelt als unseres. Aber eine solche Verwendung des Begriffs ist völlig unwissenschaftlich. Es gibt keinen Grund zu der Annahme, dass das, was wir ihr Rezitativ nennen, nicht wirklich ihre Musik ist.

[49] Wallaschek, *Primitive Music* , S. 173, 174.

[50] Natürlich hätte Spencer entgegnen können, dass die Lieder in ihrem gegenwärtigen Zustand den voll entwickelten Baum darstellen, der in früheren Zeiten die von ihm erwähnten vorherigen Stadien durchlaufen musste. Abgesehen von den allgemeinen Einwänden, die ich bereits gegen diese Theorie vorgebracht habe, ist es jedoch offensichtlich, dass Spencer die Musik wilder Rassen nicht in zwei Kategorien einteilen kann – Gesang *und* Rezitativ – und dabei die eine oder andere verwenden kann, je nachdem, wie es dem Zweck seiner Argumentation entspricht Zeit. Später wird sich zeigen, dass seine Theorie weitgehend auf der Annahme beruht, dass die Musik der Wilden und Orientalen nur die zweite oder rezitativische Stufe der Entwicklung von der Sprache darstellt.

[51] Wie Berlioz es in den *Grotesques de la musique ausdrückte* : „Musik existiert für sich; sie braucht keine Poesie, und wenn jede menschliche Sprache untergehen würde, wäre sie dennoch die poetischste, großartigste und großartigste." die freieste aller Künste.

[52] Siehe die Kapitel mit dem Titel „Orpheus im Zoo" in Mr. Cornishs „ *Leben im Zoo* ". Jeder, der schon einmal Hunde oder Schlangen gehalten hat, muss bemerkt haben, wie lebhaft deren musikalische Wahrnehmung ist. Mein eigener Hund hat eine ausgeprägte musikalische Begabung. Er ist außerordentlich empfänglich für die Mezzosopranstimme im oberen Teil seines mittleren Registers. Dort erzeugte Töne – aber keine anderen in dieser oder einer anderen Stimme – versucht er nachzuahmen. Es ist kein Heulen, sondern ein echter Versuch, den richtigen Ton zu treffen und den Klang mit dem Mund zu formen. „Aufgeregtes Sprechen" hat nichts mit *seiner* musikalischen Wahrnehmung zu tun. Das aufgeregte Sprechen kommt normalerweise später, von dem Sänger, dem er diese aufrichtigste Form der Schmeichelei schenkt .

[53] Kursivschrift von mir.

[54] Es scheint ganz klar, dass die Griechen bestimmte Melodien hatten, die unseren Melodien ähnelten und von einem Sänger oder Spieler zum nächsten weitergegeben wurden. „In späteren Zeiten", sagt Müller, „gab es Melodien, die von Terpander geschrieben wurden, von der Art, die man *Gaue nennt* ... Diese Gaue von Terpander wurden zum Singen und Spielen auf der Kithara arrangiert." Sie waren, so fährt er fort, „fertige Kompositionen, in denen eine bestimmte musikalische Idee systematisch ausgearbeitet wurde, wie die verschiedenen Teile beweisen, die zu einer von ihnen gehörten." Es gab populäre Lieder und es gab bestimmte Melodien, die bei Festen gesungen wurden. Auch war die Musik nicht immer mit Poesie verbunden; es gab Musik, die rein instrumental war. Olympus (660-620 V. CHR.) scheint nur Musiker gewesen zu sein. „Olympus wird, wie Terpander, nie als Dichter erwähnt; er ist einfach ein Musiker. Seine Gaue scheinen tatsächlich ursprünglich nur auf der Flöte ausgeführt worden zu sein, ohne Gesang." Siehe K. O. Müllers „ *Geschichte der Literatur des antiken Griechenlands"* (engl. Übersetzung), Bd. I , Kap. 12. Eine fachkundige Behandlung des gesamten Themas findet sich in Hugo Riemanns „ *Handbuch der Musikgeschichte"*, Erster Teil (1904), insbesondere Buch I, Kap. I, § 3, § 4, § 5.

[55] Spencer scheint nicht in den Sinn gekommen zu sein, dass, wenn Wilde Melodien haben, wie klein und primitiv sie auch sein mögen, es kaum wahr sein kann, dass sie sich nur im Rezitativstadium befinden. Die schlichte Tatsache ist, dass sein Gebrauch des Begriffs Rezitativ völlig unwissenschaftlich war. Er hat nie gesehen, dass es einen großen ästhetischen Unterschied zwischen Rezitativ im Sinne einer klangvolleren und formelleren Sprache - wie im Fall eines Redners oder Predigers - und Rezitativ im musikalischen Sinne gibt. Im letzteren Fall kommt der ausgeprägt musikalische Appetit ins Spiel, im ersteren nicht. Das erste ist eine Intensivierung der gewöhnlichen Sprache, wird aber nie mehr als Sprache; das andere ist Musik, wenn auch eingeschränkte Musik. Sie entspringen verschiedenen Fähigkeiten und sprechen verschiedene Genussorgane an.

An BERTRAM DOBELL

MAETERLINCK UND MUSIK

Man begegnet immer dort merkwürdigen literarischen und künstlerischen Ähnlichkeiten, wo man sie am wenigsten erwartet. Der menschliche Geist ist natürlich in Wirklichkeit durch und durch homogen. Wir alle müssen unser inneres und äußeres Universum aus ziemlich derselben Art von Gehirn und Sinnesorganen aufbauen: so dass es kaum überraschend ist, wenn man hier und da das Gefühl hat, das Werk dieses oder jenes Musikers oder Künstlers sei das Gegenstück zum Werk dieses oder jenes Dichters oder Prosaschriftstellers oder *umgekehrt* . So findet man zum Beispiel viel von Weber und den deutschen Romantikern in Hoffmanns Erzählungen, von Lessing und Diderot in Glucks Werken, von Turgenjew und Dostojewski in der Musik Tschaikowskis , von Berlioz' Musik – wie Heine vorschlug – in Martins Gemälden. Dieses Phänomen tritt so häufig auf, dass es kaum verwunderlich ist. Noch merkwürdiger ist es, hie und da festzustellen, dass eines der wichtigsten geistigen Prinzipien eines bestimmten Künstlers im ästhetischen System eines anderen Künstlers implizit enthalten ist, der in einem völlig anderen Medium arbeitet und dessen gesamtes Werk auf den ersten Blick von diametral entgegengesetzter Art zu sein scheint. Wer würde zum Beispiel sagen, dass zwischen Wagner und Maeterlinck eine grundlegende Sympathie der Seelen und eine gemeinsame künstlerische Anschauung besteht – zwischen dem Musiker mit seiner gewaltigen Leidenschaft und ruhelosen Aktivität und dem ruhigen Mystiker, der heiter weit über aller Aktivität und Leidenschaft zu schweben scheint und in seinem erhabenen Philosophieren so wenig Wert auf all die Dinge legt, die dem Musiker so wichtig, so real erschienen? Trotzdem besteht, wie ich zu zeigen versuchen werde, eine merkwürdige Ähnlichkeit zwischen den ästhetischen Systemen der beiden Männer. [56] Sie haben teilweise dieselben Vorzüge gemeinsam; sie brechen fast am selben Punkt zusammen oder stoßen an ihre Grenzen. Lassen Sie uns die beiden Systeme flüchtig untersuchen.

ICH

Wenn wir Maeterlincks eigene Dramen nicht besäßen, könnten wir vielleicht anhand seiner Essays beurteilen, welche Haltung er zum Drama und zur Fiktion einnimmt. Hier haben wir uns eine Art offenbart, das Leben zu begreifen und auf die Welt zu blicken, die nur in einer solchen neuartigen dramatischen Form, wie sie Maeterlinck angenommen hat, zum Ausdruck kommen konnte. Der Dramatiker selbst hat uns jedoch in seinen exquisiten Kapiteln über „Das Tragische im täglichen Leben" und „Das Erwachen der Seele" in „ *Der Schatz der Bescheidenen* " eine zugleich deutliche und leidenschaftliche Darstellung seines Glaubensbekenntnisses gegeben . Er vertritt die Theorie, dass die gewöhnliche Tragödie überraschender Vorfälle der Vergangenheit angehört oder gehören sollte, ein Konzept barbarischer Zeiten, in denen die Menschen nur dann von den Geheimnissen der Kräfte des Lebens begeistert sein konnten, wenn sie sich ihnen durch grobe und grobe Methoden näherten gewalttätige Aktion. In einem verfeinerten und subtileren Zeitalter wie diesem sollten wir in der Lage sein, die Hand des Schicksals zu verfolgen, auch wenn es nicht durch so grobe und greifbare Medien wirkt. Es ist nicht das primitive Gefühl, zu sehen, wie ein Mann einen anderen tötet, der den Kern einer Tragödie ausmacht. Es ist das Gefühl spiritueller Erleuchtung, das uns erreicht; das Gefühl, dass der Mord selbst, die Leidenschaft und die Ereignisse, die dazu geführt haben, die Konsequenzen, die sich daraus ergeben, auf die eine oder andere Weise subtil miteinander verwobene Fäden der großen innewohnenden Gesetze der Dinge sind. Tatsächlich ist der größte Teil der Handlung, die mit unserer gegenwärtigen Vorstellung von Tragödie verbunden ist, von einem höheren Standpunkt aus sowohl ästhetisch überflüssig als auch ein Beweis für unsere Erdverbundenheit . Wir sollten in der Lage sein, durch ein Theaterstück, das die gröberen und offensichtlicheren Tatsachen eliminiert und sich auf sanftere und intimere Andeutungen der universellen Wahrheit verlässt, zum Mitleid bewegt zu werden und das feinste tragische Leid zu empfinden. Unser heutiges Zeitalter, meint er, sei dazu fähig oder werde dazu in der Lage sein. „Früher", sagt er in seinem Aufsatz „Das Erwachen der Seele", „wenn es für einen Moment die Frage nach einer Ahnung, nach den seltsamen Eindrücken, die eine zufällige Begegnung oder ein Blick hervorruft, nach einer Entscheidung gab." dass die unbekannte Seite der menschlichen Vernunft geherrscht hatte, eines Eingriffs oder einer Kraft, unerklärlich und dennoch verstanden, der heiligen Gesetze der Sympathie und Antipathie, der Wahl- und instinktiven Affinitäten, des überwältigenden Einflusses der Sache, die nicht ausgesprochen worden war – Früher wären diese Probleme leichtfertig übergangen worden, und außerdem drängten sie sich nur selten in die Gelassenheit des Denkers. Sie schienen durch bloßen Zufall entstanden zu sein und das Leben unaufhörlich zu bedrängen und mit ungeheurer Kraft – dies war von allen nicht zu erwarten, und der Philosoph eilte zurück zu vertrauten Studien der Leidenschaft und des Vorfalls, der an der Oberfläche schwebte."

Dies ist eindeutig Teil einer Lebens- und Kunstphilosophie, in der die gröberen Nervenstränge beiseite gelegt werden, da sie für die spirituelle Erleuchtung, die der Denker wünscht, nutzlos sind. Sie sind zu dick, um auf die feineren Strömungen, die durch sie hindurchfließen, empfindlich zu reagieren; Nur die empfindlicheren Nervenbahnen, die für jede Gefühlswelle empfänglich sind, können zu philosophischem Licht und Wärme angeregt werden. Das Wesentliche an Maeterlincks Werken ist natürlich diese Übersensibilität. Er ist mit anderen Sinnen als unseren ausgestattet und verfügt über andere Arten, das Universum zu erfassen. Er ist ein Mystiker, und weil er ein Mystiker ist, hat er gleichzeitig keinen Kontakt zu vielen Dingen, die der normale Mensch als real bezeichnet, und ist empfänglich für viele Strömungen in der spirituellen Atmosphäre des Universums, deren bloße Existenz das Normale ist Der Mensch ist sein ganzes Leben lang unbewusst. Wir müssen uns daran erinnern, dass diese Welt letztlich nur das ist, was unsere eigenen Sinne und unser Intellekt für jeden von uns daraus machen. Das Wenige, das wir sehen und fühlen können, muss nichts sein im Vergleich zu den Unermesslichkeiten, die wir weder sehen noch fühlen können, die aber immer unsere Gedanken, unsere Schritte, sogar unseren Atem begleiten, wie stille, unsichtbare Zuschauer. Selbst die Welt des Tieres ist nicht unsere Welt, denn das Tier ist für viele Dinge lebendig, die niemals in unser Bewusstsein eindringen; und es gibt außergewöhnlich begabte Menschen, auf deren Nerven das Universum andere Botschaften zu schreiben scheint als auf die gewöhnliche Seele. Der Mystiker fängt Schwingungen im Leben ein, für die stumpfere Naturen, außer in Momenten abnormaler Begeisterung, größtenteils unempfindlich sind. Wenn wir ihm die offensichtliche Schwäche seines Zugriffs auf die Realität vorwerfen, müssen wir uns daran erinnern, dass seine Realitäten nicht immer unsere sind. Er hat häufig Schwierigkeiten, sich in unserer gewöhnlichen Sprache auszudrücken, weil diese hauptsächlich das Instrument des normalen Denkens ist, nicht des Unternormalen oder Übernormalen. Daher Maeterlincks Theorem – das gar nicht so paradox ist, wie es scheint –, dass die tieferen Schwingungen der Seele leichter durch Schweigen als durch Sprache kommuniziert werden. Wir werden von Intuitionen geplagt, die in Worten niemals angemessenen Ausdruck finden können. „Wie seltsam", sagt er, „vermindern wir etwas, sobald wir versuchen, es in Worte zu fassen!" Sprache scheint ihm kaum notwendig zu sein, um seine Gedanken fortzusetzen, die, da sie an tieferen, dunkleren Orten liegen, als die Sprache jemals aufgesucht hat, einen unmittelbareren Weg suchen müssen, von seinem eigenen Gehirn in das eines anderen zu gelangen. „Vielleicht wird eine Zeit kommen, in der unsere Seelen ohne die Vermittlung der Sinne voneinander wissen werden ... Eine spirituelle Epoche steht vielleicht vor der Tür ..." So ist das beliebteste Kommunikationsmittel zwischen der Seele des Spirituellen Erwählt ist nicht Sprache, sondern Stille – Stille, die weitaus beredter ist und die tiefsten Tiefen des Seins weitaus erhellender ist, als es die Sprache jemals sein kann. „Es ist müßig", schreibt er, „zu glauben, dass durch Worte jemals eine echte Kommunikation von einem Menschen zum anderen übergehen kann ... Wir sprechen nur, wenn das Leben in uns träge ist." Und so wie der Mystiker Worte als Kommunikationsinstrumente verachtet, so blickt er auf Fakten als Wegweiser zur Erleuchtung herab. Da das Innenleben zu subtil ist, um es in gewöhnlicher Sprache auszudrücken, sind seine Interessen zu raffiniert, um sich auf grobe Tatsachen zu konzentrieren. Dies seien „nichts als die Nachzügler, die Spione und Lageranhänger der großen Kräfte, die wir nicht sehen können." [57]

II

Hier liegt also eine Lebensphilosophie vor, die in den Händen des Künstlers darauf abzielt, eine neue Art von „statischem" Drama zu schaffen, in dem die Sprache so weit wie möglich der Suggestion, dem Vorfall und der Handlung weichen soll unmittelbare Offenbarung von Seelenzuständen. Obwohl sich das Drama mit dem wirklichen Leben auf eine Art und Weise auseinandersetzt, die Maeterlinck als absolut real ansehen würde, soll es zu einer fortschreitenden Abkehr von den meisten Punkten kommen, die der Durchschnittsmensch als das Wesen der Realität ansieht. Erstens sind nackte Tatsachen und gewalttätige Handlungen außer Acht zu lassen, da sie nicht notwendig sind, um uns das Wesentliche mitzuteilen, was der Dramatiker zu sagen hat; Zweitens dürfen bloße Worte nicht mehr als unverzichtbare Vermittler zwischen dem Gedanken und dem Ausdruck angesehen werden. Dies alles findet nun in seinen Grundzügen eine sehr enge Parallele im Werk und in den Argumenten Wagners. Schauen wir uns für einen Moment seine Theorien an, wie sie in der tatsächlichen Praxis zum Ausdruck kommen, herausgenommen aus der wortreichen Metaphysik, in der er sie gerne verschleierte.

Das Drama und der Roman stellen einen Versuch dar, beim Leser eine bestimmte Emotion zu wecken, die bereits im Autor entflammt ist. Die Tragödie von *König Lear* beispielsweise zielt darauf ab, in uns ein Gefühl des Mitleids für einen alten Mann zu wecken, der durch kindliche Undankbarkeit erschüttert ist. *Othello* zielt darauf ab, unser Mitgefühl für einen liebevollen Mann und eine liebevolle Frau zu gewinnen, deren Glück teils durch Missverständnisse, teils durch teuflische Machenschaften zerstört wird. Es gibt unzählige andere Punkte in den Stücken, aber dies sind die großen zentralen Kräfte. Sie haben Shakespeare dazu bewegt, die Dramen zu komponieren. Dies sind die Ideen, von denen er ausging; und dies sind die Ideen, die uns schließlich im Gedächtnis bleiben, wenn wir die Stücke gesehen oder gelesen haben. Aber aufgrund der schwerfälligen, hartnäckigen Natur des Materials, mit dem er arbeitet, kann der Dramatiker diese zentrale Idee oder dieses zentrale Gefühl in uns nur durch einen äußerst umständlichen Prozess hervorrufen. Er kann sich nicht sofort in sein Thema vertiefen. Er muss an einem Punkt beginnen, der weit entfernt ist von dem, zu dem er uns führen möchte, und sich dann allmählich dorthin vorarbeiten. Er kann ein Gefühl nicht angemessen vermitteln, ohne vor unseren Augen die langen und komplexen Szenen oder Umstände zu entfalten, die dieses Gefühl hervorrufen. Er kann sich nicht auf die Charaktere und Ereignisse beschränken, die das eigentliche Drama ausmachen; er muss diese durch die Wirkung kleinerer Vorfälle und Personen illustrieren – sozusagen Funken aus ihnen ziehen. Kurz gesagt, er muss uns mit einer Vielzahl mehr oder weniger überflüssiger Gefühle erfüllen, bevor er uns das Gefühl vermitteln kann, das wirklich wichtig ist.

In der Musik ist das alles anders. (Der Leser wird sich natürlich daran erinnern, dass ich Wagner erläutere.) Da es keinen Unterschied zwischen Gefühl und Ausdruck, keine Schranke zwischen Emotion und Sprache gibt, kann der Musiker sofort in das Innerste seines Themas eintauchen. Außerdem braucht er das Innerste nie zu verlassen; er kann all seine Energie darauf verwenden, die wirklich notwendigen Faktoren zu erläutern; er braucht nicht die Hälfte seiner Zeit darauf zu verschwenden, anhand der Beschreibung nebensächlicher Dinge zu zeigen, wie diese oder jene Situation zustande gekommen ist oder wie ein Mensch zu diesen oder jenen Gefühlen kommt. Man muss eine halbe Stunde lang die Tristan-Legende oder irgendein Gedicht zu diesem Thema lesen, bevor wir spüren, wie sich die Atmosphäre der Tragödie um uns legt, oder genau wissen, warum sie eintreten sollte. In Wagners Oper wird nicht nur die Tatsache, dass es sich um *eine* Tragödie handelt, in den ersten Takten der Musik angedeutet, sondern auch die eigentliche Färbung und spirituelle Qualität der Tragödie werden uns sofort vor Augen geführt. Während des gesamten Werks leben wir wieder im Zentrum der Metropole jenes Gebiets der Gefühle – Liebe, Trauer und Mitleid –, zu dem uns die Legende und die Dichter auf verschlungenen und oft uninteressanten Wegen führen müssen. Wir sehen Tristan und Isolde im ersten und im letzten Takt; wir verlassen sie keinen Augenblick. So zieht uns der Musiker nicht nur sofort an den Punkt, den er uns erreichen lassen möchte, sondern seine Unabhängigkeit von allen für den Dichter notwendigen Gerüsten gibt ihm auch mehr Freiheit bei der Entwicklung. Er kann den Seelen seiner Charaktere den letzten bitteren Saft ihrer Gefühle entlocken. Wagner selbst wies gern auf die allmähliche Entwicklung seiner Kunst in dieser Hinsicht hin. Im *Fliegenden Holländer* versuchte er, „die Handlung auf ihre einfachsten Merkmale zu beschränken; alle nutzlosen Einzelheiten auszuschließen, wie etwa die Intrigen, die man dem gewöhnlichen Leben entlehnt." Die Handlung des *Tannhäuser* entwickelt sich „weitaus deutlicher aus ihren inneren Motiven"; während „das ganze Interesse des *Lohengrin* in einer inneren Arbeit im Herzen Elsas besteht, die jedes Geheimnis der Seele mit einbezieht." Wagners Ziel bestand darin, sich von der ermüdenden Masse an Details zu befreien, die im poetischen Drama notwendig sind, um das „Woher und Weshalb" jedes Gefühls zu zeigen. "Auch ich fühlte mich, wie ich Ihnen sagte ", schreibt er , "zu diesem Woher und Wozu getrieben, und es verbannte mich lange Zeit aus dem Zauber meiner Kunst. Aber meine Bußzeit lehrte mich die Frage überwinden. Alle Zweifel waren endlich von mir genommen, als ich mich dem *Tristan hingab* . Hier tauchte ich in vollkommenem Vertrauen in die innere Tiefe der Seelenereignisse ein und baute aus diesem innersten Mittelpunkt der Welt furchtlos ihre äußere Form auf. Ein Blick in den *Band* dieses Gedichts wird

Ihnen sofort zeigen, dass ich die erschöpfende Detailarbeit, die ein historischer Dichter der Aufklärung der äußeren Bedeutung seiner Handlung widmen muss, zum Nachteil einer klaren Darstellung ihrer inneren Motive, jetzt nur auf diese letzteren anzuwenden wagte. Leben und Tod, die ganze Bedeutung und Existenz der Außenwelt hängen hier nur an den inneren Bewegungen der Seele. Die ganze ergreifende Handlung geschieht nur aus dem Grund, dass die innerste Seele sie fordert, und tritt mit der im inneren Schrein vorhergesagten Gestalt ans Licht."

Hier wird die Analogie zu Maeterlincks Theorie deutlich. Beide Männer verachten die gröberen, äußerlichen, historischen, aktiven Tatsachen, auf die sich das Drama bisher verlassen musste; beide zielen auf eine subtile Form des Dramas, in dem die Seelenzustände das Erste und das Letzte sein sollen. Es gibt mehr im Leben, sagen sie, als nur bewusste Vernunft; Es sind die innersten Vorgänge der Seele, die uns im Drama offengelegt werden sollen. Diese Überlegungen führten Wagner dazu, den Mythos als das beste Material für seine Arbeit zu wählen. „Ich glaubte daher", schreibt er, „ich muss den ‚Mythos' den idealen Stoff des Dichters nennen — dieses einheimische, namenlose Gedicht des Volkes, das im Laufe der Jahrhunderte immer wieder von den großen Dichtern der Perioden vollendeter Kultur neu behandelt wurde; z darin *verschwindet die konventionelle Form fast der Beziehungen des Menschen, die lediglich der abstrakten Vernunft erklärbar sind* , um stattdessen das ewig Verständliche, das rein Menschliche zu zeigen Dinge auf einmal, ohne eine mühsame Reise durch eine Menge unwichtiger Details machen zu müssen, wie man es im Roman und im poetischen Drama tun muss, bevor man zum Kern der Emotion vordringen kann. Und das ist insofern völlig richtig Wenn Sie sich das Leben wie der Mystiker oder seinen Seelenbruder, den Musiker, vorstellen, wenn Sie das Allgemeine dem Besonderen vorziehen, das Vage dem Bestimmten, das Angedeutete dem Gesprochenen, werden Sie natürlich nach einem Medium suchen, das den freien Durchgang ermöglicht Ihre Emotionen in ihrer weitesten Form werden Sie nicht eine halbe Stunde lang innehalten und erklären wollen, wer Tristan und Isolde waren, wer die Menschen um sie herum waren, welche Ursachen zu ihrem tragischen Ende geführt haben und so weiter Sie werden sofort zum Kern Ihres Themas vordringen wollen ; Sie geben alle Demonstrationsversuche auf und stürzen sich sofort in den Ausdruck. Und wenn es bei Maeterlinck völlig unwichtig erscheint, die Namen und Geschichten von zwei oder drei bestimmten Männern und Frauen zu kennen, die Szenen, in denen sie leben, die alltägliche Routine ihres täglichen Lebens — wenn Sie nur wissen wollen, wie das Schicksal vorgeht Welche bittersüße Emotion wird bei ihnen in einer stillen, bedeutungsvollen Stunde aus ihren Seelen destilliert — dann wirst du, wie der Musiker, jedes Detail übergehen, das dir unwichtig erscheint, und dich auf das überaus schicksalhafte konzentrieren Stunde. Sie werden nichts Geschehenes darstellen, denn nicht das Ereignis ist das Wesentliche, sondern die Seelenzustände, die aus dem Ereignis entstehen. Für Maeterlinck wie für Wagner liegt das „rein Menschliche" – der ganze Mensch, der wesentliche Mensch – tiefer als das, was „nur der abstrakten Vernunft erklärbar" ist. „Eine neue, unbeschreibliche Macht", sagt er über Ibsens *Baumeister* , „beherrscht dieses traumwandlerische Drama. Alles, was darin gesagt wird, verbirgt und enthüllt gleichzeitig die Quelle eines unbekannten Lebens. Und wenn wir manchmal verwirrt sind, dann lassen Sie es Wir vergessen nicht, dass unsere Seele für unsere schwachen Augen oft wie die verrückteste aller Kräfte erscheint und dass es im Menschen viele Regionen gibt, die fruchtbarer, tiefer und interessanter sind als die seiner Vernunft oder seiner Intelligenz.

Für diese obskuren Wahrnehmungen der Seele sind Worte allein eindeutig ein ungeeignetes Ausdrucksmittel. Daher sind sowohl Wagner als auch Maeterlinck der Ansicht, dass eine direktere Art der Äußerung erforderlich ist, ein unmittelbareres Mittel der Kommunikation zwischen dem Gefühl des Künstlers und dem Gefühl des Zuhörers. Wagner findet dies in der Musik, die den indirekten Appell des gewöhnlichen Dichters durch einen direkten Appell ersetzt. Das dramatische Gedicht muss „so verfasst sein, dass es die feinsten Fasern des musikalischen Gewebes durchdringen kann und der gesprochene *Gedanke* sich vollständig im *Gefühl auflöst". Nicht, dass dieser Griff* um das innere Leben, der das Wesen des nachdenklichen Dramas ausmacht , aufgegeben werden sollte . Im Gegenteil, Wagner behauptet in der Art von Maeterlinck, dass die Seele erst dann klar in die Bewegungen des universellen Lebens blicken kann, wenn sie von den störenden Zufällen des vorübergehenden Lebens befreit ist. Wagner ist der Ansicht, dass beispielsweise in der Beethoven-Sinfonie eine Weltanschauung präsentiert wird, die genauso philosophisch und logisch verknüpft ist wie jede andere, die in Worte gefasst werden kann. "In dieser Symphonie sprechen Instrumente eine Sprache, von der die Welt zuvor noch nie etwas wusste; denn hier fesselt der rein musikalische Ausdruck den Hörer mit einer bisher unbekannten Beharrlichkeit in ein unvorstellbar vielfältiges Geflecht von Nuancen; erweckt sein Innerstes in einem Maße, das von keiner anderen Kunst erreicht werden kann; und offenbart in all seiner Veränderlichkeit ein so freies und kühnes Ordnungsprinzip, dass wir es für zwingender als jede Logik halten können, ohne dass die Gesetze der Logik auch nur im Geringsten darin vorkommen; ja, vielmehr findet der rationale Gedankengang mit seiner Spur von Ursachen und Wirkungen hier keinerlei Halt. So dass uns diese Symphonie geradezu als eine Offenbarung aus einer anderen Welt erscheinen muss; und in Wahrheit eröffnet sie ein Schema der Weltphänomene, das sich von dem gewöhnlichen logischen Schema völlig unterscheidet, und von dem eines vor allem nicht zu leugnen ist: dass es mit der überwältigendsten Überzeugung ins Schwarze trifft und unser Gefühl mit einer solchen Sicherheit leitet, dass die logiktreibende Vernunft dadurch vollständig in die Flucht geschlagen und entwaffnet wird."

Neben dieser Betrachtung der Beziehungen des Musikdramas zum poetischen Drama nun Maeterlincks Vergleich seiner eigenen dramatischen Ideale mit denen des „aktiven" Dichters. Letzterer geht gedankenlos über viele der Gefühle hinweg, die einem tragischen Ereignis seine wahre Bedeutung verleihen. Warum sollten diese Gefühle, der wesentliche Kern des Dramas, nicht umfassender zur Geltung gebracht und die bloßen Vorfälle als überflüssig oder lediglich nebensächlich angesehen werden? Auch er möchte wie Wagner den Kern einer tragischen Situation zeigen, ohne die übliche langwierige Katalogisierung aller ihrer Glieder. Er will die spirituelle Essenz des Dramas, und zwar die Essenz allein, nicht die groben materiellen Fakten, aus denen diese Essenz destilliert werden muss. Hier muss die gesamte großartige Passage von Maeterlinck zitiert werden: „Der geheimnisvolle Gesang des Unendlichen, das bedrohliche Schweigen der Seele und Gottes, das Murmeln der Ewigkeit am Horizont, das Schicksal oder die Verhängnis, deren wir uns jedoch in unserem Inneren bewusst sind." Anhand welcher Merkmale kann niemand sagen – liegt das alles nicht hinter *König Lear* , *Macbeth* , *Hamlet* ? Und wäre es nicht möglich, sie uns durch eine Vertauschung der *Rollen* näher zu bringen und den Schauspieler weiter wegzuschicken? Ist es angebracht zu sagen, dass das wahre tragische Element, normal, tief verwurzelt und universell – dass das wahre tragische Element des Lebens erst in dem Moment beginnt, in dem sogenannte Abenteuer, Sorgen und Gefahren verschwunden sind? ... Wenn wir nachdenken Ist es nicht die Ruhe , die von den Sternen beobachtet wird? Und ist es nicht der Aufruhr oder die Stille , die uns am Ende der Geschichte belebt? „Sie waren glücklich", dass die große Unruhe aufkam. Was passiert, während sie glücklich sind? Gibt es nicht in einem einzigen Moment der Ruhe Elemente von tieferer Schwere und Stabilität im Glück als im Wirbelsturm der Leidenschaft? Sehen wir dann nicht endlich den Lauf der Zeit – ja, und vieler anderer, noch geheimerer Unternehmungen –, ist es dann nicht, dass die Stunden vorwärts rasen? Werden durch all diese Dinge nicht tiefere Saiten in Schwingung versetzt als durch den Dolchhieb des konventionellen Dramas? Ist es nicht genau in dem Moment, in dem ein Mensch sich vor dem körperlichen Tod sicher glaubt, dass die seltsame und stille Tragödie des Wesens und der Unermesslichkeit tatsächlich ihren Vorhang auf der Bühne lüftet? Berührt meine Existenz ihren interessantesten Punkt, während ich vor einem blanken Schwert fliehe? Ist das Leben in einem Kuss immer am erhabensten ? Gibt es nicht auch andere Momente, in denen man reinere Stimmen hört, die nicht so schnell verklingen? Blüht die Seele nur in Sturmnächten? Bisher hat sich dieser Glaube zweifellos durchgesetzt. Es ist nur das Leben der Gewalt, das Leben vergangener Tage, das von fast allen unseren tragischen Autoren wahrgenommen wird; und wahrhaftig kann man sagen, dass der Anachronismus die Bühne dominiert und dass die dramatische Kunst ebenso viele Jahre zurückreicht wie die Kunst der Bildhauerei."

Er stellt die spirituellen Ziele der Malerei und der Musik auf eine höhere Ebene; "denn diese", sagt er, "haben gelernt, jene dunkleren, aber dennoch tief verwurzelten und erstaunlichen Phasen des täglichen Lebens auszuwählen und wiederzugeben. Sie wissen, dass alles, was das Leben an oberflächlicher Verzierung verloren hat , durch die Tiefe, die intime Bedeutung und die geistige Ernsthaftigkeit, die es gewonnen hat, mehr als ausgeglichen wurde. Der wahre Künstler wählt Marius' Triumph über die Kimbern oder die Ermordung des Herzogs von Guise nicht mehr als geeignetes Thema für seine Kunst; denn er ist sich wohl bewusst, dass die Psychologie des Sieges oder Mordes nur elementar und außergewöhnlich ist und dass die feierliche Stimme der Menschen und Dinge, die Stimme, die so schüchtern und zögernd hervorkommt, inmitten des müßigen Lärms der Gewalttaten nicht gehört werden kann. Und deshalb wird er auf seine Leinwand ein verlorenes Haus im Herzen des Landes bringen, eine offene Tür am Ende eines Durchgangs, ein Gesicht oder ruhende Hände, und durch diese einfachen Bilder wird er unser Bewusstsein vom Leben bereichern, das ein Besitz ist, den man nicht mehr verlieren kann."

III

Die Exzellenz und Weisheit dieser Gedanken muss nicht betont werden. Was ist der Mangel an ihnen – oder besser gesagt, worin sind sie unvollständig?

Dies kann man zunächst erkennen, wenn man Maeterlincks Theorie mit der von Wagner vergleicht. Es ist ganz richtig, wie Wagner sagt, dass seine Art von Musikdrama einen großen Vorteil gegenüber dem poetischen Drama hat: Indem es gewisse Randinteressen aufgibt, kann es seine ganze Kraft auf das zentrale Interesse konzentrieren – und, wie Wagner es ausdrücken würde, den inneren Motiven der dramatischen Handlung freien Lauf lassen. Andererseits muss Musik von Natur aus daran scheitern, eine Reihe von Ideen und Leidenschaften zu berühren, die in uns sind und für deren Ausdruck wir gezwungen sind, auf Poesie zurückzugreifen, die nicht durch Musik behindert wird. So gibt es bestimmte Geisteszustände, mit denen Musik praktisch keine Verbindung haben kann. Das Mädchen kann, wie Ruskin uns erzählt hat, von ihrer verlorenen Liebe singen, aber der Geizhals kann nicht von seinem verlorenen Geldbeutel singen. Um den Geizhals und alle Charakterschattierungen, die seinem ähneln, zu studieren, müssen wir uns also nicht der Musik, sondern der Poesie oder Prosa zuwenden. Und wer Verdis *Otello* auf der Bühne gesehen hat, muss von der relativen Schwäche der Charakterzeichnung des Jago überrascht gewesen sein. Ein Monster dieser Art, das ausschließlich aus List und Täuschung besteht, ist ein Konzept, das der Musikkunst fast völlig fremd ist. Sie legt zwar einen höheren Wert auf die primären Emotionen, hat aber andererseits Schwierigkeiten, über diese hinauszugehen. Man kann oft kaum glauben, dass Wagners Mime, der so angenehme Musik singt, in Wirklichkeit eine hasserfüllte Figur ist, da die Musik Schwierigkeiten hat, das Gemeine und Verabscheuungswürdige auszudrücken. Sie kann, hauptsächlich mit physischen Mitteln, das Schreckliche und Furchtbare darstellen, aber das Verächtliche und Missratene liegt praktisch außerhalb ihrer Sphäre.

Und auch auf dem Gebiet, wo Musik und Poesie aufeinandertreffen, ist die Musik nicht so weit fortgeschritten, wie Wagner behaupten würde, dass sie nichtmusikalische Poesie überflüssig macht, ein bloßes Echo dessen, was in volleren Tönen in dem Drama zu hören ist, das eine Mischung aus Poesie und Musik ist. In der reinen emotionalen Schönheit des Mitleids, in der exquisiten Zärtlichkeit und dem vollkommenen Trost könnte nichts in irgendeiner Kunst bestimmte Teile von *Parsifal übertreffen* . Aber hier geht es im Wesentlichen um *Emotionen* , nicht um Gedanken; es ist völlig esoterisch; es erreicht sein Wunder, indem es die groben, harten Tatsachen der Welt in seine eigene liebliche Atmosphäre zurückzieht und sie dort verwandelt. Wenn wir einen Ausdruck des Mitleids wollen, der sich stärker auf unser wirkliches Leben bezieht, uns emotionalen Balsam gibt und gleichzeitig unserem philosophischen Denken freien Lauf lässt, müssen wir uns der Poesie zuwenden. Sehen Sie sich das Gespräch der Töpfe im Rubaiyat an, in dem der Humanist Omar die Phiolen seines Mitleids über die entstellten und gebrochenen Wesen dieser Welt ausleert:

„Einer von ihnen sagte: ‚Sicherlich nicht umsonst.'

Meine Substanz der gemeinsamen Erde war Ta'en

Und zu dieser Figur geformt , um pleite zu sein,

Oder wieder auf die formlose Erde zurückgetrampelt.'

Dann sagte ein Zweiter: „Niemand ist ein gereizter Junge."

Würde die Schale zerbrechen, aus der er voller Freude trank:

Und Er, der mit seiner Hand das Gefäß gemacht hat

Wird sicherlich nicht nach der Zerstörung durch Wrath eintreten.'

Nach einem kurzen Schweigen sprach er

Ein Schiff von unansehnlicherer Bauart;

„Sie verspotten mich, weil ich mich so schief verhalten habe:

Was! Hat denn die Hand des Töpfers gezittert?'"

Hier gibt es nicht die sinnliche Wohltuende Wirkung von Wagners Musik, aber es gibt etwas ebenso Kostbares; der Gedanke wird weiter geschleudert; es bringt mehr Elemente der Realität mit sich, die in Emotionen getaucht und gemildert werden; es berührt die wichtigeren philosophischen Tiefen. Wenn man die Verse liest, denkt man traurig an all die verletzten und gebrochenen Wesen der Welt, die armen, missgestalteten Seelen, die ohne eigenes Verschulden die Samen der Dinge in sich tragen, die sie verderben oder töten sollen – die Männer, die von unheilbaren Lastern des Körpers, des Geistes oder des Willens geplagt sind, die Kriminellen, an denen oft mehr gesündigt als gesündigt wurde und an denen die Gesellschaft ihre legalisierte Rache ausübt. Wir haben nicht nur eine warme Welle des Mitleids, die uns durchströmt, wie im Fall von *Parsifal* ; Die exquisite Kunst der Sache wird durch die enge Verbindung mit unzähligen Problemen der Theologie, der Philosophie und der Sozialwissenschaften verstärkt. So noch einmal mit der Zeile, die Maeterlinck selbst dem alten Arkel nach einer der schrecklichsten Szenen in *Pelleas und Melisanda in den Mund legt* : „Wenn ich Gott wäre, wie würde ich das Herz der Menschen bemitleiden!" Musik könnte in ihrer ernsten, weisen Rede nach einer schrecklichen Katastrophe fast einen solchen Reichtum von ethischer Bedeutung umfassen; aber es gibt in Maeterlincks Linie eine besondere Fülle an Weissagung, die uns nur in Worten vermittelt werden kann. Es ließen sich unzählige andere Beispiele anführen, die alle die Existenz einer philosophischen Sphäre beweisen, zu der selbst die größte Musik aufgrund ihrer Unbestimmtheit keinen Zugang haben kann. Matthew Arnold war möglicherweise ein voreingenommener Zeuge, da er selbst Dichter war. Dennoch hat man das Gefühl, dass er in dieser Passage, in seinem *Epilog zu Lessings Laocöon* , das Recht dazu hat, in dem er darauf hinweist, wie der Maler und der Musiker jeweils hervorragend darin sind, „den Aspekt des Augenblicks" und „das Gefühl des Augenblicks" auszudrücken ," sondern dass der Dichter sich philosophischer mit dem Gesamtleben und der Verflechtung der Dinge befasst: –

„Er muss des Lebens Bewegung erzählen!

Der Faden, der alles zusammenhält,

Und nicht nur dessen Einzelteile.

Die Bewegung muss er vom Leben erzählen,

Sein Schmerz und Vergnügen, Ruhe und Streit;

Sein Blick muss nach unten wandern, ganz

Das lange, ununterbrochene Schauspiel;

Mit treuer, unermüdlicher Kraft

Gehe ihm von seiner ursprünglichen Quelle aus nach,

Von Veränderung zu Veränderung und von Jahr zu Jahr,

Nehmen Sie an seiner mittleren Laufbahn teil ,

Verweile bis zur letzten Ruhe,

Und feierliches Schweigen am Ende."

Arnolds Ausdruck hätte vielleicht etwas künstlerischer sein können, aber die allgemeine Wahrheit, die er zum Ausdruck bringt, lässt sich nicht bestreiten – dass die Poesie auf eine Art und Weise vorher und nachher schaut, wie es die Musik unmöglich kann; ist in seiner philosophischen Weite umfassender als die Musik, klarer in seiner Vision und gleicht seinen schwächeren Idealismus durch die sympathische Beschwörung von hundert Noten aus, die der Musik verwehrt bleiben.

IV

Und so wie wir von der Musik zur Poesie übergehen, um bestimmte Emotionen zu erreichen, die in der allgemeineren Kunst nicht zu finden sind, so gehen wir auf der Suche nach bestimmten weiteren künstlerischen Befriedigungen von Maeterlincks ästhetischer Welt zu der des gröberen Realismus über. Die Mystik hat dies mit der Musik gemeinsam – sie verleiht den umfassenderen, allgemeineren Gefühlen der Menschheit Ausdruck und zögert, mit den weniger ekstatischen Fähigkeiten in Berührung zu kommen , die sich auf die härteren Tatsachen des Lebens beziehen. Maeterlinck versucht wie Wagner, das Allgemeine in der Kunst zu erfassen; aber er tut dies nur, weil er, wiederum wie Wagner, verhältnismäßig unempfindlich gegenüber anderen Reizen ist. Und wie Wagners Ästhetik größtenteils nur für diejenigen gilt, die wie er die Welt durch die Musik begreifen, so ist Maeterlincks Dramentheorie nur für diejenigen vollständig gültig, die seine allgemeine Einstellung zum Leben und Wissen teilen. Wenn es wirklich die Mystiker sind, die den Schlüssel zur Erkenntnis der Dinge haben; wenn, wie Maeterlinck selbst in seiner Einleitung zu Ruysbroecks *Das Noces -Ornament Spirituelles* , " toute certitude est de eux seuls", und dass "les vérités mystiques ont sur les vérités ordinaires un privilège étrange — sie können nicht ni vieillir ni mourir "; wenn wir in der hypnotischen Halbohnmacht der Fähigkeiten vor dem Abgrund des Universellen dem wahren Geheimnis der Dinge am nächsten kommen, dann ist Maeterlincks Aussage über das Wesen des Dramas nichts hinzuzufügen oder wegzunehmen. Wenn andererseits die Entwicklung der stärker spezialisierten Wahrnehmungen in uns auf das Bedürfnis des Menschen nach einem geistigen System hinweist, das immer mehr Phänomene der Welt umfasst, dann müssen wir eine Kunst haben, die auch diese Wahrnehmungen zu einer eigenen Schönheit formen kann. Würden wir alle das Universum so wahrnehmen wie Maeterlinck und die Mystiker - durch eine Art sechsten Sinn, der eine augenblickliche Mischung der gewöhnlichen fünf ist; könnten wir alle zu seiner heiter-philosophischen Anschauung gelangen und mit so viel Verständnis der Welt zufrieden sein, wie uns in unmittelbaren Intuitionen zuteil wird - dann würden wir in seiner Art von Kunst eine Ausdrucksweise sehen, die mit allem übereinstimmt, was wir wissen oder fühlen können. Aber da wir nicht alle das Leben mit der halborientalischen Fatalismus von Maeterlinck, in dessen Seele die passiven Elemente die aktiven zu überwiegen scheinen, müssen wir uns zur Befriedigung unserer Sehnsüchte anderen Arten dramatischer Kunst zuwenden. „Der Dichter", sagt er an einer Stelle, „fügt dem gewöhnlichen Leben etwas hinzu – ich weiß nicht was –, was das Geheimnis des Dichters ist: und es offenbart sich uns plötzlich das Leben in seiner gewaltigen Größe, in seiner Unterwürfigkeit gegenüber den unbekannten Mächten, in seinen endlosen Affinitäten, in seinem furchteinflößenden Elend." Nun, für viele von uns gibt es Momente, in denen „Unterwürfigkeit gegenüber den unbekannten Mächten" nicht das A und O des Lebens ausdrückt – lebhaftere Momente der Revolte, des Kampfes mit Unsicherheiten, der leidenschaftlichen Behauptung der Persönlichkeit, die wenig mit der grauen Resignation des Mystikers gemein haben. Wenn das Leben hässlich und bitter ist, gibt es eine Kunst, die uns an dieser Bitterkeit und Hässlichkeit tief fesseln kann, weil sie unserem tiefsitzenden Bedürfnis entgegenkommt, keinen Winkel des Lebens und der Natur unerforscht zu lassen. Diese Kunst des gnadenlos Realen ist vielleicht nicht so „philosophisch" wie die von Maeterlinck; sie spricht vielleicht nicht so deutlich zu uns vom „mysteriösen Gesang des Unendlichen, dem ominösen Schweigen der Seele und Gottes, dem Murmeln der Ewigkeit am Horizont", denn diese Stimmen können sich nur in einem größeren, heitereren, weniger trüben Raum als dem unseren Gehör verschaffen. Aber so wie der Dichter auf einen Teil der formalen Vollkommenheit des Musikers verzichtet und seinen Ausgleich in seiner Fähigkeit findet, ein breiteres Spektrum von Dingen zu berühren, so findet der Realist in dem belebenden, stets interessanten Kontakt mit den gröberen Tatsachen des Lebens etwas, das ihn für den Verlust des umfassenderen Friedens des Mystikers entschädigt – ein Gefühl der energischen Persönlichkeit, des Kampfes mit und der Beherrschung feindlicher Kräfte, das die Trägheit der Mystik nicht bieten kann. „Keine menschliche Vernunft", sagt Maeterlinck, „in unseren Handlungen, keine menschliche Vernunft; nichts als Schicksal." Nun, für den Mystiker sind Denken und Handeln vielleicht nur Kinder der Illusion; aber steckt nicht ebenso viel Illusion in der Passivität, im ekstatischen Zusammenbruch des Intellekts unter dem Druck einer unverständlichen Welt? In dem Drama von Maeterlinck, so schön es auch ist, können wir nicht alle völlige Befriedigung finden. Um die Worte zu zitieren, die er selbst in einem anderen Zusammenhang verwendet hat: „Hier sind wir nicht mehr in den wohlbekannten Tälern des menschlichen und psychischen Lebens. Wir befinden uns an der Tür des dritten Bereichs – dem des göttlichen Lebens der Mystiker. Wir müssen schüchtern vortasten und jeden Schritt sicher gehen, wenn wir die Schwelle überschreiten." Und wenn wir die Schwelle überschritten *haben* , hungern und dürsten wir nach dem unruhigeren, aber auf jeden Fall umfassenderen Leben, das wir hinter uns gelassen haben; so wie uns das Wagnersche Drama, so gewaltig es auch ist, die Tatsache vor Augen führt, dass es Bedürfnisse unserer Natur gibt, die die Musik nicht befriedigen kann. Formale Perfektion, absolute Homogenität sind in einer Kunst nur erreichbar, wenn wir sie von äußeren Ereignissen und langer Reflexion abstrahieren. In dieser Hinsicht kommt die Musik vor der Poesie, die Poesie vor dem Drama, das Drama vor der Fiktion. Nehmen wir von einem Meister der Zurückhaltung ein Beispiel für die scheinbare Verschwendung künstlerischer Kraft, das Wagner als Beweis für seine eigenen Theorien angesehen hätte. Es ist die Szene in *Madame Bovary* , in der Léon, der Emma erwartet, von Homais beim Abendessen aufgehalten wird . „Um zwei Uhr saßen sie noch immer bei Tisch, einander gegenüber. Der große Raum leerte sich; das Ofenrohr in Form einer Palme breitete seine vergoldeten Blätter über die weiße Decke aus, und neben ihnen, draußen vor dem Fenster, gurgelte im hellen Sonnenschein ein kleiner Brunnen in einem weißen Becken, wo inmitten von Brunnenkresse und Spargel drei träge Hummer sich zu einigen Wachteln hinüberstreckten, die auf ihren Seiten zu einem Haufen aufgetürmt lagen." „Brunnenkresse! Spargel! Wachteln! Drei träge Hummer!" Wagner hätte gesagt: „Was haben diese mit Kunst zu tun? Die Art und Weise, wie die Musik die Ungeduld zweier getrennter Liebender beschreibt, ist die gleiche wie das verrückte Vorspiel zum Duett in *Tristan* . Hier haben wir alle wesentlichen Seelenzustände, ohne die Beimischung grober äußerer Realitäten." Doch gibt es etwas in Léons Ungeduld, das die Musik nicht ausdrücken kann – die trostlose Langeweile, die sein Gefährte verursacht, das hilflose Umherschweifen des Geistes über die unbedeutenden Hässlichkeiten seiner Umgebung. Auch dies ist ein Teil der menschlichen Psychologie und ein Teil, der nur in Worten zum Ausdruck kommen kann. Angesichts des größeren Umfangs des künstlerischen Netzes verringern wir gern unsere Ansprüche an die Qualität der Ergebnisse; denn die Phänomene des Extensiven und des Intensiven sollen sich gegenseitig ausgleichen, wobei das eine die Last auf sich nimmt, wenn die Kraft des anderen versagt. Wagner irrte, als er dachte, die Vereinigung aller Künste im Musikdrama könne jede einzelne Kunst überflüssig machen; Maeterlinck irrt, als er glaubte, der Mystiker könne uns in seinem Rückzug ins Zentrum des Bewusstseins alles erzählen, was wir über den äußeren Kreis wissen wollen. [58]

FUSSNOTEN:

[56] Ich muss auf die Worte „ ästhetisch " aufmerksam machen „ Denn beim Erscheinen dieses Artikels in *The Atlantic Monthly* hat mich ein nicht unfreundlicher Rezensent zur Rede gestellt, weil ich seiner Meinung nach behauptet habe, dass das Kunstwerk *von* Wagner dem von Maeterlinck ähnlich sei; er wies völlig zu Recht darauf hin , dass César Francks Werk dem von Maeterlinck näher steht als das von Wagner. Aber natürlich hatte ich nie behauptet, dass Wagner und Maeterlinck mit uns in der gleichen Sprache oder über die gleichen Dinge gesprochen hätten, es ging mir nur darum, das zu beweisen, was der so sehr unterschiedlichen Praxis zugrunde liegt der beiden Männer war eine merkwürdige Ähnlichkeit der ästhetischen Theorie.

[57] Vergleiche Amiels Ausspruch: „Handlung ist nichts weiter als vergröbertes Denken."

<u>[58]</u> Es ist interessant festzustellen, dass uns viele Dinge bei Maeterlinck entweder durch ihre bloße Unbestimmtheit genauso berühren wie Musik oder wie ein Fragment aus einem Libretto erscheinen, das vertont werden muss, bevor es seine volle Bedeutung entfalten kann. Zur ersteren Kategorie wird sich der Leser an Dinge wie den Schluss von *Alladine und Palomides erinnern* . Zur letzteren Kategorie gehören viele jener merkwürdigen Szenen, in denen die Charaktere ständig scheinbar bedeutungslose Worte wiederholen, zum großen Ärger des Durchschnittsbürgers, der den Sinn des Ganzen nicht erkennen kann. In *Aglavaine und Selysette gibt es viele Passagen, die ohne Musik nur das Skelett, das Gerüst einer emotionalen Wirkung zu sein scheinen. In Joyzelle* gibt es ein markantes Beispiel dafür :

Joyzelle. Je t 'embrassais la nuit , quand j'embrassais mes Rêves ....

Lancéor. Ich weiß nicht , was ich meine.... *Joyzelle.* Je n'ai pas eu de crânte ....

Lancéor. Et tout m'est Accordé ....

Joyzelle. Et tout me rend heureuse !...

Lancéor. Que tes yeux sont profonds et pleins de confiance !...

Joyzelle. Et que les tiens sont Purs et pleins de certitudes!...

Lancéor. Komme zur Aufklärung !...

Joyzelle. Und ich werde zurückkommen ! ...

Lancéor. Tes mains sur me Schulterklappen Ont le geste qu'elles verfügbar Wenn ich ohne Besucher anwesend bin m'eveiller ....

Joyzelle. Et ton bras sur mon Cou reprend la même place....

Lancéor . C'est ainsi qu'autrefois tes paupières se fermaient au souffle de l'amour .

Joyzelle. Und das ist dasselbe auch die Lämmer in den Tess klettern die Augen , die sehen ...

Lanceor. Wenn das Glück auf der Welt ist ...

Joyzelle. Das Unglück ist nicht so schlimm wie die Liebe die Kette .

Lanceor. Deine Lieben ? ...

Joyzelle. Ja ....

Es liest sich fast genau wie ein Libretto ohne Musik.

An SIR EDWARD ELGAR

RICHARD STRAUSS UND DIE MUSIK DER ZUKUNFT

I

Vor zwei oder drei Jahren war Richard Strauss in diesem Land praktisch unbekannt. Ein paar Leute hatten im Ausland Werke von ihm gehört; ein paar andere hatten seine komplexen Partituren gekauft und sie so gut durchgearbeitet, wie sie konnten, und gewannen dabei meist nur den Eindruck, dass Strauss von Jahr zu Jahr verrückter wurde. Aus anderen und glücklicheren Gegenden, wo die Nachfrage nach Musik fast so groß ist wie das Angebot, kamen seltsame Geschichten über diese neue Kunst. Eines wurde allgemein als unstrittig anerkannt - dass Strauss ein Meister der Orchestereffekte war, wie ihn die Welt noch nie gesehen hatte; aber alles andere war reine Legende. 1897 wurde *Also sprach Zarathustra* im Crystal Palace gespielt; Der alte Sir George Grove drückte in einem privaten Brief wahrscheinlich die Meinung der meisten Leute aus, die dabei zusahen: „Was kann geschehen sein, dass die Musik von dem hohen Niveau an Schönheit, Interesse, Sinn, Kraft, Anmut, Kohärenz und jeder anderen guten Qualität, das sie bei Beethoven und auch (nicht so hoch) bei Mendelssohn erreicht, auf das niedrige Niveau an Hässlichkeit und Interesselosigkeit herabgezogen wurde, das wir bei Strauss' absurdem Sammelsurium hatten...? *Lärm* und *Wirkung* scheint jetzt so sehr das Ziel zu sein." Es war die alte, alte Geschichte . Der Mann, der einer neuen Kunst zuhört und sich für einen Moment davon abgestoßen fühlt, denkt nie daran, dass die Mängel nicht in der Kunst, sondern in ihm selbst liegen könnten; mit erhabener Arroganz erledigt er in einer halben Stunde ein Werk, für dessen Schreiben vielleicht ein dreimal so schweres Gehirn wie sein eigenes ein halbes Jahrzehnt gebraucht hat. Es gab eine Entschuldigung für Grove; er war fast achtzig Jahre alt, und *auch sprach Zarathustra* mag in seinen ehrwürdigen Ohren wie das wiederauferstandene Chaos geklungen haben. Andere Leute hatten nicht diese Entschuldigung. Auf jeden Fall war die isolierte Aufführung eines so komplexen Werks kaum die Art, die musikalischen Massen für das neue Evangelium zu erziehen. Die Strauss-Blume siechte danach in England entschieden einige Zeit dahin. Es ist wahr, dass man in London oder in der Provinz gelegentlich Till *Eulenspiegel* , Don *Juan* , *Tod und Verklärung* und ein oder zwei Lieder hören konnte, aber das war auch alles. Hin und wieder gab es in der Presse einen kleinen Streit über die Verdienste und Tendenzen von Strauss. Eine mutige Gruppe von

Kritikern wagte zu sagen, dass dies ein Komponist sei, der wahrscheinlich die nächste große Figur der Musikgeschichte nach Wagner werden würde; eine andere, ebenso mutige Gruppe war beständig damit beschäftigt, Material für das Gelächtsein künftiger Generationen zusammenzutragen. Einige dieser letztgenannten Herren hatten sich ihren Platz in der Geschichte bereits vor zwei oder drei Jahrzehnten durch ihre Opposition gegen Wagner fest gesichert. Jetzt, mit unvermindertem Eifer und Energie, bestrebt, eine plurale Unsterblichkeit zu erreichen, schwingen sie fleißig ihre Wischmopps gegen die ozeanische Flut von Strauss. Eine dritte Gruppe folgte dem Banner des genialen Gentlemans, der „ absicherte", indem er erklärte, dass Strauss' Musik immer noch *sub judice sei* – als ob nicht *alle* Musiker ständig *sub judice wären* . Aber während es sehr erfreulich war, diesem Wettbewerb zuzusehen – jeder Kampf war ein Zeugnis des Lebens –, worum ging es bei all dem Streit? Hauptsächlich nur um *Don Juan* , ein verhältnismäßig frühes Werk von Strauss, das in keiner Weise die Möglichkeiten seiner Methoden oder das Entwicklungsstadium widerspiegelte, auf dem er sich damals befand. Der wahre Strauss war nicht in *Don Juan zu sehen* , sondern in *Don Quixote* . *sprach Zarathustra* und *Ein Heldenleben* . Und doch stritt sich die Blüte der Intelligenz Englands lautstark über drei Werke aus der Jugend des Komponisten – *Till Eulenspiegel* , *Tod und Verklärung* und *Don Juan* ! Es war, als hätten sich 1881, kurz vor der Aufführung von *Parsifal* , *die englischen Verfechter der rivalisierenden Schulen gegenseitig über die Frage geprügelt, ob Wagner in Tannhäuser* und *Lohengrin* nicht ein wenig zu weit gegangen sei . Wahrlich, England schlief.

Dann kam Strauss selbst zweimal in die Metropole, zunächst um einige verschiedene Werke zu dirigieren, dann um seine neueste Tondichtung *Ein Heldenleben* erstmals in England zu produzieren. Jetzt war das Interesse oder zumindest die Neugier Londons ein wenig geweckt. Eine abstrakte, desinteressierte Leidenschaft für die Musik selbst, ein kultiviertes Verlangen nach Neuem, im Gegensatz zum bloßen Zirkusinteresse an neuen Interpreten, scheint außer den Kräften einiger weniger Seelen in dieser riesigen Bevölkerung über die Kräfte zu gehen. Eine organisierte Diskussion über einen neuen Komponisten kommt erst dann zustande, wenn er selbst zufällig in der Stadt ist. Wie Sir Thomas Browne es ausdrückt: „Einige glauben, dass es besser sei, das Grab Christi zu sehen ; und wenn sie das Rote Meer gesehen haben, zweifeln sie nicht an dem Wunder." Ohnehin ist es fraglich, ob ein so großes Publikum herbeiströmte, um Strauss beim *Heldenleben*- Anlass zu hören oder zu sehen, wenn dieses Konzert nicht auch das erste gewesen wäre, bei dem Mr. Henry Wood nach langer Krankheit aufgetreten wäre . Als etwa sechs Monate später ein dreitägiges Strauss-Festival in der St. James's Hall stattfand, mit dem feinen Amsterdamer Orchester, das ihn so intelligent spielt, und mit Mengelberg und Strauss selbst als Dirigenten, diesmal jedoch ohne einen genesenden Mr. Wood , die breite Öffentlichkeit zeigte beschämend wenig Interesse an der Sache. Die Saat war jedoch gesät und ihr Wachstum verlief ziemlich schnell. Das neueste Werk von Strauss – die *Symphonia Domestica* – und *Don Quijote* haben wir in England noch nicht gehört [59] wurde seit seiner einzigen englischen Aufführung beim Festival nicht wiederholt. Aber *Ein Heldenleben* – das schreckliche *Ein Heldenleben* , das Schreckgespenst, das Schreckgespenst von vor ein paar Jahren – ist erstaunlich populär geworden. Es wird ziemlich häufig gespielt; Junge Damen, die gerade einmal dem Teenageralter entwachsen sind, studieren die Partitur und diskutieren anerkennend über die Liebesmusik. *Till Eulenspiegel* , *Tod und Verklärung* , *Don Juan* – diese hören wir so oft, dass man nicht mehr erschrocken ist, wenn man sie auf den Rechnungen sieht; sogar *Also sprach Zarathustra* wird gelegentlich angegeben. *Aus Italien* wurde mehrfach aufgeführt , und die jugendliche Symphonie in f-Moll (op. 12) wurde mindestens einmal gespielt. Das Violinkonzert, die Violinsonate, die Cellosonate und das Klavierquartett sind von Zeit zu Zeit zu hören. Damit endlich der Vorwurf der völligen Unkenntnis von Strauss von uns genommen wird, auch wenn wir von ihm, insbesondere von seinen allerneuesten Werken, nicht so viel hören, wie wir es gerne hätten.

Es ist schade, dass seine größeren Werke nicht öfter aufgeführt werden, denn der Amateur, der ihn nicht oft im Orchester hört und versucht, ihn anhand der einfacheren Stücke kennenzulernen, die man zu Hause spielen kann, wird wahrscheinlich einen sehr falschen Eindruck von ihm bekommen. Er hat so viele Stadien der künstlerischen Entwicklung durchlaufen, dass wir nur hier und da ein frühes Werk von ihm zur Hand nehmen müssen, um einen lächerlich falschen Dogmatismus über ihn entwickeln zu können. Ich kann mich an kein Beispiel in der Musikgeschichte erinnern, in dem ein Mann mit solch angeborener Stärke und solch ausgeprägter Individualität in seinen Jugendwerken an so viele andere namhafte Musiker erinnert, die vor ihm da waren. Sie werden in den früheren Werken von Strauss zahlreiche Spuren von Mozart, Haydn, Beethoven, Wagner, Schumann, Brahms und Liszt finden. Doch das Merkwürdige ist, dass wir nirgends das Gefühl haben, Strauss sei auch nur für kurze Zeit völlig unter dem Einfluss eines dieser Künstler gestanden; er ist immer er selbst, obwohl er unerklärlicherweise manchmal in die deutlichsten Erinnerungen an die Art anderer Männer verfällt. Niemand außer ihm hätte die kraftvolle Klaviersonate (op. 5) schreiben können; im ersten Satz zum Beispiel nicht nur die *mâle Tristesse* der Stimmung, aber die feste und flexible Handhabung ist zweifellos seine. Doch in denselben Satz mit seiner modernen Atmosphäre, seiner modernen Kraft und seiner modernen Kühnheit muss er notwendigerweise hier und da Passagen einfügen, die in ihrer Form, ihrer Sprache und ihrer Psychologie direkt ins 18. Jahrhundert zurückgehen. Etwas von diesem Phänomen begegnet uns wieder in seiner Sinfonie f-Moll (op. 12). Das Seltsame ist, dass er nie eine echte Beethoven-Epoche hatte, oder eine echte Schumann-Epoche, oder eine echte Wagner-Epoche; sondern dass er manchmal ganz natürlich in vergangene Gefühls- und Ausdrucksweisen zu verfallen schien, wie ein Mann, dessen Prosastil eine unerklärliche Tendenz hatte, hin und wieder in Erinnerungen an die Autoren zu verfallen, die er in seiner Jugend am meisten gelesen hatte. Der *Guntram* (op. 25) mag bei seinem ersten Erscheinen sehr wagnerisch ausgesehen haben; aber wenn wir es jetzt im Licht von Strauss' späterem Werk lesen, ist es klar, dass Wagner nicht in einem zwanzigsten Teil der Oper vorkommt. Man konnte die Passagen herauspicken, die Wagner ähnelten – besonders diese außergewöhnliche Reminiszenz an *Tristan* , die Strauss so unbewusst zu verwenden scheint – und die ganze Oper als das Werk eines bloßen Jüngers Wagners zusammenfassen. Damals war es schwer, die Bedeutung der einzelnen Teile von *Guntram zu erfassen* oder sich ein zusammenhängendes Schema der psychologischen Prozesse des Komponisten zu entwerfen. Aber heute, nach *Also sprach Zarathustra* , *Don Quixote* , *Enoch Arden* und den Liedern, können wir das alles erkennen; und es ist offensichtlich, dass *Guntram* seine Entstehung nie Wagner verdankte , sondern einem Geist ganz anderer Art als dem seinen. Es ist nicht Wagners Struktur, und vor allem ist es nicht Wagners Weltanschauung; es entspringt einem anders denkenden Gehirn, das sich im Lauf der Zeit seine eigene Terminologie schafft und nur gelegentlich in die Ausdrucksweise von Strauss' großem Vorgänger verfällt. So ist es auch mit dem vielzitierten Einfluss Liszts auf ihn. Dass die Blüte von Strauss' Schaffen aus dem Boden gewachsen ist, den Liszt bewässert hat, steht außer Frage. Aber es lässt sich kein Werk, kein Abschnitt eines Werks zitieren, der klingt, als stamme er direkt von Liszt. Mit Ausnahme von etwa einem halben Dutzend Jugendschriften gibt es nichts von Strauss, das nicht trotz der Anspielungen auf diesen oder jenen Vorgänger so ganz ihm gehören würde wie *Orfeo* zu Gluck oder *Lohengrin* zu Wagner; während er in seinen Werken der letzten Jahre, der Jahre der erlangten Reife und des vollen Selbstbewusstseins, stolz und erhaben allein dasteht, einzigartig unter den Musikern, lange bevor er sein vierzigstes Lebensjahr erreicht hatte. Dennoch wird sich die Tradition, er sei lediglich eine künstliche Mischung aus Wagner und Liszt, wahrscheinlich noch lange halten.

Auch hier ist die Distanz zwischen seinem früheren und seinem späteren Werk so groß, dass jemand, der ihn nur aus den Bemühungen seiner Jugend kennt, ihn mit Sicherheit falsch einschätzen wird. Der gegenwärtige Strauss gebietet Respekt selbst denen, die denken, er nutze seine großen Gaben lediglich, um Perversität und Hässlichkeit zu erreichen; Aber wir mögen Seite für Seite sein frühestes Werk durchgehen und doch kaum ein einziges Mal auf etwas stoßen, das uns glauben lassen würde, dass wir einem Genie gegenüberstanden. Einige davon , wie die *Fünf Die Klavierstücke* (op. 3) und die *Stimmungsbilder* (op. 9) sind stellenweise eher mittelmäßig, im Rhythmus alltäglich, in der Struktur schwach und in der Melodie ausgesprochen billig. Auch wenn sein frühes Werk hervorragend war – und einiges davon war bewundernswert –, konnte man daraus nicht sagen, dass der Komponist einer der vorherbestimmten Geister der Musik war, der dazu bestimmt war, Wahrzeichen zu entfernen und unentdeckte Länder zu erkunden. Offensichtlich war es kein gewöhnliches Talent; schon damals war er im Allgemeinen energisch, kühn, selbstbewusst; aber es flammte selten auf, bis es glühte. In diesen Lehrjahren entwickelte Strauss im Stillen und fast unbewusst eine musikalische Vorliebe, die die Ästhetik der Musik neu gestalten sollte – er war noch zweifelhaft, wohin ihn seine eigenen Ideale führten, und zweifellos war er manchmal verwirrt darüber, dass er es nicht schaffte, präzise zu werden das Bild, das ihm gefallen hätte, aber dennoch autonom blieb, eine neue und kraftvolle Kraft, die auf eine eigene Sprache zielte. Wir sehen jetzt, wie hoffnungslos absurd es ist, den Komponisten von *Also sprach Zarathustra* nach irgendeinem der Maßstäbe der Vergangenheit zu beurteilen – dass der gesamte Geist des Mannes einzigartig ist, da er Dinge in der Musik sieht, die noch nie jemand zuvor gesehen hat, und die direkteste, Auch wenn der Weg zu ihrem Ausdruck äußerst gefährlich ist. Es hat lange gedauert, bis ihm klar wurde, dass er kein großes Talent für abstrakte Schönheit hatte, für das Verweben des Ungreifbaren einer Vision in etwas, das lebt und unsterblich sein wird, wie das Werk des Bildhauers, aufgrund der schieren Harmonie aller Elemente es ist. Der große Test für die Existenz dieser Schönheitsordnung bei einem Musiker liegt in seinen langsamen Bewegungen. Die bloße Kraft des Rhythmus und die Intensität der Farben sind hier weniger wert als anderswo: in dieser idealen, abstrakten Welt, in der die Seele düster lauscht und über das Geheimnis der Dinge brütet wie die Taube auf dem Wasser, das Gefühl des Musikers für die schiere Selbstexistenz Schönheit muss vom Feinsten sein; und die völlige Versenkung in den reinen Ton, die eine solche Stimmung erfordert, ist eher die Qualität des Absoluten als die des poetischen Musikers. Ich leugne natürlich keineswegs, dass Strauss einige langsame Passagen voller emotionaler Schönheit geschrieben hat – wie zum Beispiel das „Erlösung"-Thema am Ende von *Tod und Verklärung* , das edle *Mit Andacht* -Abschnitt am Anfang von *Also sprach Zarathustra* , die pathetische Totenmusik in *Don Quijote* oder das Ende von *Ein Heldenleben* . Was ich damit sagen will, ist, dass der erweiterte Formalismus der Symphonie mit ihrer Absicht auf architektonische Wirkung nicht die Art von musikalischem Denken ist, für die er am vorteilhaftesten ist. Sein Genie gilt eher dem Literarischen als dem Architektonischen oder Skulpturalen.

Sehen Sie sich zum Beispiel seine Lieder an. Wäre seine Begabung reine musikalische Schönheit, die Melodie, die aus purer Freude singt, würde sie sicherlich hier, wenn überhaupt, auftauchen. Doch unter all seinen Liedern kann ich mich an nicht mehr als ein oder zwei erinnern, die aus dem reinen Herzen der Lyrik selbst geschrieben zu sein scheinen; während bei all den wirklich großartigen Liedern der Zauber und die Kraft nicht von reiner melodischer oder harmonischer Schönheit herrühren, sondern von dem Gefühl absoluter emotionaler Wahrhaftigkeit, das sie uns vermitteln – als ob ein Mann sehr ernsthaft und mit intensiver Überzeugung über ein erhabenes Thema spricht und so nicht die verzückte Hingabe der Poesie erreicht, sondern eine beredte, leidenschaftliche, herzerforschende Prosa.

Strauss ist vielleicht kein großer Melodiker, wenn wir diesen Begriff auf die Bedeutung beschränken, die er in der absoluten Musik der Vergangenheit erlangt hat. Nur einmal, glaube ich – im langsamen Satz des Klavierquartetts (op. 13) – singt er sich in jene ideale Welt der Ekstase und Verzauberung hinein, in der die älteren Musiker ihre goldensten Stunden verbrachten. Hier verliert er tatsächlich die reale Welt der Menschen und Dinge aus den Augen, die er in seinen späteren Werken für uns musikalisch zu gestalten vermochte; hier begnügt er sich tatsächlich damit, in verzückter Versunkenheit zu singen, zufrieden damit, eine Flut von Tönen auszuschütten, die alles sein werden, was sie sein sollen, wenn sie göttlich sind, nämlich bloß „ein Wunder und ein wildes Verlangen". Dieser Satz ist in Strauss' Werk einzigartig, sowohl in seiner reinen Schönheit als auch in seiner ästhetischen Absicht. Einmal in seinem Leben jedenfalls hatte der große Realist seine honigsüße Stunde des Idealismus. Aber gerade seine Wachsamkeit und sein lebhaftes Interesse am Leben, die Strauss in seiner späteren Musik zum Symbol einer neuen Ära der Ästhetik machten , haben ihn davor bewahrt, oft in jene ekstatische, hellseherische Ohnmacht zu verfallen, aus der die Musik der großen Träumer entstand. Eine Melodie ist für ihn nichts unverantwortlich Schönes, ein ebenso reiner Genuss für das Ohr wie der Flug eines Vogels oder das Spiel des Sonnenlichts auf dem Wasser für das Auge, sondern ein Kommentar zu einer Person oder Situation, der in erster Linie auf Wahrhaftigkeit statt auf an sich existierende Schönheit abzielt. Daher jener Eindruck einer verschlungenen, zusammengekauerten Zeichnung, der manchmal in Werken wie *Guntram entsteht* , wo seine Hand noch nicht gelernt hat, der inneren Vision mit völliger Treue zu folgen. Daher auch das Gefühl, das einige seiner Melodien gelegentlich in uns hervorrufen, dass sie gefährlich ans Alltägliche oder Offensichtliche grenzen – wie etwa die Kadenz des reizenden kleinen Volksliedes, mit dem *Till Eulenspiegel* endet, oder in ein oder zwei Abschnitten des Finales von *Tod und Verklärung* . Je näher ein Musiker der reinen Einfachheit kommt, desto schwieriger ist es, Lebensechtheit zu erreichen, ohne ins Pathos zu verfallen. Wenn Strauss uns hin und wieder fühlen ließ, dass es nur ein Schritt vom Erhabenen zum Lächerlichen ist, sollten wir auch daran denken, dass kein Musiker jemals so triumphierend mit dem einfachsten Material umgegangen ist – wie in einigen Passagen von *Also sprach Zarathustra* , am Ende von *Ein Heldenleben* , der Sancho Panza-Musik in *Don Quijote* oder der Musik der Kinder in *Feuersnot* . Wenn Tschaikowsky der Musik den letzten neuen Schauer verlieh, hat Strauss ihr eine neue Einfachheit verliehen. Und genau das macht ihn zu Strauss. denn so paradox es auch erscheinen mag, dieser Schöpfer kolossaler Tondichtungen, dieser Träger der mächtigsten jemals gesprochenen Orchestersprache, dieser verrückte Mullah der Harmonie, ist das, was er ist, weil er es gewagt hat, fast alle Konventionen über Bord zu werfen, die sich in den letzten zweihundert Jahren um diese Kunst geschart haben. Er ist komplex, weil er einfach ist; er erscheint so wild künstlich, weil er absolut natürlich ist; er wird kultiviert genannt, weil er alle Künstlichkeit ablegt und wie der natürliche Musiker spricht. Um festzustellen, welche Position wir einnehmen, wollen wir für einen Moment in eine Diskussion über Ästhetik abschweifen .

II

Von allen Künsten ist die Musik diejenige, deren Formideal am erhabensten, anspruchsvollsten und gebieterischsten ist; die Kunst, in der wir am wenigsten bereit sind, Abweichungen vom Höchsten zu dulden, das wir uns vorstellen können. Dies war in der Tat die Ursache sowohl für die rasante Entwicklung der Musik im Vergleich zu den anderen Künsten als auch für den frenetischen Krieg der Schulen in einer Generation nach der anderen. Die Intensität des Verlangens des großen Musikers nach idealer Vollkommenheit in seiner Kunst führt dazu, dass er sie innerhalb weniger Jahre über eine Entwicklungskurve führt, für deren Beschreibung die anderen Künste ein Jahrhundert benötigen. Diese ästhetische Konzentration hat uns die Beethoven-Symphonie und das Wagner-Musikdrama beschert – jede das Vollkommenste ihrer Art, jede der vollkommenste Ausdruck der musikalischen Bedürfnisse der Generation, die sie ins Leben rief. Gleichzeitig hat dieses Prinzip der Entwicklung dazu geführt, dass die Welt, als sie entdeckte, wie absolut vollkommen die Leistung des Musikers in dem von ihm angestrebten speziellen Ziel war , den Wunsch verspürte, dauerhaft bei dieser Form zu verharren und sie als das letzte Wort der Musik zu betrachten. So war es mit der Symphonie nach Beethoven und mit der Oper nach Wagner. Was wir nun im Fall von Richard Strauss erkennen müssen, ist, dass er der Zerstörer – oder jedenfalls das Symbol der Zerstörung – aller bisherigen Werte ist, wie Nietzsche sagen würde, und zugleich der Schöpfer eines neuen Ausdrucks und einer neuen Form.

Musik konnte bei Wagner genauso wenig Halt machen wie bei Bach, Gluck oder Beethoven. Die Erweiterung der Art und Weise, die die Musik durch die Hände jedes dieser Männer erfuhr, war, wie erwähnt, das Ergebnis einer entsprechenden Erweiterung der mentalen Welt des Musikers – nicht des einzelnen Musikers, sondern des Typs. Das große Interesse an Wagner liegt für viele von uns darin, dass mit ihm zum ersten Mal Musik darauf abzielte, mit dem menschlichen Leben in Einklang zu kommen. (Ich denke, so viel lässt sich im Großen und Ganzen postulieren, ohne auf sehr umstrittene Gründe einzugehen, wenn wir den Vorschlag mit der Aussage vervollständigen, dass Berlioz und Liszt – der Liszt der zwölf symphonischen Dichtungen, die *Dante-* Symphonie und die *Faust* -Symphonie – zu verstehen sind wie unter Wagner zusammengefasst.) Aber genau das Element in seinem Werk, das Wagner zu einer unbestreitbaren Weiterentwicklung von Beethoven machte – die klare Erkenntnis, dass man in der Symphonie schlicht und einfach niemals, tun und tun konnte, was man wollte, völlig aus dem Dekorativen ins Menschliche vordringen konnte , dass die Musik, um sich gezielter mit dem Menschen und der Welt zu befassen, die Hilfe der Poesie mit ihren umfassenderen und tieferen Assoziationen mit dem menschlichen Leben in Anspruch nehmen muss – dies war seltsamerweise gleichzeitig das Element, das die Grenzen der Musik markierte Oper und sagte ihr endgültiges Vergehen voraus. Es ist jetzt offensichtlich, dass die Oper *weder* die Form der Gegenwart noch der Zukunft ist. Es war einst die revolutionäre Form, und unter ihrem roten Banner tränkten die Menschen ihre Hände mit dem Blut ihrer Mitmenschen; Jetzt ist es ein Klassiker, und in zwanzig Jahren werden wir eine Schule haben, die ihren Wagner gegen die neuen Unruhestifter unserer musikalischen Konventionen zitiert, so wie eine frühere Schule Mozart und Beethoven gegen Wagner zitierte. Und warum beginnt man nun, die Oper als eine begrenzte Form anzuerkennen , statt als die universelle Form, die Wagner so gern zu schaffen hoffte? Ganz einfach, weil uns jetzt klar geworden ist, dass die Beimischung der menschlichen Stimme in die Musik die Bandbreite der Kunst tatsächlich ebenso einschränkt, wie früher deren Fehlen die Symphonie einschränkte. Was die alte Musik brauchte, war Befruchtung durch Sprache, wie Wagner nicht müde wurde, uns zu sagen; Was die Musik derzeit braucht, ist die Emanzipation von der Tyrannei der Sprache. Ein Blick auf die Ästhetik der Kunst lässt dies weniger paradox erscheinen, als es zunächst klingt.

Wie ich in einem anderen Aufsatz in diesem Band zu zeigen versucht habe, unterliegen die Leute, die Programmmusik als Abwertung der hohen Natur und des reinen Ursprungs der Kunst verachten, einer Täuschung. Musik, sagen sie, sollte für sich allein stehen können, sozusagen in herrlicher Isolation; und sie betrachten es als Zeichen musikalischer Schwäche, wenn ein Komponist , der sich mit dem literarischen Element der Poesie verbindet, „eine fremde Kunst zu Hilfe ruft“, wie sie es ausdrücken. All dies beruht auf einem Missverständnis des wahren Wesens der Musik und einer fehlerhaften Analyse der psychologischen Zustände, aus denen sie hervorgegangen ist. Seit den Anfängen der Kunst gab es zwei Hauptimpulse, die den Musiker stimulierten – der abstrakte und der menschliche, der dekorative und der poetische. Die Tatsache, dass diese beiden in der uns bekannten Musik fast immer in dem einen oder anderen Verhältnis miteinander vermischt sind, stört die Analyse in keiner Weise. Im Großen und Ganzen war die von Wagner bewirkte Revolution genau die Einbringung einer größeren menschlichen Vorliebe in eine Kunst, die zuvor zu sehr auf das Architektonische oder Dekorative ausgerichtet war. Er sah, dass es für einen modernen Menschen unmöglich war, alles, was er sagen wollte, in einer Form auszudrücken, die der Angemessenheit des Musters relativ viel Bedeutung zuschrieb und zu wenig Gelegenheit für die detektivische Verfolgung von Gedanken ließ, die so fließend, so komplex und so ausweichend waren wie das Leben selbst. Einerseits musste der Übergang vom unartikulierten zum artikulierten Ton erfolgen, von der Musik als allgemeinem Ausdruck zur Musik als partikularem Ausdruck des Lebens; und dies konnte nur erreicht werden, indem man ihr mit Hilfe der Sprache ein neues Territorium menschlicher Interessen eroberte, in dem sie die Oberhand behalten sollte. Andererseits musste die alte offizielle Form allgemein aufgebrochen und nutzlose Kleidungsstücke allgemein abgelegt werden, damit sich die Glieder dieser frischen, jungen Kunst freier bewegen konnten. Was Wagners Leistung war, wissen wir . Außer seiner erstaunlichen musikalischen Begabung wird er vor allem durch die Nähe seines Denkens zum wirklichen Leben leben; denn er war auf eine durchdringende Realität gewachsen, wenn auch auf seine eigene, halbromantische Art.

Doch der Impuls, den Wagner der Musik gab, konnte nicht dort enden, wo er es wünschte. Schon zu seinen Lebzeiten hatten Berlioz und Liszt eine Form der symphonischen Dichtung entwickelt, die, wäre da nicht die überwältigende Popularität von Wagners Opern gewesen, wahrscheinlich als die herausragende Form des 19. Jahrhunderts anerkannt worden wäre. Man darf nie vergessen, dass Liszt kein bloßer Nachahmer Wagners war, sondern dass sie viele Jahre lang unabhängig voneinander an den gleichen allgemeinen ästhetischen Linien arbeiteten – wobei Liszt, wenn überhaupt, derjenige der beiden war, der als erster die neuen Möglichkeiten der modernen Musik erkannte. Jetzt, da Wagners Werk vollendet ist und der Vergangenheit angehört – die Kunstform, die er perfektionierte, ist, soweit wir heute sehen können, mit ihm gestorben –, taucht die lange verschüttete Spur Liszts wieder auf. Als Komponist seiner eigenen Epoche verachtet, findet er nun in Richard Strauss eine posthume und stellvertretende Rechtfertigung. Wie der Fluss Arethusa, der an einer Stelle verloren ging und an einer anderen wieder zum Vorschein kam, so taucht die eigentümliche Psychologie der symphonischen Dichtung nach Liszt in *Tod und Verklärung* und *Also sprach Zarathustra wieder auf* , nachdem sie ein halbes Jahrhundert lang durch die lyrischere, weniger „repräsentative" Kunst von *Tristan* und den *Meistersingern verborgen geblieben war* . Die Stärke von Strauss liegt gerade darin, dass er gezeigt hat, wie oft man in der Musik mit größtem Vorteil auf die Sprache verzichten kann , denn die Sprache ist zwar bis zu einem gewissen Punkt ein befruchtendes Element, wird aber zu einem echten Hindernis, wenn dieser Punkt einmal überschritten ist. Wo es Worte gibt, gibt es notwendigerweise eine menschliche Stimme, und wo es eine Stimme gibt, ist man notwendigerweise an die Beschränkungen der Stimme gebunden und von der Hälfte des Lebenskreises ausgeschlossen. Man kann diese Beschränkungen natürlich in Bezug auf die Stimme selbst akzeptieren und dem Orchester die Darstellung von Dingen überlassen, die zu gewaltig, zu geheimnisvoll oder zu schrecklich sind, um gesungen zu werden – was die Methode Wagners war. Der Erfolg dieses Systems hängt jedoch von der Qualität Ihres Themas ab. Wenn Sie sich nun dem großen modernen Stoff zuwenden und das Leben und die Philosophie Ihrer Zeit durch die Musik betrachten möchten, werden Sie feststellen, dass die Stimme ebenso häufig ein Hindernis darstellt. Ein Thema wie *Also sprach Zarathustra* beispielsweise verlangt weder die menschliche Stimme in einer musikalischen Umrahmung, noch würde es sie dulden. Nietzsches Buch ist nicht lyrisch, nicht dramatisch; es ist – oder gibt vor zu sein – ein Stück Philosophie, eine Reflexion über den Kosmos, wie er einem verbitterten, desillusionierten modernen Menschen erscheint. Beim Einweben von Musik in ein derart gigantisches Schema wäre das winzige egoistische Klingeln der menschlichen Stimme ein lächerlicher Abstieg ins Pathos. [60] Wir müssen uns nur die Musik der letzten hundert Jahre anschauen , um zu erkennen, dass sie im Zuge ihrer Ausweitung der Psychologie zunächst die Sprache benötigte, um Zugang zu einem neuen Gebiet zu erhalten, und dann die Sprache aufgeben musste, um sich den Zugang zu einem noch entfernteren und geheimnisvolleren Gebiet zu sichern. Dies ist die Umgebung, an die sich Strauss durch ein Experiment nach dem anderen herantasten musste.

Ebenso wie Wagners Musik, obwohl sie in gewisser Hinsicht komplexer als die alte Kunst war, insofern einfacher als die alte, als sie eine gestelzte Form der Opernsprache durch eine natürliche ersetzte – eine Revolution, die der in der englischen Poesie durch die Lyriker von Ende des 18. und Anfang des 19. Jahrhunderts – Strauss stellt also im Vergleich zu zeitgenössischen Musikschaffenden wie Brahms oder sogar Tschaikowsky eine weitere Bewegung in Richtung Natürlichkeit dar . Der Beweis dafür findet sich in fast seiner gesamten Musik ab Opus 5; es ist überall sichtbar, in seinen Melodien, seinen Rhythmen, seinen Harmonien, seiner *Struktur* . Natürlich kommt es hin und wieder zu einem Verfall in die höflichen Formalitäten, die dem Musiker aller Künstler so verhängnisvoll leichtfallen. Aber im Großen und Ganzen vermittelt Strauss den Eindruck eines einzigartig frischen und unkonventionellen Temperaments, dessen neue Sichtweise spontan eine eigene neue Art der Äußerung hervorbringt. Die besondere Qualität seines reifen Stils ist seine absolute *Selbstständigkeit* – seine völlige Unabhängigkeit in seiner gesamten Struktur von allen Gesetzen außer seinen eigenen. Ich brauche nicht über seine wunderbare Orchestrierung zu sprechen, denn seine Überlegenheit dort steht außer Frage. Aber wir brauchen nur einen Blick auf seine Harmonien zu werfen – jene Harmonien, die für viele Leute, die keineswegs Akademiker sind, der Schrecken sind –, um zu sehen, wie überaus natürlich, wie unendlich weit entfernt von dem bloßen Wunsch, die Menschheit zu verblüffen, [61] der Stil ist von Strauss selbst in seinen herausforderndsten Momenten. [62] Was einst über die Harmonien Wagners gesagt wurde, wird jetzt über die Harmonien seines Nachfolgers gesagt. Ich gebe offen zu, dass es unter ihnen bestimmte Dinge gibt, die uns grausam die Ohren zerreißen – Dinge, bei denen wir uns nur fromm bekreuzigen können, wie bei der Obszönität des natürlichen Menschen an der Straßenecke, und uns dann beeilen. Diese Abweichungen vom Normalen sind vor allem in seinen Liedern zu sehen, in denen er sich eine weitaus größere Freiheit gönnt als in allen anderen Werken. Im Übrigen wird sich herausstellen, dass unser erstes Vorurteil gegenüber den meisten seiner neuartigen Harmonien und Verläufe, abgesehen von ein paar Exzentrizitäten, einfach auf ihre Unerwartetheit zurückzuführen ist und dass sie, sobald wir uns an sie gewöhnt haben , ziemlich logisch und unvermeidlich erscheinen . Zweifellos ist unser Geschmackssinn für Harmonie durch zu viel Zucker verdorben; Die tonische, adstringierende Qualität der Zwietracht wurde von keinem Musiker außer Strauss ausreichend gewürdigt. Wie alle anderen Aberglauben kann auch der harmonische Aberglaube den kühnen Experimentator nicht überleben. Der Glaube an die bösen Mächte, die den Fußstapfen dessen folgen, der unter einer Leiter hindurchgeht oder das Salz bei Tisch verschüttet, erfährt einen herben Schock, wenn wir einen Mann finden, der die Vorsehung auf diese Weise in Versuchung führt und dabei keinen besonderen Schaden anrichtet; und viele Dinge in der Musik, die wir *a priori* für unmöglich halten würden, sehen ganz einfach und natürlich aus, wenn sie tatsächlich gemacht werden. Ein großes Orchesterwerk mit wiederholten Abfolgen des B-Akkords, gefolgt von der Tonika C-Natur, zu beenden, scheint ein Trick von Colney Hatch zu sein; aber es ist seltsam suggestiv und äußerst beeindruckend in *Also sprach Zarathustra* . Natürlich ist die Erfindung und Ausarbeitung einer neuen Technik eine sehr schwierige Angelegenheit; und es ist nur zu erwarten, dass Strauss hier und da den Eindruck erweckt, er sei selbst auf seinem eigenen Territorium nicht ganz zu Hause. Nichts könnte kühner und in der Regel erfolgreicher sein als sein nüchternes Beharren auf einer bestimmten Zahl oder einer bestimmten Reihenfolge, wenn alle Chancen dafür sprechen, dass die Sache wie ein Kartenhaus zusammenbricht, lange bevor er das erreichen kann Gipfel; Die *lässige* Art, mit der Strauss seine Barke durch alle Gefahren der musikalischen Tiefe steuert, hat zuweilen geradezu etwas Düsteres und Unheimliches. In dem schönen Lied „*Ich schwebe*" (op. 48, Nr. 2) beispielsweise ist man abwechselnd erstaunt und amüsiert über die Freiheit der harmonischen Abfolgen; Man weiß kaum, ob man sich über die kühle Unkonventionalität, mit der man uns begegnet, ärgern oder ob man vor Freude über die schiere Unverschämtheit der Darbietung lachen soll. Strauss scheint es für einen Trugschluss zu halten, Akkorde als auf einer bestimmten Basis aufbauend zu betrachten. In gewisser Weise ist sein System eine Rückbesinnung auf die Ansicht der alten Kontrapunktisten, dass Musik aus einer Reihe horizontaler Linien besteht und nicht aus den vertikalen Linien, in die die Gedanken des modernen Harmonisten eingeflossen sind. Ersetzen Sie horizontale Linien durch horizontale Figuren oder Gruppen, und wir haben den Unterschied zwischen dem harmonischen Strauss in seinen gewagteren Momenten und, sagen wir, dem harmonischen Tschaikowsky . Eine bestimmte Akkordfolge muss wohl oder übel in einer Stimme des Klaviers oder des Orchesters ausgeführt werden; eine andere und völlig eigenständige Sequenz muss wohl oder übel in einem anderen Teil durchgeführt werden. Sie werden zu jedem Zeitpunkt ihrer Karriere gegeneinander angehört. Wenn sie nach den gängigen Vorstellungen von Harmonie gut und schön verschmelzen; wenn sie es nicht tun, ist es genauso schön und gut. „Sie sind im Moment nur schockiert", sagt Strauss, weil Ihr Ohr durch das zu lange Verweilen in der konventionellen harmonischen Atmosphäre, die für Sie hergestellt wurde, verfeinert und künstlich geworden ist; Sie müssen lernen, eine neue Atmosphäre einzuatmen, sich an einer neuen Art musikalischer Abfolge zu erfreuen, bei der gegensätzliche Noten oder gegensätzliche Akkorde jeweils zu ihrem eigenen festgelegten Ende gelangen, unabhängig von isolierten harmonischen Effekten oder bestimmten einschränkenden Formalitäten, die als „Auflösungen" bekannt sind. " Wir müssen lernen, horizontal zu denken. In musikalischen Angelegenheiten brauchen jedoch selbst die Fortgeschrittensten unter uns ein wenig Zeit, um ihren Standpunkt neu zu justieren; und ob es daran liegt, dass wir des Lichts der neuen Evangeliumszeit noch nicht ganz würdig sind, oder ob die Stimme des Propheten ihm manchmal im Stich lässt und seine Rede ein wenig schwerfällig und seine Gedanken ein wenig zusammenhangslos werden, es ist sicher, dass Strauss jetzt und schon wieder wird unsere Geduld etwas auf die Probe gestellt. Hier und da in *„Ein Heldenleben"* und einigen der verrücktesten Lieder haben wir das Gefühl, dass uns keine noch so große Vertrautheit mit der Musik jemals dazu bringen wird, bestimmte Effekte – oder Mängel – der Harmonie zu mögen; und selbst in einem großartigen Lied wie dem *Traum durch die Dämmerung* (op. 29, Nr. 1) haben wir an mehr als einer Stelle das unbehagliche Gefühl, dass Strauss nicht mehr der Herr ist, sondern zum Diener seines Materials geworden ist. Hier und da besteht nur der Verdacht, dass er seine vorgegebene Reihenfolge etwas zu streng durchführt und dass er davon profitiert hätte, wenn er sie ein wenig gelockert hätte. Auf jeden Fall ist es, wie ich bereits bemerkt habe, im Allgemeinen in seinen Liedern – die, so schön sie auch sind, nicht der wichtigste Teil seines Schaffens sind –, dass uns sein harmonisches System am ehesten den Atem raubt; Allerdings kann ich einem neueren Autor nicht zustimmen, dass die Harmonien lediglich „wilde Experimente" seien. In neunundneunzig von hundert Fällen scheinen sie mir vollkommen spontan zu sein, selbst wenn sie am meisten angestrengt sind; Ich denke, Strauss schreibt genau so, wie er sich fühlt, ohne den bloßen Versuch, kaltblütig das Unerwartete oder Unmögliche zu erreichen. Ein häufiger Grund für die Neuheit seiner harmonischen Abläufe liegt darin, dass er die Grundtöne seiner Akkorde in jedem Teil der von ihm gewählten Tonskala auflöst. Dies ist natürlich nur eine Fortsetzung einer Tendenz, die in der Musik seit hundert Jahren besteht; und Wagner und Liszt haben uns bestimmte Resolutionen dieser Art so vertraut gemacht, dass sie jetzt keinen Kommentar mehr erregen. In einem weiteren halben Jahrhundert werden die meisten neuen Harmonien und neuen Lösungen von Strauss wahrscheinlich zum gemeinsamen Vokabular jedes musikalischen Penny-Liners gehören. Was auch immer man von der Aufrichtigkeit oder Künstlichkeit seiner Harmonien halten mag, es besteht kein Zweifel daran, dass er in seinen Melodien und Rhythmen überaus natürlich und ungezwungen ist. Nachdem er sich von dem Verdacht der Mittelmäßigkeit befreit hatte, der ihn in seinen früheren Werken hing, weil er sich für einen Moment mit der falschen künstlerischen Firma beschäftigt hatte, machte er rasch Fortschritte auf einer Linie, die ihm eigen war. Niemand kann zum Beispiel „*Don Juan*" (op. 20) hören, ohne zu spüren, wie herrlich frisch das Werk ist, wie absolut jugendlich im besten Sinne. Hier erfahren wir zum ersten Mal , was der zukünftige Strauss sein sollte – der Autor einer neuen Musik, in der Ausdruck und Technik der poetischen Idee mit bedingungsloser, unerschütterlicher Treue folgen werden. Er erwirbt nun ein Sprachinstrument, das uns in seiner Fähigkeit, in das Wesentliche eines Gegenstandes einzudringen, an den vollendeten Stil von Flaubert oder Maupassant erinnert; der Realist Strauss rückt ins Blickfeld. Alle früheren Werke von Bedeutung – die Sinfonie in f-Moll (op. 12), das Streichquartett (op. 13), das *Wanderers Sturmlied* (op. 14), *Aus Italien* (op. 16) und die Violinsonate (op. 18) – waren Vorstudien dazu gewesen. In diesen Werken sehen wir, wie Strauss endlich aus dem Sumpf der höflichen Zustimmung zu den Manieren seiner Vorgänger herauskommt, die in den *Fünf hin und wieder schmerzlich deutlich geworden war Klavierstücke* (op. 3) und die *Stimmungsbilder* (op. 9), und manchmal sogar in der männlichen, luftigen Klaviersonate (op. 5). Nach und nach entwickelt er einen eigenen Musikstil, dessen Ausdrucksweise außerordentlich spontan und kraftvoll ist. Die Melodie wird schlangenförmiger, flexibler artikuliert und in ihrem Rhythmus immer unabhängiger von den vier- oder achttaktigen Requisiten , auf die sich Komponisten im Allgemeinen so bequem stützen. Ich beziehe mich dabei nicht so sehr auf die bloße Kreuzung oder Verschränkung von Rhythmen, die das „*Wanderer- Sturmlied*"und „*Also sprach Zarathustra*"hier und da zeigen, denn dabei handelt es sich mehr oder weniger um eine Angelegenheit lediglich bewusster Technik, was möglicherweise der Fall ist, wie dies häufig bei Brahms der Fall ist , existieren eher auf dem Papier als in der Realität und machen mehr Eindruck auf das Auge als auf das Ohr. Das rhythmische Interesse der jugendlichen Werke von Strauss liegt vielmehr im wachsenden Gefühl vollkommener Freiheit und Natürlichkeit im Verlauf der Melodien. Alle neuen Qualitäten der Werke, die zwischen Opus 12 und Opus 18 liegen, kommen in *Don Juan zu ihrer vollen Entfaltung* , dem ersten Werk von Strauss, das in so etwas wie seiner Gesamtheit die wahre Psychologie, Ästhetik und Moral, des Menschen zeigt.

III

Einige Aspekte dieser Psychologie – ihre Aufrichtigkeit, ihre Originalität, ihre künstlerische Furchtlosigkeit – habe ich bereits angesprochen. Strauss ist jedoch nicht nur aufgrund seines Ausdrucks und seiner Technik ein epochaler Mann, sondern auch aufgrund der Bandbreite und Qualität seiner Themen. Er ist der erste vollständige Realist in der Musik. Die romantische Bewegung erreichte ihren etwas verspäteten Höhepunkt in Wagner, der der Hauptzeremonienmeister bei der langwierigen Beerdigung des klassischen Geistes gewesen war. Die romantische Bewegung hielt sich in der Musik länger als in irgendeiner anderen Kunst; und selbst in unserer Zeit unternimmt sie noch gelegentlich einen erfolglosen Versuch, ihr altes Haupt zu erheben, das jetzt mit seinen verblassten Blumengirlanden, die über die faltigen Wangen hängen, lächerlich wirkt. Aber es hat seine Arbeit getan, und die Zukunft gehört den Menschen, die nicht in dieser alten und etwas künstlichen Welt düsterer Wälder, verzauberter Schlösser, Menschen, die wie Götter und Götter sind, die wie Menschen sind, unmöglicher Jungfrauen und pensionierter Zauberlehrer leben, [63] sondern in einer Welt, die erkennbar der Welt ähnelt, in der wir uns selbst von Tag zu Tag bewegen. Wir mögen es, wenn unsere Kunst einen etwas schärferen Geschmack hat und der Realität näher kommt. Sogar der Apparat der Wagnerschen Oper erscheint uns heutzutage als ein bisschen *vieux-jeu*. *Strauss hat weise* erkannt, dass die Opernform, im schlimmsten Fall eine lächerliche Parodie auf das Leben, im besten Fall nur ein Kompromiss ist, der in der Wahl der Themen ebenso eingeschränkt ist wie in seiner Struktur. Viel größere Freiheit bietet die sinfonische Dichtung oder andere rein instrumentale moderne Formen, weil uns hier gleichzeitig ein breiteres Themenspektrum offen steht und ein Ausdrucksmittel, in das die Stimme mit ihren einschränkenden Assoziationen keinen Eingang findet. Dem besonderen Temperament eines Realisten wie Strauss konnten nur die freiesten und ausladendsten Formen entsprechen, und so schön sein eigenes Opernwerk auch ist und, wie auch *Feuersnot*, vor Leben und Humor übersprudelt, erkennen wir darin nicht den wahren Strauss.

Denn als Realist ist er am bemerkenswertesten. Er ist kein Träumer und auch kein Philosoph, außer insofern Philosophie – in Mr. Merediths Sinne des Wortes – im Mittelpunkt der Lebensvision jedes großen Künstlers steht. Seine besten Leistungen zeigt er in Charakterstudien in Aktion, wie in *Till Eulenspiegel* und *Don Quixote*; und er folgt seiner Spur mit der fröhlichsten Missachtung dessen, ob sein Werk formale Musik im älteren Sinne des Wortes ist oder nicht. Darüber hinaus gilt sein Interesse dem menschlichen Leben als Ganzem, nicht der einen ermüdenden Episode des ewig Männlichen und des ewig Weiblichen. Strauss' Musik ist die sauberste, geschlechtsloseste und athletischste, die ich kenne. So wie es das Einfachste der Welt ist, Liebe zu machen, so ist das Schaffen von Liebesmusik der einfachste Teil des Musikerberufs. Ein weiteres Zeichen für den Tod des romantischen Geistes und die Wiederbelebung des Realismus bei Strauss ist, dass er fast alle alten erotischen Etiketten des Musikers über Bord geworfen hat – obwohl er gelegentlich leidenschaftlich genug sein kann –, um im wahren modernen Geist die Geschichte anderer Elemente des menschlichen Lebens zu erzählen, die ebenfalls ihre Poesie und ihr Pathos haben. Ein erfrischendes Merkmal der früheren Werke – wie der Klaviersonate, der Violinsonate und des Klavierquartetts – war ihre ungetrübte Männlichkeit, ihre völlige Freiheit von jenen sexuellen Phantasmen, die im letzten Jahrhundert über so vielen unserer Musikstücke schwebten . Die Jugendwerke von Strauss sind stolz, kraftvoll, unverdorben, griechisch in ihrer Qualität. Sogar im *Don Juan* gilt sein Interesse, wie man bemerken kann, einem anderen Aspekt der Geschichte als dem offensichtlich Erotischen; und die Musik selbst ist eindeutig nicht das Werk eines Romantikers, sondern eines Realisten und Humanisten. Die Liebesthemen in *Don Juan* sind nicht sexuell in der Art, wie Wagner oder Tschaikowsky sie beispielsweise gestaltet hätten. Sogar in seinen Liedern ist sein Liebesspiel ernst und philosophisch, ohne dass das katzenhafte Sex-Element durchscheint, das bei Wagner so ausgeprägt ist; Strauss ist unbehelligt von der *Hysterie passio* der Kacheln. Für diese Generation ist jedenfalls das letzte Wort in Sachen Sexmusik in *Tristan und Isolde gesprochen* ; und statt seine schwächeren Brüder zu imitieren, die sich energisch damit beschäftigen, Wagners Wein zu verkaufen, hat Strauss seine Augen auf andere Elemente als das Erotische in der menschlichen Komposition gerichtet. Daher die kosmische Großartigkeit der Konzeption von *Also sprach Zarathustra* , der bildhafte Humor von *Till Eulenspiegel* und die höchste Menschlichkeit seines größten Werks, *Don Quijote* .

Ich nenne dies sein größtes Werk, weil es das ist, in dem seine realistischen und humanistischen Qualitäten zu ihrer schönsten Blüte kommen. Es hat die ganze Leidenschaft von *Don Juan* und den ganzen Humor von *Till Eulenspiegel* , mit einer Technik, die noch erstaunlicher ist als die dieser beiden Werke, und dieses reifere Gefühl, das er erst im Laufe der Jahre entwickeln konnte. Ich würde den *Don Quijote einstufen* höher sogar als *Also sprach Zarathustra* , weil es uns das Gefühl gibt, dass es einen enormen Fundus an aufrichtigen Emotionen vermittelt, der Strauss' Kühnheit und Klugheit zugrunde liegt und ihn selbst in seinen Momenten des rücksichtslosesten Humors nie verlässt . Sicherlich *Also sprach Zarathustra* ist ein wunderbares Werk; Noch nie hat sich uns in der Musik ein solch überwältigendes Bild des Menschen und des Universums vor Augen geführt; es lässt die Weltphilosophie Wagners im Vergleich fast wie das Blöken der evangelischen Orthodoxie erscheinen. Aber gerade im *Don Quijote* ist Strauss ganz er selbst und durch und durch menschlich. Hier ist auch definitiv jede Spur des Stils anderer

Männer verschwunden, denn selbst in *Also sprach Zarathustra* scheinen wir zuweilen die Stimme von Liszt wiederzuerkennen. Der *Don Quijote* markiert den endgültigen Bruch zwischen der realistischen und der romantischen Musikschule. Ich sage hier nichts über ihre Technik, obwohl das allein schon ausreicht, um die Frage aufkommen zu lassen, ob es möglich ist, dass sich die Musik darüber hinaus entwickelt. Nirgendwo außer im Werk des glorreichen alten Bach gibt es in der Musik eine solche Kombination aus unerschöpflicher Fruchtbarkeit der Fantasie und strengster Strenge bei der Wahl des Materials. Eine Beschreibung würde für diese Aspekte von *Don Quijote* nichts nützen ; Jeder Student muss den Reichtum der Arbeit auf eigene Faust genießen. Aber wenn man seine eher menschlichen Qualitäten bedenkt, muss man den *Don Quijote* sowohl in seiner Form als auch in seiner Psychologie als ein epochales Werk bezeichnen. Es handelt sich nicht um eine symphonische Dichtung, sondern um eine Reihe von Variationen über praktisch drei Themen: Don Quijote, Sancho Pansa und Dulcinea; und für Witz, Humor , Pathos und Humanismus gibt es in der gesamten Musikbibliothek nichts Vergleichbares. Sicherlich ist die Geschichte von Cervantes für jeden , der Strauss' *Don Quixote* -Musik kennt , von nun an ohne sie nicht mehr vorstellbar; Die Geschichte selbst hat in der Tat nicht die Hälfte des Humors und der tiefen Traurigkeit, die ihr Strauss einflößt. Mit diesem Werk hat er die Epoche des Romans in der Musik eingeläutet. Wir hatten unsere unsterblichen Lyriker, unsere Bildhauer, unsere Dramatiker, unsere Erbauer exquisiter Tempel; Wir kommen nun zu den Romanautoren, zu unserem Flaubert, Tourgeniev und Dostoievski . Und hier sehen wir die subtile Eignung der Dinge, die Strauss dieser rein lyrischen Qualitäten beraubt hat, deren Fehlen es ihm, wie ich zuvor dargelegt habe, unmöglich macht, ein absoluter Schöpfer von Formen reiner, sich selbst tragender Schönheit zu sein. Seine Art von Melodie gilt heute nicht als Fehlschlag, sondern als großartiges Geschenk. Es ist die Prosa der Musik — eine ernste, flexible, beredte Prosa, das einzige Instrument auf der Welt, das für die Prosa-Fiktion in der Musik geeignet ist, die Strauss zu entwickeln bestimmt ist. Sein Stil ist nervös, kompakt, geschwungen, wie es sich für eine gute Prosa gehört, die, wie man sagt, durch ihren Inhalt verantwortungsvoller gegenüber dem Leben ist als die Poesie, einiges von der schönen Verzichtbarkeit des Liedes aufgeben und dafür eine Kompensation finden muss in einer perfekten Mischung, einem perfekten Kompromiss aus Logik und Verzückung, Wahrheit und Idealität. „Ich kann mir", sagt Flaubert in einem seiner Briefe, „einen Stil vorstellen, der schön sein sollte; den jemand eines Tages, in zehn Jahren oder in zehn Jahrhunderten, schreiben wird; der rhythmisch wie Verse, präzise wie die …" Sprache der Wissenschaft, und mit Wellen, Modulationen wie bei einem Violoncello, einem Stil, der wie der Strich eines Stiletts in die Idee eindringt; ein Boot mit gutem Heckwind. Man muss sagen, dass die Prosa die *beste Form* der antiken Literatur ist, aber die der Prosa muss noch gemacht werden.

Es scheint mir, dass es keine bessere Beschreibung für Strauss' musikalischen Stil geben könnte, mit seiner ständigen Anpassung an die emotionale und intellektuelle Atmosphäre des Augenblicks und seiner Angemessenheit für die realistische Darstellung von Charakter und *Milieu , die seine Mission in der Musik ist. Seine Qualitäten sind homogen; er ist weder ein gescheiterter* Wagner noch ein unehelicher Sohn von Liszt, sondern der Schöpfer einer neuen Ordnung der Dinge in der Musik, der Begründer einer neuen Art von Kunst. Der einzige Beweis dafür, dass eine Literatur lebendig ist, ist, wie Dr. Georg Brandes sagt, ob sie neue Probleme, neue Fragen aufwirft. Gemessen an diesem Test ist die Kunst von Strauss das Hauptzeichen für neues und unabhängiges Leben in der Musik seit Wagner; denn sie spornt uns ständig zu neuen Problemen der Ästhetik , der Psychologie und der Form an.

IV

Es ist nicht schwer, die Haltung musikalischer Puristen gegenüber Strauss und vieler anderer, die nicht unbedingt Puristen sind, zu verstehen. Die Kraft des Genies dieses Mannes hat etwas Provokantes, Trotziges, beinahe Abstoßendes. Er ist so enorm stark, so stolz und selbstbewusst, dass es ihm Freude macht, der Welt ins Gesicht zu spotten, wie sie noch nie zuvor verspottet wurde. Seine gesamte Karriere ist ein Beweis dafür, wie weit Mut und Einfallsreichtum einen Mann tragen können. Allen bekannten Präzedenzfällen zufolge hätte er jahrelang kämpfen und vergeblich versuchen müssen , Gehör zu finden; als er tatsächlich aufgeführt wurde , hätte er unter dem Spott der Kritiker erdrückt und mit dem Gift der Kritik vergiftet werden müssen; er hätte einen unaufhörlichen Kampf mit Sängern, mit Spielern, mit Opernhäusern, mit Verlegern, mit Konzertveranstaltern führen und elend zugrunde gehen müssen, als Märtyrer eines unmöglichen Ideals. Was die völlige Gleichgültigkeit gegenüber der Meinung anderer angeht, was die schiere Entschlossenheit angeht, seinen eigenen Weg zu gehen, ohne Rücksicht auf alle altehrwürdigen Konventionen, gibt es in der Musikgeschichte einfach nichts Vergleichbares zu ihm. Und doch war seine Karriere eine des ungebrochenen Triumphs. Mit vierzig Jahren wird er nicht nur als der erstaunlichste Musiker Europas anerkannt , sondern es gibt auch keine Forderung an ihn, egal wie gebieterisch sie auch sein mag, die die Leute nicht gerne eilig erfüllen. In *Zarathustra erreicht er anscheinend die Grenzen dessen, was man von einem* menschlichen Orchester verlangen kann ; doch in *Don Quixote* und auch in *Ein Heldenleben* spannt er ihre brechenden Sehnen zu noch höherer Spannung an; und in der *Symphonia domestica* behandelt er sie und uns mit einer herrlichen, tyrannischen Unverschämtheit. Nie zuvor hat ein Orchester mit zweiundsechzig Streichern, zwei Harfen, einer Piccoloflöte, drei Flöten, zwei Oboen, einer Oboe d'amore , einem Kor Englisch , fünf Klarinetten, fünf Fagotte, vier Saxophone, acht Hörner, vier Trompeten, drei Posaunen, eine Basstuba, vier Pauken, ein Triangel, ein Tamburin, ein Glockenspiel, Becken und eine große Trommel, waren nötig, um einen Tag im Leben eines Babys zu beschreiben; nie zuvor wurden die Energien von über hundert arbeitsfähigen Männern für eine derartige Aufgabe eingesetzt. Er stimmt seine Saiten ganz nach Belieben unter das normale Maß; er verwendet veraltete Instrumente und andere, die nie in Konzertorchestern verwendet werden; er vervielfacht die Schwierigkeiten und macht die Aufführungen seiner Werke wegen der vielen erforderlichen Proben zu enorm kostspieligen Angelegenheiten. Und doch tut er das alles mit erhabener Straflosigkeit. Ein orientalischer Potentat, der verächtlich auf seinem Pferd über die liegenden Körper einer ihn halb anbetenden, halb verärgerten Bevölkerung reitet, ist das einzige Bild, das ihn in seiner energischen, unwiderstehlichen Karriere gerecht beschreibt. Die Götter haben Strauss tatsächlich wohlgesonnen. Ein Großteil seines Erfolgs oder seiner Fähigkeit, Erfolg zu erzielen, dürfte zweifellos finanziellen Ursachen zuzuschreiben sein; er musste nie mit leerem Geldbeutel und leerem Magen gegen die Welt antreten. Und dennoch ist er das bemerkenswerteste Phänomen, das die Musikwelt je gesehen hat; kein Komponist hat uns jemals auch nur ein Viertel so sehr beleidigt, ohne dass ihm das Leben aus dem Leib geprügelt wurde.

Er ist offensichtlich ein Mann mit enormer Nervenenergie. Das sieht man zum einen am Stil seiner Melodien. Sie sind bemerkenswert wegen ihrer großen Sprünge, der großen Bögen, die sie durchqueren, der großen Abstände zwischen ihren Teilen – alles Anzeichen für große Wellen nervöser Energie, die nicht in den engen Grenzen einer gewöhnlichen Melodie gehalten werden können. Gelegentlich erweist sie ihm einen eher schlechten Dienst; sie wird sein Herr statt sein Diener. Es besteht wirklich keine Notwendigkeit für diese unaufhörliche Anhäufung von immer mehr Klängen im Orchester; die einzige Verurteilung, die man dafür hinnehmen muss, ist, dass oft kein Ergebnis dabei herauskommt, das den enormen Mitteln entspricht, die eingesetzt werden müssen. Tausende Seiten unserer modernen Musik wären mit einem weitaus geringeren Aufwand ebenso großartig, ebenso bewegend. Ein Mann wie Strauss empfindet überschwängliche Freude, die Freude eines gesunden Athleten, der schwierige Leistungen vollbringt, beim Weben einer musikalischen Textur, die ein Wunderwerk genialer Technik ist. Auf dem Papier sieht es wunderbar aus und ist es auch wirklich; aber es lässt sich nicht bestreiten, dass genau dieselbe Wirkung oft mit viel einfacheren Mitteln erzielt werden könnte. Hin und wieder sagen wir, man hätte Zeile um Zeile aus der Partitur streichen können, ohne dass etwas von der endgültigen Wirkung verloren gegangen wäre. Im Gegenteil, Strauss' Aufgehen in der puren Freude am Komponieren verleitet ihn gelegentlich zu technischen Fehlern, die einem kleineren Mann entgangen wären. Im Tanz des *Zarathustra* beispielsweise führt seine übermäßige Unterteilung der Streicher lediglich dazu, dass das Walzerthema viel zu schwach klingt. Seine eigene Angabe am Anfang der Partitur sieht sechzehn erste Violinen vor (um nur diesen Abschnitt zu betrachten). Im Walzer teilt er sie in (1) erstes Pult, (2) zweites, drittes, viertes und fünftes Pult. Dann teilt er das erste Pult erneut und gibt einem Teil davon eine Arpeggio-Figur und dem Rest ein zweistimmiges Thema, was eine weitere Unterteilung dieses kleinen Restes mit sich bringt. Das Ergebnis ist, dass die Melodie ihrer ganzen Kraft beraubt wird. Er hat sie als *forte bezeichnet* , aber ein *forte* ist unmöglich, selbst bei entsprechender Abschwächung der übrigen Streicher. Es besteht absolut keine Notwendigkeit für eine solche Seite wie diese. Die ganze Kraft der Streicher wird für Dinge vergeudet, die nicht zum Vorschein kommen und die völlig unwichtig wären, wenn sie zum Vorschein kämen; und das wirklich wichtige Thema wird seiner ganzen

Eindrücklichkeit beraubt. Es besteht wirklich keine Notwendigkeit für einen Großteil der orchestralen Komplexität, an der Strauss sich hin und wieder erfreut. Sie ist für die angemessene Darstellung seiner Ideen nicht unbedingt erforderlich; sie beansprucht die Zeit und die Nerven des Orchesters unnötig; und sie verleitet junge Bewunderer dazu, es ihm gleichzutun, was absolut fatale Folgen für ihre Chance hat, eine Aufführung von irgendeinem Dirigenten zu bekommen.

Vielleicht schlagen wir nur in die Luft, wenn wir Strauss auf solche Tatsachen aufmerksam machen; vielleicht hätten wir ohne seine Fehler auch nicht seine Qualitäten, vielleicht ist die stürmische Energieflut, die ihn zu gelegentlichen Extravaganzen in der Komposition verleitet, nur ein Teil der größeren Flut, die seine Inspiration zu dem kolossalen, überwältigenden Ding macht, das sie ist. Überall im Gehirn des Mannes herrscht ein Anflug von Unordnung, eine Anspannung von irgendetwas Abnormem, die es ihm schwer macht, zehn Minuten lang an irgendetwas zu arbeiten, ohne dass in ihm ein unwiderstehliches Verlangen aufsteigt, es zu verunstalten. Er arbeitet an dem Bild wie an der Seele der Inspiration selbst; dann schießt plötzlich eine düstere Laune durch seine Nerven, und er macht einen langen, unregelmäßigen Pinselstrich, der der Zerstörung der Harmonie des Ganzen gefährlich nahe kommt. Ein fähiger Kritiker drückte es mir einmal nach einer Aufführung von *Ein Heldenleben gegenüber* so aus, als sei Strauss als Komponist so etwas wie Rubinstein als Pianist – er könne nichts Längeres durchgehen, ohne dabei mindestens eine Dummheit zu machen. Grob gesagt hatte er recht. Sollen wir sagen, dass jeder große Musiker einen Fehler in seiner geistigen Struktur hat, der sich auf die eine oder andere Weise zeigen muss, und dass diejenigen Glück haben, bei denen sich dieser Fehler nicht in ihrer Musik zeigt? So viel Torheit ist jedem von ihnen gegeben, und sie muss irgendwo zum Vorschein kommen. Bei Wagner kam sie in den Prosawerken zum Vorschein; sie waren ein wohltätiger Plan der Vorsehung, um das Gehirn von seinen Spinnweben zu befreien und das gereinigte Instrument in einem besseren Zustand für seine Musik zu hinterlassen. Beethovens Wahnsinn kam in seinem Privatleben zum Vorschein, was wiederum dazu führte, dass das Gehirn in vollkommener Leichtigkeit und Ausgeglichenheit in der Musik arbeitete. Strauss schreibt keine Prosawerke wie Wagner und schüttet sich nicht wie Beethoven das Wasser über den Kopf, wenn er sich die Hände wäscht, oder benutzt den Kerzenlöscher einer Dame als Zahnstocher. Er ist in dieser Hinsicht erschreckend normal; und da ihm solche Sicherheitsventile für das bisschen Torheit fehlen, das in ihm steckt, kommt es leider in seiner Musik zum Vorschein. Früher konnte er seinem Humor und seiner Fähigkeit, Charaktere zu zeichnen , freien Lauf lassen, ohne den Wunsch zu hegen, den Zuhörer aus reiner Liebe zur Sache zu irritieren; in *Till Eulenspiegel* zum Beispiel ist es fast nur pures Vergnügen, ein Strom von Witz und Humor , der nur für einen oder zwei Augenblicke durch die Mätzchen des schelmischen Schuljungen unterbrochen wird. Doch danach entwickelte Strauss die ernsthafte Tendenz, sein Bild durch irgendeinen boshaften Scherz zu verunstalten, seinen Kopf durch die Leinwand zu stecken und das Publikum anzugrinsen oder seinen Daumen an die Nase zu legen und ihm mit einer spöttischen Geste die Finger entgegenzustrecken.

Im *Heldenleben* ist diese Tendenz am schlimmsten. Trotz all seiner großen Schönheit und seiner titanischen Kraft bleibt es letztlich weniger zufriedenstellend, als es leicht hätte sein können. Es ist nicht alles in ein Licht getaucht; das Bild wurde unzusammenhängend gesehen; es ist ein Versuch, Gegensätze zu vereinen. Die große Frage ist: *Was* will Ein *Heldenleben darstellen* ? Soll es ein rein objektives Gemälde eines Helden sein – sozusagen eine Darstellung des Helden *an sich* – oder soll es, zumindest teilweise, die Aufmerksamkeit des Zuhörers auf die Persönlichkeit von Strauss selbst lenken? Die offizielle Erklärung des Werks – autorisiert , wie wir erfahren, vom Komponisten – lautet, dass *Ein Heldenleben* als eine Art Gegenstück zu *Don Quijote gedacht ist* . Dort hatte er eine einzelne Figur skizziert , „deren vergebliche Suche nach Heldentum zum Wahnsinn führt". Hier war er bestrebt, „keine einzelne poetische oder historische Figur darzustellen, sondern eher ein allgemeineres und freieres Ideal großen und männlichen Heldentums"; und die Vorstellung, dass sich der Held des Gedichts an einem beliebigen Ort aufhalten könnte, an dem Strauss selbst sich aufhielt, wird heftig untersucht.

Was nun die allgemeine Behandlung der Musik angeht, so ist Strauss meiner Meinung nach deshalb gescheitert, weil er dieses verallgemeinerte Bild im Kopf hatte. *Don Quixote* ist ein solches Meisterwerk des Humanismus, gerade weil Strauss sich auf eine rein menschliche Figur beschränkt hat. Man kann einen menschlichen Charakter sowohl umfassend als auch detailliert psychologisieren , aber es ist äußerst schwierig, eine reine Abstraktion interessant zu machen. Bei jedem Schritt läuft man Gefahr, entweder ins Bombastische oder ins Alltägliche zu verfallen. Besonders in der Musik sollte eine Abstraktion so umfassend wie möglich behandelt werden; die einzige Hoffnung auf Rettung liegt darin, einen absurden Kontrast zwischen dem Besonderen und dem Allgemeinen zu vermeiden. Genau dies ist Strauss trotz seines ganzen Genies nicht gelungen zu vermeiden; und wenn wir uns sein Schema etwas genauer ansehen, haben wir allen Grund, mit der autorisierten Version seines Inhalts unzufrieden zu sein. Erstens wird dieser abstrakte Held, dieser Vertreter „eines allgemeineren und freieren Ideals großen und männlichen Heldentums", im Laufe des Werks immer weniger zu einem verallgemeinerten Typus und kommt vielen von uns schließlich – ungeachtet dessen, was die inspirierten Kommentatoren sagen mögen – wie ein Musiker vor – eher eine eigentümliche Verengung des Heldenbegriffs; und dieser

Musiker weist eine merkwürdige Ähnlichkeit mit Strauss selbst auf. Kein offizieller Widerspruch kann jene zwanzig oder fünfundzwanzig Zitate aus Strauss' eigenen früheren Werken beseitigen, die in der autorisierten Analyse als „Friedenswerke des Helden" erscheinen . Die geistreiche Bemerkung des Analytikers, dass er „durch das Zitieren hervorstechender Merkmale aus seinen wichtigsten Werken uns erkennen lässt, dass die Erfahrungen des Helden auch seine eigenen waren", ist wirklich die dümmste Belanglosigkeit. Wenn sich jemand daran macht, einen typischen Helden zu beschreiben, ein „allgemeines und freies Ideal großen und männlichen Heldentums", dann führt er in der Regel nicht als Beispiele für die Aktivitäten dieses universellen Helden eine Reihe von Zitaten aus fast jedem Werk an, das er selbst bereits geschrieben hat. Hätte er dies ernsthaft getan, hätte das auf einen lächerlichen Egoismus bei Strauss hingedeutet; und trotz der offiziellen Version ziehe ich es vor, zu glauben, dass er nicht ganz so absurd war. Wir stehen hier Auge in Auge mit dieser merkwürdigen Vermischung des Zwecks, diesem perversen Wunsch, seinen eigenen Kopf durch die Leinwand zu stecken, der gelegentlich so charakteristisch für ihn ist. Er kann dem Impuls nicht widerstehen, gleichzeitig seine wunderbare Technik zu zeigen und dem Publikum einen Topf Farbe ins Gesicht zu schleudern, wie Ruskin über Whistler sagte; und das Ergebnis ist diese wunderbar kluge, aber psychologisch nicht vertretbare Rhapsodie auf sich selbst, eingefügt in die Mitte dessen, was ein rein objektives Porträt eines Helden sein soll. Es ist wiederum nicht leicht, die Bedeutung oder Angemessenheit des Abschnitts mit dem Titel „Das Schlachtfeld des Helden" zu verstehen. Wenn es jemals etwas in der Musik gab, von dem man sagen konnte, dass es darauf abzielte, auf grobe und melodramatische Weise den Schrecken und die nervöse Erregung eines physischen Konflikts zwischen bewaffneten Heeren zu suggerieren, dann ist es dieser Abschnitt mit seinem entsetzlichen und abscheulichen Lärm, der wie anstrengendes Kesselnieten klingt. Aber *Musiker* kämpfen sicherlich keine Schlachten dieser Art; und ein Schema, das einen Helden darstellt, dessen „Friedenswerke" rein intellektuell sind, wird zu Unsinn, wenn es ihn wie einen Hooligan unter Hooligans kämpfend darstellt, prügelnd und prügelnd.

Das alles liegt natürlich an dieser Vermischung der beiden Pläne - dem eines sehr bestimmten Helden, den Strauss sehr gut kennt, und dem eines verallgemeinerten und unbestimmten Helden, den er mit den größten Superlativen beschreiben muss. Die beiden Konzeptionen lassen sich nicht gleichsetzen, nicht vermischen; die eine versucht ständig, die andere zu zerstören. Während des ganzen Werks ist man sich einer fehlenden Homogenität bewusst, eines Versagens, den Gesamtplan so kohärent und überzeugend zu gestalten, wie er sein könnte; obwohl das Genie des Mannes so titanisch ist, dass es unsere Kritik fast tötet, während wir dem Werk anhören. Es ist auch schade, dass er für einen Augenblick die Erhabenheit des Gesamtplans opfert, um sich in dem berüchtigten Abschnitt, in dem es um die Antagonisten des Helden geht, einem belanglosen *Jeu d'esprit* zuzuwenden. *Die* Charakterisierung liegt in der Klugheit ; Strauss malt die Porträts einzelner Kritiker, die ihn verärgert haben, und diejenigen, die ihn bei den Proben gesehen haben, lassen die Spieler die verschiedenen Typen, die er satirisch darstellt , vor Augen führen und müssen sogar gegen ihren Willen darüber lachen. Aber der Abschnitt als Ganzes ist eine Monstrosität; und es ist bedauerlich zu sehen, wie sich ein großes Genie von der mächtigen Statue abwendet, die er gerade zu schnitzen begonnen hat, um seine persönlichen Gefühle an seinen persönlichen Gegnern auszulassen. Es ist einfach ein Verbrechen gegen die Kunst.

V

In „*Ein Heldenleben* " finden wir mehr als irgendwo sonst die Mängel von Strauss' Qualitäten. Er gehört zu dem Typ, der, so meisterhaft seine Selbstbeherrschung im Allgemeinen auch ist, es nicht lassen kann, zuweilen trotzig extravagant zu werden. Das alles geht mit seiner enormen Lebensenergie einher, jener Energie, die in jedem Jahrhundert nur bei einem oder zwei Menschen anzutreffen ist und die ihren Besitzer unweigerlich hin und wieder dazu verleitet, etwas zu tun, was wir lieber unterlassen hätten. In Strauss steckt etwas vom *Débordement* von Rabelais, eine Existenz- und Besorgnislust, die zu groß ist, als dass man sie in normalen Grenzen halten könnte. Auch in ihm steckt etwas von Hokusai – diesem kolossalen Genie, dessen eifriger Geist zu versuchen schien, jede Ecke, jeden Spalt der sichtbaren Welt zu füllen; etwas vom Interesse des japanischen Künstlers an allen Formen des Lebens, auch etwas von der gleichen gelegentlichen Korruption der Vorstellungskraft – wie in der unvollendeten Druckserie mit dem Titel „ *Die Hundert Geschichten*" , wo der Künstler aus dem Übermaß seiner Kraft und Begeisterung heraus verwandelt das Leben in eine abscheuliche, schreckliche Verhöhnung seiner selbst. Strauss ist in seinem Verständnis und seinen Sympathien kosmisch, aber nicht wie Männer wie Goethe und Leonardo, deren Vision immer klar ist und deren Energien immer von einer anderen Energie, die höher ist als sie selbst, unter Kontrolle gehalten werden; Wie Rabelais, wie Hokusai, wie Goya gibt es bei ihm Momente, in denen die Flut des Lebens in ihm überströmt, und er ist kaum Herr der seltsamen Formen, die aus seinem Gehirn kommen. Eine positive künstlerische Wut erfasst ihn und er umarmt das Leben mit einer Leidenschaft , die grausam und brutal ist – einer Leidenschaft, die einen Hauch von Sadismus an sich hat.

Wenn diese enorme Sensibilität für alles, was in der Welt vor sich geht, und diese Reaktionsschnelligkeit der Vorstellungskraft auf alles für Strauss' gelegentliche Geschmacksfehler verantwortlich sind, so erklären sie auch die tieferen und wichtigeren Eigenschaften seiner Kunst - seinen Humor und seinen Humanismus, die Eigenschaften, die *Feuersnot* so entzückend und *Don Quixote* so außerordentlich großartig machen. London reagierte auf das letztere Werk nicht freundlich, als es es zum ersten Mal hörte; es ist in der Tat zu umfangreich, zu vielseitig, um es auf den ersten Blick zu verstehen. Ein Kritiker nannte es „hässlich, mühsam und exzentrisch"; ein anderer schrieb, es enthalte „mehr pure Hässlichkeit als jede andere Partitur irgendeiner verantwortungsvollen Person, von der wir je gehört oder deren Werk wir je studiert haben … Alles in *Don Quijote scheint* nur um der Disharmonie willen disharmonisch zu sein … Wir verurteilen dieses Werk aus jeder musikalischen Sicht; das Ding ist künstlerische Arroganz, ein

Versuch, das Beste aus dem Schlechtesten zu machen, … ein ganz und gar misslungener Fehlschlag; es weist nichts auf Schönheit hin, nicht einmal das einer guten Konstruktion; es ist ein hoffnungsloses Stück übertriebener und absichtlicher Klugheit." Nun, genau an dem Abend, an dem *Don Quijote* für so viel Aufregung sorgte, geschah etwas Bedeutsames. Auf dieses furchtbar komplexe Werk, das vielleicht mehr als zehn Leuten im Publikum völlig unbekannt war und deshalb fast von Anfang bis Ende missverstanden wurde, folgte das viel frühere *Tod und Verklärung* , ein Werk, das selbst vor einigen Jahren als gefährlich nahe an Torheit und Hässlichkeit angesehen wurde. Wer heute denkt, dass „*Tod und Verklärung*" eine harte Nuss ist, gilt in der Musik als hoffnungsloser Konservativer, so schnell bewegt sich die Welt in diesen Angelegenheiten. Sogar die *Times* sagte, dass „Tod und Verklärung" nach „ *Don Quixote* "ganz vernünftig und normal klang, oder so ähnlich. Wir wissen, wie „*Also sprach Zarathustra*"1897 aufgenommen wurde und wie sehr wir uns seither nach drei oder vier Aufführungen daran gewöhnt haben; wir wissen, wie viele Leute, die bei der Uraufführung von „ *Ein Heldenleben*" nervös *zurückschreckten* , es heute so leicht hinnehmen wie eine Katze Milch. Ist es angesichts solcher Tatsachen nicht etwas voreilig, „ *Don Quixote*" aufgrund einer einzigen Aufführung mit schimpflichen Beinamen zu überhäufen? Schon früher sind Leute über Strauss ins Stolpern geraten und mussten ihre Worte zurücknehmen, als sie ihn besser kennenlernten; sie sind wie verängstigte Kinder vor dem Oger davongelaufen, nur um lange Zeit später festzustellen, dass der vermeintliche Oger ein freundlicher und wohlgesinnter Mensch war, vielleicht von etwas übermenschlicher Statur, aber dennoch auf der Ebene normaler, weder unter- noch übernormaler Menschlichkeit. Ich behaupte mit Überzeugung, dass sie mit der Zeit zugeben werden, dass sie sich bei *Don Quijote schwer geirrt haben* . Dass einige Teile des Werks hinreißend schön sind, liegt schon an der Oberfläche; Sie müssen nur selbst die Todesmusik auf dem Klavier spielen oder des Dons lange Lobrede auf das ritterliche Leben, um zu spüren, wie Ihr Herz höher schlägt. Wenn diese Musik nicht überaus großartig ist, gibt es keine Musik auf der Welt, die diesen Namen verdient. Die Schönheit anderer Teile wird man erkennen, wenn das Werk bekannter ist; und dann wird man erkennen , dass *Don Quijote* in mancher Hinsicht das tiefgründigste und edelste Werk ist, das Strauss je geschaffen hat. Natürlich sind die Imitationen manchmal außerordentlich realistisch, und ich kann mir vorstellen, wie die Schafe und die Windmaschine normalerweise sensiblen Menschen auf die Nerven gehen. Aber man muss über diese Dinge einfach lachen und sie übergehen, sie als absichtliche musikalische Unverschämtheit betrachten und mit dem Komponisten lachen, nicht über ihn. Die Annahme, Strauss sei ein Narr, weil er seiner *Diablerie* da und dort freien Lauf gelassen hat, ist wirklich unbegründet. Er kennt den genauen Wert solcher Dinge so gut wie jeder andere, aber er behauptet anscheinend, ein- oder zweimal im Leben lohne es sich, so etwas einfach nur zum Spaß zu tun. Um *Don Quijote zu verstehen, müssen wir zunächst* den richtigen Standpunkt einnehmen . Das Ganze spielt in einer seltsamen, verrückten Atmosphäre. Die Torheit, die es umgibt, ist Teil der Psychologie des Stücks. Und es ist die perfekte Umwandlung der geistigen Prozesse Quijotes in Ton, die das Werk so wunderbar, so einzigartig macht. Wenn jemand nicht durch und durch vom Pathos eines Abschnitts nach dem anderen des Stücks ergriffen ist, kann ich meinerseits nur sagen, dass er die wahre Bedeutung des Werks nicht begriffen hat. Wenn man es häufig hört, wird das außergewöhnlich originelle musikalische Gewebe den Ohren der Menschen ganz vertraut, und wenn dies geschehen ist, steht dem Verständnis der zutiefst menschlichen Psychologie eines Meisterwerks, das nur Strauss hätte schreiben können, nichts mehr im Wege. Die Partitur ist eine Schatzkammer wahrer und edler Dinge, die einem nur dann in voller Kraft entgegentreten, wenn man sich in ihre seltsame Atmosphäre vertieft hat. Nehmen wir zum Beispiel die Variation unmittelbar vor dem Finale, die den mühsamen Heimritt von Quijote und Sancho nach der Niederlage des Don durch den Ritter des Weißen Mondes darstellt. In diesen langen, absteigenden Klagen des Orchesters wird die ganze Qual, die ganze Enttäuschung des armen Ritters mit einer Ausdruckskraft und Treue dargestellt, die einen sowohl an visuelle als auch an akustische Dinge denken lässt. Er illustriert die Szene so perfekt, wie es ein Maler nur kann, und hüllt sie zugleich in die schmelzende Melancholie, die unter den Künsten nur die Musik ausdrücken kann. Man kann diese armen, gebrochenen Geschöpfe mit gesenktem Kopf sehen, wie sie müde auf Rossen dahinschreiten , die nicht weniger traurig und verletzt sind als sie selbst. Das Ganze atmet körperliche und geistige Erschöpfung und moralische Verzweiflung. Die Partitur von *Don Quixote* ist voll von einer menschlichen Qualität, die wir selten anderswo in solcher Perfektion finden, nicht einmal bei Strauss; und London verpasste eine goldene Gelegenheit, indem es sich das Werk nicht sofort zu Herzen nahm. So wie es war, empörten sich viele Leute über die offensichtlicheren Teile des Realismus darin und ließen ihnen nicht die Geduld, hinter der besseren Art von Humor nach dem Pathos zu suchen, das ihm zugrunde liegt; während die außerordentliche Komplexität des musikalischen Gewebes einem Verständnis des Werks beim ersten Anhören völlig entgegenstand.

Was den *Don Quijote* zu einem so großartigen Werk macht, ist, mit einem Wort, die weise und zarte Menschlichkeit seines Humors . Wir können, wenn wir wollen, all die wunderbare Zauberei seiner Technik, seine außerordentliche grafische Kraft, seine berauschenden und amüsanten Nachahmungen der Wirklichkeit beiseite lassen — denn hier liegt ein beschreibender Sinn vor, der in seinen Ausdrucksformen *Till Eulenspiegel* und *Ein Heldenleben* in ihrer besten Form übertrifft. Der weise Mann, der mit Dankbarkeit alles annimmt, was die Musik ihm geben kann, wird all dies nicht mit einem Hohnlächeln und einer herablassenden Bemerkung darüber

zurückweisen, dass die Musik sich „auf ihr eigentliches Gebiet beschränkt".
Die Zeit primitiver akademischer Ästhetik dieser Art ist vorbei. Aber ich
möchte diese Seite des *Don Quijote* nicht betonen , einfach weil das Werk
unendlich viel mehr enthält als dies. Es stellt eine musikalische
Charakterzeichnung dar, die zu einem feineren Grad der Perfektion gebracht
wurde, als man sie irgendwo außerhalb der magischen Welt Wagners finden
kann . Aber es unterscheidet sich von Wagners Zeichnung dadurch, dass es
weniger opulent, prägnanter und schärfer konzipiert ist; es ist vollkommen
angemessen für den Zeichenblock, auf dem die Charaktere gezeichnet sind,
so wie Wagners Heldenfiguren auf die riesige Leinwand und die prachtvolle
Farbpalette angewiesen sind, die er ihnen widmen kann, und durch diese
gerechtfertigt sind. Der *Don Quijote* erinnert uns an erstklassige
Buchillustrationen; wir könnten die Charaktere kaum deutlicher erkennen,
sowohl für sich selbst als auch in Bezug auf ihre Umgebung, wenn sie uns in
Schwarzweiß präsentiert würden.

Und wie zart die Zeichnung ist, wie außerordentlich menschlich das Gefühl
für diese beiden armen tragikomischen Schauspieler! Das ist es, was das Werk
letztlich so wertvoll macht — sein unfehlbares Mitleid, seine intuitive
Vermeidung von allem, was es einfach zu einer gedankenlosen Komödie
machen würde. Strauss' Sancho ist sehr humorvoll, aber Ihr Lachen über ihn
wird immer durch Tränen gemildert; während das Porträt von Quijote einen
zusätzlichen Hauch von Pathos hat, indem es unweigerlich an den hageren,
abgenutzten Körper des armen Ritters mittleren Alters erinnert. Dies trifft in
dieser Hinsicht wie in jeder anderen zu. Sein Liebesgesang ist der eines
Mannes mittleren Alters; die erbärmliche Trauer, die den Ritt nach seiner
Niederlage nach Hause umgibt, ist die des mittleren Alters; der Ritter ist
gebrochen, desillusioniert, wie es nur Männer sein können, deren körperliche
und geistige Kräfte ihren Höhepunkt überschritten haben. Für mich ist die
Geschichte von Cervantes ohne die Musik von Strauss nicht mehr
vorstellbar, ebenso wie Goethes „*Erlkönig*" ohne die Musik von Schubert
oder die *Loreley* ohne die Musik von Liszt nicht vorstellbar ist.

"Das Lachen der deutschen Literatur", sagt Mr. Meredith in seinem *Essay on
Comedy* , "ist selten und eher monströs, wie das zeitgesteuerte Erwachen ihres
Barbarossa in den Tälern des Untersbergs - niemals ein gemeinsames Lachen
von Männern und Frauen. Es entspringt einer ungeschliffenen abstrakten
Fantasie, ist grotesk oder grimmig oder grob, wie die eigentümlichen Launen
ihrer kleinen Erdenmenschen. Spirituelles Lachen haben sie noch nicht
erreicht." So viel kann, denke ich, über einiges von Strauss' Lachen gesagt
werden. Hier und da - in *Ein Heldenleben* zum Beispiel - scheint es aus der
trockenen und schrumpeligen Kehle des "kleinen Erdenmenschen" zu
kommen; es ist noch nicht umfassend und zutiefst menschlich, noch nicht
kosmopolitisch in seiner Anziehungskraft. Sein Humor bei solchen

Gelegenheiten ist dem von Jean Paul sehr ähnlich; man weiß kaum, ob er mit einem oder über einen lacht - vielleicht kennt er sich selbst nicht ganz. Aber in *Don Quijote* finden Sie das philosophische Lachen des großen Humanisten. Es ist nicht nur in den Werken von Strauss zu finden. Es verlieh *Till Eulenspiegel Wärme und Pathos* – denn so wunderbar humoresk diese auch ist, ihr belehrender Geist ist viel komplexer und mitleiderregender als der des müßigen Humors. Wir haben *Till Eulenspiegel nur zur Hälfte verinnerlicht*, wenn wir darin nichts als *Teufelei sehen*. *Aber in Don Quijote* ist die Mischung aus Tränen und Lachen am vollkommensten; und ich für meinen Teil würde *Ein Heldenleben gern* dafür opfern, wenn ich dazu gezwungen wäre, ebenso wie ich auf die epische und dramatische Erhabenheit *der Götterdämmerung* verzichten würde, wenn mir *Die Meistersinger* mit ihrer ewigen Wahrheit, ihrer ewigen Vernunft, ihrem ewigen Appell an echte Männer und Frauen in einer echten Welt geblieben wäre.

Aus Seite 252 geht hervor, dass der obige Aufsatz in Druckform erstellt wurde, bevor die *Symphonia Domestica* im Februar letzten Jahres in London produziert wurde. Diese Aufführung warf ein neues Licht auf Strauss und seine Kunst und erfordert einige Kommentare. Wir brauchen hier nicht sehr tief auf die Frage einzugehen, wie viel oder wie wenig Programm in dem Werk steckt. Es gibt bei Strauss eine gewisse Dummheit, die ihn immer wieder dazu veranlasst, die schwere Farce auf sich zu nehmen, seine Zuhörer zunächst zu verwirren. Er sagt ihnen, dass er es vorzieht, ihnen keinen Hinweis auf sein literarisches Vorhaben zu geben, sondern möchte, dass sie das Werk als absolute Musik akzeptieren; Dies war beispielsweise seine Taktik bei *Till Eulenspiegel* . Währenddessen gibt er seinen persönlichen Freunden einen Hinweis nach dem anderen, bis schließlich genügend Informationen gesammelt sind, um die Geschichte, an der er gearbeitet hat, zu rekonstruieren; Dies gelangt nach und nach in alle Programmhefte , und dann sind wir in der Lage, das Werk auf die einzige Art und Weise zu hören, wie es mit einiger Verständlichkeit zu hören *ist* – mit voller Kenntnis des Programms . So ist es nun auch mit der *Symphonia Domestica* . Er sagte uns, dass „er wünschte, dass das Werk als absolute Musik beurteilt würde"; er hat uns auch erzählt, dass „er beim Komponieren der Symphonie ein ganz bestimmtes Programm im Kopf hatte ". Einige seiner Bewunderer haben mit geradezu berührender Hundetreue versucht, diese widersprüchlichen Positionen durch geniale Dialektik in Einklang zu bringen. Allerdings nimmt man damit die Launen von Strauss etwas zu ernst; Es deutet auf die Shakespeare-Forscher vom Typ George Dawson hin, die uns immer sagten: „Wenn es etwas gibt, das Sie an Shakespeare nicht verstehen oder Ihrer Meinung nach falsch ist, können Sie mit Sicherheit zu dem Schluss kommen, dass er Recht hat und Sie Unrecht." Wir müssen die Selbstwidersprüche von

Strauss nicht so diskutieren, als wären sie ästhetische Antinomien, die durch eine Hegelsche Dialektik in tieferer Harmonie aufgelöst werden könnten ; Die eigentliche Erklärung ist einfach, dass wir es mit einem Mann mit unberechenbaren Nerven zu tun haben, einem Musiker, der nicht sehr an konsequentes Denken gewöhnt ist und dessen Sinn für Humor manchmal sprunghaft eine Wendung nimmt, die es kaum wert ist, ihm zu folgen. Es besteht nicht der geringste Zweifel daran, dass der gesamten Symphonie ein ganz bestimmtes Programm zugrunde liegt und dass wir eines Tages alles kennen werden, da wir jetzt die Programme von *Till Eulenspiegel* und *Ein Heldenleben bis ins kleinste Detail kennen* .

Dann erhebt sich die Frage, ob das Programm der *Symphonia domestica* an sich interessant ist. Es schildert offenkundig einen Tag im Familienleben des Komponisten, "und uns wird erzählt" - um die Herren Pitt und Kalisch zu zitieren, die Autoren des bewundernswerten analytischen Buches Queen's Hall - " dass es so alltägliche Ereignisse wie einen Spaziergang auf dem Land, das abendliche und morgendliche Bad des Babys, das Schlagen der Uhr, das Gähnen der Eltern, wenn sie vom Kind geweckt werden, und so weiter schildert." Man will jedoch behaupten, dass das Werk mehr als das enthält und dass sich hinter diesem "trivialen Thema" ein "von viel tieferer und umfassenderer Bedeutung" verbirgt - *nämlich* "nicht so sehr ein Tag im Leben einer bestimmten Familie, sondern vielmehr die Erkenntnis der Freuden und Leiden der Mutter- und Vaterschaft, das allmähliche Wachstum der Kinderseele und die gegenseitige Beziehung zwischen Kindern und Eltern...". Doch diese erhabene Theorie wird bald zunichte gemacht. Es ist ganz klar, dass das Schlagen von sieben Uhr abends und noch einmal morgens die Dauer des Dramas auf zwölf Stunden beschränkt; und in dieser Hinsicht hat das Programm tatsächlich einen gewissen Sinn . Das heißt, wir sehen im ersten Teil die Eltern und das Kind; im zweiten (dem *Scherzo*) die Freuden und Zerstreuungen der Gruppe, das Schlaflied, das Schlagen von sieben UHR ABENDS und das Zubettbringen des Kindes; im dritten (dem *Adagio*) die Liebesszene der Eltern und das Schlagen von sieben UHR MORGENS ; im vierten (dem *Finale*) das morgendliche Erwachen und - in der Doppelfuge - den Streit zwischen den Eltern über die Zukunft des Kindes. Das ist kein sehr großartiger Plan, aber er ist zumindest verständlich; mischen Sie teutonischen Mondschein damit, und es wird Unsinn. So versuchen die Herren Pitt und Kalisch, das dumme Geräusch, das „die energischen Proteste des Kindes beim ersten Kontakt mit dem fremden Element kalten Wassers" (übrigens, *werden* Babys normalerweise in kaltes Wasser geworfen?) darstellen soll, so gut wie möglich zu vertuschen, und bemerken, dass „wenn man die idealistischere Interpretationsmethode anwendet, man es als ein sehr kompromissloses musikalisches Bild der ersten Kämpfe einer neugeborenen Seele auffassen kann". Aber diese „idealistische Methode" funktioniert nicht. Die fragliche Episode ereignet sich kurz bevor die Uhr 19 UHR SCHLÄGT.

Sie ereignet sich erneut kurz bevor die Uhr 7 UHR SCHLÄGT . Sollen wir das also so verstehen, dass die „neugeborene Seele" einmal am Abend und noch einmal am nächsten Morgen geboren wird? Das ist eine „Wiedergeburt" mit aller Macht – eine schnelle Angelegenheit, selbst in diesen Tagen der walisischen Erweckungsbewegungen und Torrey-Alexander-Missionen! Nein, wir müssen die „idealistische Interpretationsmethode" ablehnen und uns mit der schlichten Tatsache abfinden, dass Strauss nichts Idealeres malt als das schreiende Baby in seiner Badewanne (heiß oder kalt), genau wie er in anderen Werken Tills Todesröcheln, das Sterbensschaudern Don Juans, die Windmühle und die Schafe Don Quijotes und das Geschrei von Sancho Pansas Esel gemalt hat – alles offenkundig realistische Dinge, die wir nicht durch idealistische Interpretationen zu beschönigen versuchen.

Ich lege den Schwerpunkt auf diese trivialen Punkte, weil es wichtig ist, dass wir genau wissen, was Strauss beabsichtigte, denn nur wenn wir diese Absichten kennen, können wir seine Symphonie als Kunstwerk beurteilen. Es ist also ganz klar, dass er es für die Mühe wert hielt , etwa hundert Menschen große Mühe und Kosten aufzubürden, um das schwachsinnige Schauspiel eines schreienden Babys in der Badewanne zu suggerieren; und ich denke, es ist an der Zeit, dass die Welt dagegen protestiert, dass so viel ihrer Freizeit und ihrer Mittel mit derartigen Albernheiten verschwendet wird. In Strauss' früheren Werken gibt es höchstens zwei oder drei realistische Passagen, vor denen ich zurückschrecken würde; sie wurden uns im Allgemeinen durch einen Hauch von Schönheit, Humor oder technischer Klugheit erspart. Aber die Babyepisoden in der *Symphonia domestica* stellen zu hohe Anforderungen an unsere Nachsicht, und man muss zwangsläufig sagen, dass mit einem Gehirn, das so tief sinken kann, physisch etwas nicht stimmt. Ich halte ihn für einen Mann mit enormen Talenten, einen Zauberer, einen Wundertäter ersten Ranges. Aber er kann jetzt nichts mehr im großen Maßstab tun, ohne es an der einen oder anderen Stelle absichtlich zu verderben, aus purer Verrücktheit - einer Verrücktheit, die keinen Humor mehr darstellt und lediglich der vorübergehende Ausrutscher eines sehr klugen Mannes in die Albernheit ist.

Es versteht sich von selbst, dass, wenn es zu dieser Degeneration – vorübergehend oder dauerhaft – des künstlerischen Sinns kommt, die meiner Meinung nach jetzt bei Strauss vor sich geht, sie sich auch in anderen Bereichen zeigen wird; und ich denke, das zeigt sich ziemlich deutlich in der Musik der Symphonie als Ganzes. Meiner Meinung nach gibt es darin kein einprägsames Thema; Weder das Thema des Mannes, der Frau noch des Kindes hat auch nur annähernd die Qualität, die es berechtigen würde, mit den prägnanten Melodien von Strauss' anderen Werken gleichzuziehen. Denken Sie an die unzähligen Glückseligkeiten von *Ein Heldenleben* , und Sie werden sofort die vergleichsweise Armut der *Symphonia Domestica* erkennen .

Darüber hinaus arbeitet er zu gern an bloßen Phrasenschnipseln statt an den großartigen, mitreißenden Melodien seiner früheren Tage; Diese winzigen Figuren passen natürlich zu fast allem kontrapunktisch – was wahrscheinlich einer der Gründe ist, warum er sie verwendet –, aber aus demselben Grund wird ihr ständiges Geschwätz im Orchester am Ende ziemlich ermüdend. Ich leugne natürlich nicht, dass die Musik manchmal große Höhen erreicht; die Szene, in der die Eltern mit dem Kind spielen, ist überaus schön; es gibt schöne Momente in der Liebesmusik; und die Fuge nimmt einen einfach auf und trägt einen mit, so weit und gesund ist ihre Herzlichkeit. Da ist wieder viel von der alten technischen Meisterschaft, die uns selbst dort zu Sklaven macht, wo unsere Seele sich gegen die eigentliche Botschaft des Komponisten auflehnt. Aber im Großen und Ganzen sehe ich nicht, dass das neue Werk dem Vergleich mit „ *Ein Heldenleben*" in irgendeiner Weise standhalten kann. Auf dem Papier sieht es weitaus beeindruckender aus, als es tatsächlich klingt; Es ist völlig überbewertet, ein gutes Drittel der Noten ist völlig überflüssig, wie jeder anhand der Partitur selbst feststellen kann. Bei Strauss wächst die Manie, das Notenblatt mit irgendetwas zu füllen, egal was; er hat ein Verlangen nach Tinte; Es betrübt ihn geradezu, für ein Instrument einen leeren Takt zu sehen. Da er ein Meister der Orchestrierung ist, gibt es in der *Symphonia Domestica Seite für Seite* die gröbsten Fehleinschätzungen; Immer wieder können wir sehen, was seine Absicht war und wie völlig diese durch seine eigene Extravaganz zunichte gemacht wurde. Er möchte alle Kleidungsstücke in seinem Kleiderschrank auf einmal tragen. Die gleiche Tendenz ist in seinem thematischen Werk erkennbar. Wenn er jetzt ein gutes Thema hat, kann er es nicht außer Acht lassen; er muss herumfummeln und herumhantieren, bis er seine Umrisse verwischt und die Hälfte seines Ausdrucks erstickt hat; Das angenehme kleine Schlaflied zum Beispiel wäre ohne den ruckartigen Kontrapunkt in der Oboe d'amore , dem Fagott und der Bratsche dreimal so wirkungsvoll gewesen, was einfach den Eindruck erweckt, dass irgendjemand immer an der falschen Stelle ins Spiel kommt , und stört die Atmosphäre des Schlafliedes selbst ziemlich. Insgesamt neige ich zu der Annahme, dass das neue Werk insgesamt einen deutlichen Rückgang aufweist. Und der Grund? Nun, ist es nicht sehr wahrscheinlich, dass endlich das eingetreten ist, was einige von uns vor etwa zwei oder drei Jahren prophezeit haben? Kein Künstler kann sich körperlich und geistig so stark beanspruchen wie Strauss und trotzdem sein Gehirn auf Höchstleistung halten. Bei all seinen vielen Pflichten und Beschäftigungen, seinem Dirigieren und seinem ständigen Reisen ist es ein Wunder, dass er überhaupt noch die Kraft zum Komponieren hat. Seit Jahren strapaziert er sein empfindliches Nervensystem bis zum Äußersten; und es würde mich nicht überraschen, wenn ich feststellen würde, dass er dadurch die Zartheit seines Gewebes erheblich verletzt hat. Es wird gesagt, dass er das geschäftige Leben führt, um genug Geld zu verdienen, um alle öffentlichen Arbeiten aufzugeben und sich ganz der Komposition zu widmen; aber bevor diese Zeit kommt, wird er wahrscheinlich, wenn er nicht aufpasst, mehr vom göttlichen Feuer verloren haben, als er jemals ersetzen kann. Die *Symphonia Domestica* halte ich für das Werk eines überaus klugen Mannes, der einst ein Genie war.

FUßNOTEN:

[59] Es ist für eine Aufführung in London im kommenden Frühjahr vorgesehen.

[60] Es ist bemerkenswert, wie Berlioz seine eigene Vertonung einiger Passagen in *Roméo et Juliette mit Orchester statt mit Gesang begründete* . „Wenn", sagt er, „in den berühmten Szenen des Gartens und des Friedhofs, dem Dialog der beiden Liebenden, dem *Wenn die Parte* von Julia und die leidenschaftlichen Ausbrüche von Romeo nicht vokalisiert werden , wenn man, kurz gesagt, die Duette der Liebe und der Verzweiflung dem Orchester anvertraut, gibt es dafür zahlreiche und leicht verständliche Gründe. Erstens, weil es sich um eine Symphonie handelt, nicht um eine Oper. Zweitens, da Duette dieser Art tausendmal und von den größten Meistern vokal behandelt wurden, war es sowohl klug als auch neugierig, eine andere Ausdrucksweise auszuprobieren. Darüber hinaus war es so gefährlich für den Musiker, diese Liebe zu schildern, weil die Erhabenheit dieser Liebe es so gefährlich machte, sie zu schildern, dass er seiner Vorstellungskraft einen Spielraum geben musste, den ihm die positiven Konnotationen gesungener Worte nicht erlaubt hätten, indem er auf die Instrumentalsprache zurückgriff – eine Sprache, die reicher, vielfältiger, weniger eingeschränkt und durch ihre Unbestimmtheit in Fällen dieser Art unvergleichlich kraftvoller ist."

[61] Der Leser wird sich natürlich daran erinnern, dass ich hier nur vom *Gewebe* von Strauss' Werk spreche. Im intellektuellen Teil tut er, wie ich später zeigen werde, manchmal Dinge mit der bewussten Absicht, uns zu erschrecken. Siehe Abschnitt IV. dieses Aufsatzes.

[62] Vielleicht sollte ich Dinge wie die Passage in „ *Ein Heldenleben*" (Seite 50 der Gesamtpartitur) ausnehmen, wo die Streicher und die Oboe in Septimen ansteigen, statt in den Sexten, die wir erwarten – eine quälende Sache, die immer so klingt Jemand im Orchester hatte einen Fehler gemacht. Entweder hat Strauss es so aus reiner Teufelei geschrieben, mit ständiger Zunge auf der Wange, oder es beruht auf einer subtilen Harmonie in seinem Gehirn, die wir nicht begreifen können. Es besteht kein Zweifel, dass sein Ohr wesentlich spitzer sein muss als das normale Organ. Wie Herr James Huneker es in einem brillanten Artikel in seinen „*Overtones*" ausdrückt : „Er ist die wunderbarste Ansammlung kortikaler Zellen, die die Wissenschaft jemals aufgezeichnet hat. Seine Fähigkeit zur akustischen Differenzierung ist so ausgeprägt, dass er nicht nur Töne jenseits der Basis hören muss." und die

Spitze der normalen Tonleiter, die für gewöhnliche Menschen unbekannt ist, aber er muss auch die Schwingungswellen aller einzelnen Klänge hören oder vielmehr belauschen. Seine Musik vermittelt uns den Eindruck neuer Obertöne, von Tonleitern, die das Wohlergehen verletzen. temperiert, mit Tonalitäten, die den Vierteltönen der orientalischen Musik nahekommen.“

[63] Man könnte sagen, dass Strauss selbst in *Feuersnot für einen Moment in etwas wie diese alte Welt zurückkehrt. Aber er nimmt sie nicht ernst; die kuriosen* mittelalterlichen Geschichten sind nur ein Hintergrund, vor dem er seine Leidenschaft, seinen Humor und seine Ironie zur Schau stellen kann. Wagner hätte aus dem Thema *Feuersnot eine bedeutungsvolle Sache gemacht* ; er hätte darin die tiefste Philosophie und Ethik entdeckt. Strauss verhält sich ihr gegenüber wie ein unhöflicher, respektloser Bengel in einer Kathedrale.

ANHANG
WAGNER, BERLIOZ, LISZT UND MR. ASHTON ELLIS

Die Passage auf Seite 6 scheint den Zorn von Herrn Ashton Ellis geweckt zu haben , der etwa siebeneinhalb anstrengende Seiten des fünften Bandes seines „Lebens von Wagner" teils der kindischen persönlichen Beschimpfung meiner selbst widmet, teils dem Versuch, dies zu tun meine Argumente diskreditieren. Bei Mr. Ellis' Mischung aus unbeholfener Unhöflichkeit und schwerem teutonischen Scherz brauchen wir nicht lange zu verweilen; Für Wagner-Studenten, die sich seit langem in den kontroversen Gegenden Elysiens aufhalten, sind diese Dinge nichts Neues. Wir müssen uns auch nicht zurückziehen, um Herrn Ellis in seinem wilden Versuch zu folgen, den Anschein zu erwecken, dass ich mich ausschließlich auf eine Passage bei Tiersot verlassen habe *Berlioz et la société de son temps* , als meine Bemerkungen zu Hueffers Übersetzung von Wagners Wort „ Geschmacklosigkeiten ", angewendet auf *Faust* , ihm gezeigt haben könnten, dass ich sowohl Hueffers Bände als auch das deutsche Original kannte. Diese Dinge sind unterhaltsam, aber irrelevant. Kommen wir lieber zur eigentlichen Sache: zur Schuld oder Unschuld Wagners.

Der Übersichtlichkeit halber möchte ich die wesentlichen Fakten noch einmal zusammenfassen .

(1) 1848 begann Liszt, der in Weimar allmächtig geworden war, sich tapfer für moderne Komponisten einzusetzen. Er tat viel für Wagner, vor allem durch seine Aufführungen von *Lohengrin* . Er ließ auch Berlioz' Oper *Benvenuto Cellini wiederaufführen*. *Wagner war mit der Aufführung von Lohengrin* völlig einverstanden , nicht aber mit der Wiederaufführung von *Benvenuto Cellini* . Er sagte Liszt, er könne nicht erkennen, was daraus Großes entstehen könne, beteuerte jedoch die ganze Zeit besorgt, dass er Berlioz gegenüber die freundlichsten Gefühle hege.

(2) In einem Brief an Liszt vom 8. September 1852 übte er abfällige Kritik an Berlioz' *Cellini* und dessen *Faust* und bezeichnete letztere als die „Faust-Sinfonie".

(3) Die Verwendung des Begriffs „Sinfonie" ist *a priori* ein Beweis für Wagners Unkenntnis des Werkes.

(4) Es gibt keinen Beweis dafür, dass er *Cellini* oder *Faust kannte* , obwohl alles darauf hindeutet, dass er sie nicht gekannt haben kann. Wagner war 1838 und

1846, als sie aufgeführt wurden, nicht in Paris; auch konnte er sie nicht aus den Partituren kennen, die erst nach 1852 veröffentlicht wurden - dem Datum des Briefes an Liszt.

(5) In Hueffers Übersetzung der Wagner-Liszt-Korrespondenz, deren zweite Auflage „von W. Ashton Ellis überarbeitet und mit einem Index versehen" wurde, wird das Wort „Symphonie" absichtlich weggelassen, wodurch dem Leser das eine Wort verborgen bleibt das könnte ihn zweifeln lassen, ob Wagner das Werk, das er verunglimpfte, wirklich kannte.

(6) Im dritten Band von Mr. Ellis' „Life of Wagner", der sich mit dieser Korrespondenz von 1852 befasst, wird der gesamte Satz, der sich auf die „Faust-Symphonie" bezieht, weggelassen. Wagner wird so als vollkommener Engel des Wohlwollens gegenüber Berlioz dargestellt, ohne jegliche Qualifikation, wie der Brief als Ganzes vermuten lässt.

Mr. Ellis ist zunächst einmal sehr wütend auf mich, weil ich ihn überhaupt in die Sache hineingezogen habe. Dann wird er noch wütender auf mich, weil ich nicht sehe, was ihm klar genug ist, nämlich dass Wagner in allem, was er tat oder sagte, ausnahmslos und zwangsläufig Recht hatte – sozusagen der „Archibald der Richtige" der Musik. Schließlich legt er vor, was er als schlüssigen Beweis zu Gunsten Wagners ansieht . Lassen Sie uns diese Angelegenheiten in Ruhe und freundschaftlich betrachten.

(1) Es lässt sich nicht bestreiten, dass Hueffer das Wort „Symphonie" in seiner Übersetzung von Wagners Brief an Liszt vom 8. September 1852 absichtlich weggelassen hat. In seinem Vorwort zu den Bänden rühmt er sich nun mit der perfekten Treue seiner Übersetzung zum Original. „Es gibt Dinge in den Briefen", sagt er, „die für den englischen Leser von vergleichsweise geringem Interesse sind." „Zweifellos hätten wohlüberlegte Auslassungen diese Seiten lesbarer und unterhaltsamer machen können." Aber das Buch „hat einen geradezu monumentalen Charakter, und sein tiefer Respekt vor diesem Charakter hat den Übersetzer dazu veranlasst, jedes seiner Merkmale wiederzugeben … Keine Zeile wurde ausgelassen." Und weiter: „Zusammenfassend soll diese Übersetzung der Korrespondenz eine genaue Wiedergabe des deutschen Originals sein." Wie wir gesehen haben, sind diese Aussagen nicht wahr; Hueffer hat ein wichtiges Wort weggelassen. Der einzige Grund, den wir uns für sein Vorgehen vorstellen können, war das Wissen, dass die Verwendung dieses Wortes bei den Leuten den Verdacht wecken könnte, Wagner habe das Werk, das er fälschlicherweise als „Faust-Sinfonie" bezeichnet hatte, nicht gekannt.

(2) Eine zweite Ausgabe von Hueffers Übersetzung wurde herausgegeben, „überarbeitet und mit einem Index versehen von W. Ashton Ellis". Herr Ellis weist nun empört darauf hin, dass er in seinem Vorwort deutlich erklärt hatte, dass „angesichts der bewundernswerten Natur von Dr. Hueffers Arbeit eine

Überarbeitung mit Ausnahme einiger falsch gedruckter Wörter und Daten unnötig war". Sehr gut. Hat Herr Ellis Hueffers Übersetzung mit dem Original verglichen? Dann hätte er Hueffers Auslassung des Wortes „Symphonie" bemerken und korrigieren müssen. Hat er die beiden nicht verglichen? Dann hatte er kein Recht, Hueffers Arbeit als so „bewundernswert" zu bescheinigen, dass „eine Überarbeitung unnötig war". In diesem einen Punkt war sie jedenfalls entschieden nicht bewundernswert; sie bedurfte offensichtlich eher der Überarbeitung durch Herrn Ellis als des Zertifikats durch Herrn Ellis.

(3) Herr Ellis kann nichts Besseres zur Verteidigung seines eigenen Auslassens der gesamten Passage aus dem dritten Band seines „Lebens" sagen, als dass er keinen Platz dafür hatte, da er ein Leben nicht über Berlioz, sondern über Wagner schrieb „Eine Dissertation über ein so völlig anderes Thema wie den *Faust* von Berlioz." Niemand erwartete von ihm eine Dissertation über *Faust*. Alles, was von ihm erwartet wurde, war, in einer umfangreichen Biographie, die etwa 1800 Seiten umfasst, um die Geschichte der ersten 42 Jahre von Wagners Leben zu erzählen, Platz für fünf oder sechs Zeilen eines Briefes zu finden, der ein wichtiges Licht auf Wagner wirft , insbesondere weil Herr Ellis tatsächlich aus dem fraglichen Brief zitierte.

Hier ist die Passage im Original:

„Glaub mir – ich liebe Berlioz, mag er sich auch misstrauisch und eigensinnig von mir entfernt halten : er kennt mich nicht ; aber ich kenne ihn . Wenn ich mir von Einem etwas wünsche erwarte , so ist dies von Berlioz: nicht aber auf dem Wege, auf dem er bis zu den Geschmacklosigkeiten seiner Faust-Symphonie gelangte — denn geht er dort weiter , so kann er nur noch Vollständig lächerlich werden . Gebraucht ein den Musiker Dichter, so ist Diess Berlioz, und sein Unglück ist , dass er sich diesen Dichter immer nach seinem musikalischen Laune zurechtlegt , kahl Shakespeare, kahl Goethe, sich nach ihm Belieben zurichtet . Er braucht den Dichter, der ihn durch und durch erfüllt , der ihn vor Entzücken zwingt , der ihm das ist , was der Mann dem Weibe ist ."

Hueffers Übersetzung lautet wie folgt:—

„Glauben Sie mir, ich *liebe* Berlioz, obwohl er sich in seinem Misstrauen und seiner Sturheit von mir fernhält; er kennt mich nicht, aber ich kenne ihn. Wenn ich von irgendjemandem etwas erwarte, dann von Berlioz, aber nicht in der Richtung, in der er zu den Absurditäten seines *Faust gelangt ist. Wenn er in dieser* Richtung weitergeht, muss er vollkommen lächerlich werden. Wenn je ein Musiker den Dichter wollte , dann war es Berlioz, und sein Unglück ist, dass er sich diesen Dichter immer nach seiner musikalischen Laune zurechtlegt und dabei willkürlich mal Shakespeare, mal Goethe behandelt. Er will einen Dichter, der ihn völlig durchdringt" usw.

Herr Ellis behandelt die Passage in seinem „Life" (Band III, S. 336, 337) folgendermaßen:

„Glauben Sie mir, ich *liebe* Berlioz, wie mißtrauisch und hartnäckig er sich auch von mir fernhält; er kennt mich nicht, – aber ich kenne ihn. Wenn es einen Menschen gibt , von dem ich etwas erwarte, dann ist es Berlioz... Aber er braucht einen Dichter, der ihn durch und durch erfüllt" usw.

Es ist zu bemerken, dass Herr Ellis nicht Hueffers Übersetzung verwendet ; und da die Passage in Glasenapps „Leben Wagners" überhaupt nicht vorkommt (wodurch eine Übersetzung aus einer verstümmelten Fassung ausgeschlossen ist), ist es klar, dass Herr Ellis direkt aus dem deutschen Original übersetzt hat. Wenn er uns erzählt, dass er es nicht verheimlichen wollte, als er die Sätze über die „Faust-Symphonie" weggelassen hat, müssen wir ihm natürlich glauben. Aber es ist bedauerlich, dass er in seiner plötzlichen und ungewöhnlichen Leidenschaft für die Raumökonomie kurz vor dem Wort stehen bleibt, das für Wagner so unangenehm ist. Und man hätte es lieber gehabt, wenn er den Sätzen seines Zitats nicht einen künstlichen Anschein von Reihenfolge verliehen hätte, indem er das „aber" von seiner richtigen Position entfernt hätte (nach „Wenn es einen Mann gibt , von dem ich etwas erwarte, dann ist es Berlioz") und es damit ausgestattet hätte mit einem Großbuchstaben und macht es zum Anfang eines neuen Satzes. Der englische Leser wird sehen, was passiert ist, wenn er Hueffers Version betrachtet: Von „nicht in die Richtung" bis „jetzt Goethe" wurde alles weggelassen und das „aber" wurde von der richtigen Stelle nach „it is of Berlioz" verschoben. und fälschlicherweise dazu gebracht, einen weiteren Satz zu beginnen. Der deutsche Leser wird sehen, dass das „ nicht aber " (nicht jedoch) des Satzes " nicht aber auf dem Wege, auf dem er bis zu den Geschmacklosigkeiten seiner Faust- Symphonie gelangte " wurde zurückgestellt, und ein neues „Aber" wurde aus dem Nichts gerufen und dem Satz „Er brauchte den Dichter" usw. vorangestellt .

Betrachten wir nun den Fall *Benvenuto Cellini* . Die Passage in Wagners Briefen an Liszt vom 13. April und 8. September 1852 lautet wie folgt (Übersetzung von Hueffer):

"Was haben Sie da über mich im Zusammenhang mit Ihrer Aufführung des *Cellini gehört* ? Sie scheinen anzunehmen, dass ich dieser Aufführung feindlich gegenüberstehe. Von diesem Irrtum möchte ich Sie befreien... An die Konsequenzen, die Sie, wie man mir sagt, von der Aufführung des *Cellini erwarten* , kann ich nicht glauben, das ist alles." - "B. (Bülow) hat ganz richtig gezeigt, wo das Versagen des *Cellini* liegt, nämlich im Gedicht und in der unnatürlichen Lage, in die der Musiker zwangsweise gebracht wurde , indem von ihm erwartet wurde, durch rein musikalische Absichten einen Mangel zu verdecken, den nur der Dichter hätte ausgleichen können."

Cellini gekannt haben könnte , vermutet Herr Ellis, dass er das Werk nicht aufgrund der Partitur der Musik, sondern auf der Grundlage „eines Librettos oder eines Berichts aus zweiter Hand" verurteilte. Selbst wenn dies so wäre, würde es Wagners Bemerkungen nicht rechtfertigen. Was hätte *er* von jemandem gesagt, der *„Tristan" heruntergefahren* hätte, ohne mehr davon zu wissen als „ein Libretto oder einen Bericht aus zweiter Hand", und auf dieser Grundlage den Plan eines Theaterdirektors, es aufzuführen, zunichte gemacht hätte? Aber es gibt keinen Grund zu der Annahme, dass Wagner auch nur ein Libretto hatte. Liszts Tonfall gegenüber Wagner im gesamten Briefwechsel ist der eines Mannes, der *Cellini aus erster Hand* kennt, gegenüber einem Mann, der nur das aktuelle Geschwätz darüber wiederholt. Als Grund für seinen Einspruch gegen die Wiederaufnahme der Oper gab Wagner an, dass er gehört hatte, dass Berlioz sie „umbearbeitete" und dass es für ihn viel besser wäre, ein neues Werk zu schreiben, als ein altes auszubessern. Am 7. Oktober 1852 erklärte Liszt, nachdem er zugegeben hatte, dass „die Schwäche von Berlioz' Arbeitsweise" in seinem Gedicht liegt, weiter: „Aber Sie wurden fälschlicherweise *zu der Annahme verleitet , dass Berlioz seine Cellini* schreibt . Das ist nicht der Fall." Es geht lediglich um eine sehr beträchtliche Kürzung – fast ein ganzes Tableau –, die ich Berlioz vorgeschlagen habe und die er gebilligt hat ... Wenn es Sie interessiert *Ich werde Ihnen das neue Libretto zusammen mit dem alten zusenden* , und ich denke, Sie werden der Änderung zustimmen ..." Ist es nicht klar, dass Liszt tatsächlich von Wagners völliger Unkenntnis des Werkes ausgeht? In einem früheren Brief Vom 23. August teilt ihm Liszt mit, dass er im November Berlioz erwarte, „dessen *Cellini* (mit einem beträchtlichen Schnitt) nicht auf die lange Bank geschoben werden darf, denn *trotz all der Dummheiten, die man in die Wege geleitet hat ,* ist , Cellini ' *das.* " und bleibt ein bemerkenswertes und hochgeschätztes Werk. *Ich bin mir sicher, dass du das tun würdest wie viele Dinge darin.* „Die letzte der beiden Passagen, die ich hier kursiv geschrieben habe , zeigt einmal mehr, dass Liszt zu Wagner spricht, als spreche er von einem Mann, der die Oper nicht kennt; und die erste Passage zeigt, dass darüber eine Menge dummer und böswilliger Gerüchte im Umlauf waren Menschen, die es auch nicht wussten, unterstellt Liszt am 31. Oktober 1853 erneut Wagners Unwissenheit: „Für dieses Werk behalte ich meine große Vorliebe, die Sie nicht für unangebracht halten werden, wenn Sie es besser wissen." gibt in der Tat praktisch zu, dass Wagner sich lediglich auf einen Bericht Bülows in der *Neuen Zeitschrift* vom April 1852 berufen musste. (Siehe oben Wagners Brief an Liszt vom 8. September 1852: „B. (*d. h.* Bülow) hat ganz richtig gezeigt, wo Das Scheitern von „ Cellini " liegt nämlich im Gedicht usw. Es ist aufgefallen, dass der Brief, in dem Wagner *Cellini zum ersten Mal beschimpft* , vom 13. desselben Monats April stammt.) Was würde Mr. Ellis sagen? eines jeden Anti-Wagnerianers, der kritisieren sollte *Tristan* nicht einmal aus dem Libretto, sondern aus der zweiten Idee dazu, die aus einem Artikel eines anderen darüber stammt?

nicht öffentlich, sondern in einem privaten Brief über *Cellini* gesprochen habe
, ist irrelevant. Ein öffentlicher Artikel wäre von ein paar Neugierigen gelesen
und vergessen worden; Als Wagner Liszts Wiederaufnahme der Oper mit
kaltem Wasser übergoss, lief er Gefahr, Berlioz ernsthaft zu verletzen.
Ungefähr vierzehn Jahre lang hatte *Cellini nach seinem ersten Misserfolg*
nirgendwo einen Auftritt gehabt. Es gab nur einen Mann in Europa, der die
Qualifikationen vereinte, die Oper zu kennen, sie zu bewundern, sie
dirigieren zu können und über ein Opernhaus zu verfügen, in dem das Werk
aufgeführt werden konnte. Dieser Mann war Liszt; Es hing von ihm und von
ihm allein ab, ob Berlioz eine Chance haben würde, nachzuweisen, dass *Cellini*
1838 zu Unrecht verurteilt worden war. Wäre Liszt schwach genug gewesen,
um privat von Wagner beeinflusst worden zu sein, hätte Berlioz zweifellos
weit mehr gelitten, als er hätte leiden können erfolgt aus einem öffentlichen
Artikel.

Nun zur *Faust-* Affäre. Wagner war 1846, als *Faust* zweimal aufgeführt wurde,
nicht in Paris. Herr Ellis meint jedoch weise, dass „es nicht absolut
unmöglich (!) ist, dass Wagner Fragmente (!) der früheren Huit *Scènes* (d . h.
der acht Nummern, auf die auf Seite 95 dieses Bandes Bezug genommen
wird) oder der *Verdammnis* selbst gehört hat." Diese Anrufung der Hilfe des
„nicht absolut Unmöglichen" hilft uns, fürchte ich, nicht sehr viel. „Aber der
Argumentation halber", fährt unser unerschrockener Apologet fort,
„nehmen wir an, er hätte es nicht getan; von dem Werk muss er gehört haben,
sonst könnte er nichts von seiner Existenz wissen." (Hier jedenfalls hat Mr.
Ellis' scharfsinniger Verstand ins Schwarze getroffen. Sogar *ich* muss
zugeben, dass Wagner von dem Werk gehört haben muss, sonst hätte er
nichts von seiner Existenz wissen können.) „Und wenn es darum ging,
warum sollte dann der allgemeine Umriss des allgemeinen künstlerischen
Rufs (Wagner unterhält, wie wir wissen, immer noch einen sporadischen
Briefwechsel mit alten Pariser Freunden mit gutem Kunstverständnis) nicht
ausreichen, um ihm Grund zu geben, das Vorhaben in einem privaten Brief
zu beklagen?" Ich habe mich bereits mit der Behauptung befasst, dass
Wagner berechtigt war, Werke, die er nicht kannte, herabzusetzen, solange
dies privat geschah. Im Übrigen ist das Argument wieder nur unser alter
Freund, das „nicht absolut Unmögliche". Es ist nicht absolut unmöglich, dass
Wagner jemanden gekannt haben sollte , der das Werk sechs Jahre zuvor in
Paris gehört hatte; es ist nicht absolut unmöglich, dass Wagner mit diesem
Freund über *Faust korrespondiert haben sollte* ; es ist nicht absolut unmöglich,
dass dieser Freund ein Mann „mit gutem Kunstverständnis" gewesen sein
sollte. Eine solche Reihe von „Hätte-sein-können " -Entscheidungen kann
man getrost ihrem Schicksal überlassen. Aber noch einmal: Wenn jemand ein
Werk Wagners aufgrund solch zweifelhafter Informationen verunglimpft

hätte, was hätte Wagner damals über ihn gesagt, und was würde Mr. Ellis heute über ihn sagen?

Aber selbst Mr. Ellis, so kann ich mir vorstellen, nimmt seine Phantomspekulationen nicht sehr ernst. Aus seiner eigenen Sicht bestand für ihn in der Tat nie die Notwendigkeit, sich ihnen hinzugeben, er ist so zuversichtlich, dass er in seinem letzten Absatz ein Beweisstück hat, das in seiner Schlüssigkeit erschütternd ist. Er will nicht glauben, dass die Bezeichnung „*Fausts Verdammnis*" als Symphonie Unwissenheit verrät. War Berlioz' *Romeo und Julia nicht* eine „dramatische Symphonie"? Das war es tatsächlich; aber erstens nannte Berlioz selbst *Romeo und Julia* eine Symphonie, während er diesen Titel nie auf *Faust anwendete* ; und zweitens *ist „Romeo und Julia"* wirklich eine Symphonie in dem Sinne, dass das Werk immer wieder durch reine und einfache Orchestersätze weitergeführt wird – während „ *Faust"* in keiner Weise eine Symphonie ist und es auch kaum sein kann von jedem genannt, der es kannte. Herr Ellis ist „glaubwürdig informiert", dass es „damals in Paris" als Symphonie bezeichnet wurde. Ich erlaube mir, daran zu zweifeln; Aber auf jeden Fall hätte Mr. Ellis' glaubwürdiger Informant ihm einen Beweis dafür liefern können, dass es von jedem, der es gehört hatte, so genannt wurde. Adolphe Adam zum Beispiel, der am Morgen der Aufführung einem Freund darüber schrieb, nennt es „eine Art Oper in vier Teilen" (siehe JG Prodhommes *Hector Berlioz*, S. 278). Berlioz selbst nannte es, wie Mr. Ellis bemerkt, eine „Legende" oder „dramatische Legende". Uninformierte Gerüchte gaben ihr in den Jahren nach 1846 zweifellos den Titel „Symphonie", ausgehend von der vagen Vorstellung, dass sie zwangsläufig von der gleichen Art von Struktur wie *Romeo und Julia gewesen sein müsse* . Der Klatsch hatte vielleicht auch noch etwas anderes zu bieten. Im Jahr 1829 hatte Berlioz tatsächlich daran gedacht (wie wir aus einem Brief an Humbert Ferrand sehen, der in Adolphe Julliens *Hector Berlioz*, S. 182, zitiert wird), eine „ Symphonie descriptive de *Faust*" zu schreiben. Kurz zuvor hatte er versucht, von der Oper einen Auftrag für ein Ballett zum gleichen Thema zu bekommen. Diese Tatsachen dürften jahrelang in der Luft geschlummert haben, und angesichts der allgemeinen Unklarheit über die Angelegenheit nach 1846 könnte es durchaus sein, dass Berlioz' Name oft mit einer *Faust*-„Symphonie" in Verbindung gebracht wurde. Offenbar war es dieser schlecht informierte Klatsch, den Wagner wiederholte. Fragmente von *Faust* wurden übrigens bei einigen russischen und deutschen Konzerten von Berlioz aufgeführt, und 1847 wurde es in Berlin vollständig aufgeführt. Wagner war zu dieser Zeit natürlich in Dresden. Auch hier besteht kaum die geringste Wahrscheinlichkeit, dass er über eine Partitur der *Huit Scènes verfügte* , von der Berlioz 1829 voreilig auf eigene Kosten einige Exemplare stechen und für 30 Francs veröffentlichen ließ; und selbst wenn Wagner diese acht Fragmente kennen *würde* , *würde ihn das nicht zur* Kritik rechtfertigen *Die Verdammnis des Faust* , ohne es zu wissen. Ich wiederhole: Die einzige

Schlussfolgerung, zu der wir kommen können, ist, dass er es eine Symphonie nannte, weil er es nicht kannte.

Doch nun kommt Mr. Ellis' große Entdeckung. Er zitiert aus einem Brief Liszts an Breitkopf und Härtel , den Musikverlag, vom 30. Oktober 1852: „Ich erwarte M. Berlioz hier ... und am 21. werden die Symphonien *Romeo und Julia* und *Faust* aufgeführt, die ich Ihnen zur Veröffentlichung vorgeschlagen habe." Hier stellt sich Mr. Ellis vor, wie ich ausrufe: „Das ist alles Wagners Schuld; er hatte das Wort sechs Wochen zuvor in Liszts unschuldigen Kopf gepflanzt." „Aber Berlioz", fährt Mr. Ellis fort, „kommt in Weimar an, dirigiert die 2 Premiers Actes seines *Faust* in einem Konzert mit seinem *Romeo* , und siehe da – nicht länger unschuldig, schreibt Liszt an Professor Christian Lobe, Herausgeber der *Fliegenden Blätter für Musik* , 1. Mai 1853: „Der größte Teil der Werke Berlioz' ist dem deutschen Publikum noch unbekannt, und nach den vielen Anfragen, die in den letzten Monaten an mich gerichtet wurden, glaube ich, dass eine deutsche Übersetzung des Katalogs eine gute Wirkung haben könnte, vielleicht mit einer Einteilung in Kategorien, z. B. OUVERTÜREN , *Francs Juges* , &c... SYMPHONIEN , (1) *Episode* , (2) *Harold* , (3) *Romeo und Julia* , (4) *Fausts Verdammnis* ; GESANGSSTÜCKE , &c. &c.'"

Ach! Mr. Ellis ist hier nicht glücklicher als bei seinen anderen Versuchen, aus der Schwierigkeit herauszukommen. Es ist zunächst nicht klar, warum er annehmen sollte, dass Liszts oder irgendjemand anderes Wissen über *Faust* beweisen sollte, dass Wagner es wusste. Abgesehen davon scheint sich in Mr. Ellis' Geist ein so wackliger Syllogismus wie dieser herausgebildet zu haben: „Wenn Liszt, der den Faust *so* gut kannte, ihn fälschlicherweise eine Symphonie nennt, macht die Verwendung des falschen Titels durch Wagner Sinn." Es ist möglich, dass auch er es gewusst hat. Es sieht alles vielversprechend aus; Aber es hat einen verhängnisvollen Fehler, einen Punkt, bei dem Mr. Ellis in seiner Eile, sich zu brüllen, vergaß, sich ganz sicher zu sein. Seine sichere Annahme, Liszt *habe Faust* gekannt , ist unberechtigt.

Mein früherer Punkt, dass Leute, die das Werk nicht kannten, sich angewöhnt hatten, es eine Sinfonie zu nennen, wird durch andere Briefe Liszts bewiesen, in denen er folgendermaßen davon spricht. Am 4. September 1852 schreibt er beispielsweise an Cornelius: „Am 12. November erwarte ich einen Besuch von Berlioz, der eine Woche in Weimar verbringen wird. Dann haben wir *Cellini* , die Sinfonie *Romeo und Julia* und einige Stücke aus der *Faust-*Sinfonie." Mr. Ellis mag denken, dass dies seine eigene Theorie bestätigt. Doch es lohnt sich, den oben zitierten Brief Liszts vom 30. Oktober 1852 an Breitkopf und Härtel und die Umstände, die ihn hervorriefen, noch einmal zu betrachten. Am 7. Juni hatte Berlioz an Liszt geschrieben, dass er in Paris ein Konzert geben werde, bei dem er einige Fragmente aus *Faust aufführen werde* . " *Es tut* *mir wirklich leid* ", sagt er, " *dass Sie dieses Werk nicht kennen.* Ich kann keinen Verleger finden, der es annimmt; sie finden es zu groß, um es zu gravieren (*trop riche de planches*). Ich muss mich an Ricordi in Mailand wenden... Wenn Sie jedenfalls einen wagemutigen deutschen Verleger finden, der in der Lage ist, diese überstürzte Tat zu unternehmen, können Sie ihm sagen, dass *Faust* gut ins Deutsche übersetzt wurde." Es ist offensichtlich, dass Liszt nach Erhalt dieses Briefes an Breitkopf und Härtel schrieb und ihnen empfahl, das Werk zu veröffentlichen; auf diesen Vorschlag bezieht er sich in seinem Brief vom 30. Oktober 1852. Der Brief von Liszt, den Mr. Ellis triumphierend wegen der Verwendung des Begriffs "Faust-Symphonie" zitiert, wurde also durch einen Brief von Berlioz veranlasst, in dem er deutlich sagt, dass Liszt das Werk nicht kennt!

Unter Berücksichtigung dieser Tatsachen wollen wir den weiteren Verlauf der Ereignisse verfolgen und sehen, ob Liszt es *nach* Berlioz' Besuch in Weimar wusste — ob er also nicht noch immer in einem ähnlichen Zustand der Unwissenheit darüber war, als er den Brief vom 1. Mai 1853 an Lobe schrieb. Es lässt sich nachweisen, dass Liszt mit der Aufführung der ersten beiden Akte von *Faust in Weimar nichts zu tun hatte; dass Berlioz die Partitur und die Stimmen aus Paris mitbrachte und die Proben und das Konzert selbst leitete, während Liszt selbst für Cellini* verantwortlich war . Am 10. Oktober 1852 schreibt Berlioz an Liszt in einer Weise, die dessen völlige Unkenntnis des Werks einmal mehr außer Frage stellt. Berlioz muss ihm tatsächlich die Anzahl und Qualität der zu engagierenden Solisten mitteilen. "Ich werde am 12. November von hier nach Weimar aufbrechen, das ist sicher. Ich werde am 15. ankommen und kann acht Tage in Ihrer Gegend bleiben , aber nicht länger... Sagen Sie mir jetzt mit der nächsten Post, ob es notwendig ist, dass ich Ihnen die Gesangsstimmen von *Faust schicke* , oder ob es genügt, dass ich sie mitbringe. Die Solisten und der Chor müssten in diesem Fall in vier oder fünf Tagen die Fragmente lernen, die im Konzert aufgeführt werden sollen. Für diese Fragmente von *Faust werden nur ein Tenor und ein Bass (Soli*) benötigt , Marguerite erscheint nur in den letzten beiden Akten." Berlioz würde eine so elementare Tatsache einem Mann, der das Werk bereits kannte, nicht erzählen.

Dann, am 6. November, schreibt er: „Ich schicke Ihnen heute das Paket mit den *Faust-* Gesangsstimmen, den Chören, den Rollen und einem deutschen Libretto ... und dem Klavierauszug (für 63 Personen)." Das Orchesterpaket ist zu groß; ich werde es selbst mitbringen, bevor ich ankomme. Offensichtlich hatte Liszt nicht einmal vor, die Proben zu leiten, die erst nach der Ankunft von Berlioz in Weimar beginnen würden. (Die *Faust-* Fragmente wurden offenbar eilig einstudiert; von Frau Pohl ist ein Brief erhalten, in dem sie den Erfolg der Aufführungen beschreibt und sagt, wie erstaunlich es sei, dass in so kurzer Zeit so viel erreicht werden konnte.) Berlioz' weitere Bemerkungen zeigen es noch einmal dass er von Liszts völliger Unkenntnis des Werkes ausgeht: „Es ist nicht schwierig; nur der Chor und die Hauptstimmen sind gefährlich. Wir werden für das Konzert nur die ersten beiden Teile ankündigen, für die keine Marguerite erforderlich ist. Sie benötigen einen Tenor." (Faust), ein tiefer Bass (Mephisto) und ein weiterer Bass (Brander). All dies weist schlüssig auf Liszts völlige Unkenntnis des Werkes hin und steht in demselben Brief, den Herr Ellis tatsächlich in einem anderen Zusammenhang zitiert!

Auch nach dem Weimarer Konzert, das um den 20. November 1852 stattfand, wusste Liszt nicht mehr über *Faust* als das, was er dort gehört hatte. Aus einem Brief von ihm an Radecke vom 9. Dezember 1852 und einem vom 27. Februar 1853 an Schmidt geht hervor, dass das Paket mit der Partitur und den Stimmen wenige Tage nach dem Konzert an Berlioz in Paris weitergeschickt wurde. Tatsächlich hatte Liszt, obwohl er sich um *Cellini* und die anderen Werke kümmerte, praktisch nichts mit *Faust zu tun* . Berlioz brachte Partitur und Stimmen mit, leitete die Proben, dirigierte das Konzert und hinterließ das Paket bei seiner Abreise bei Liszt, um es ihm nach Paris nachsenden zu lassen. Darüber hinaus können wir ziemlich sicher sein, dass er nur die Partitur der ersten beiden Teile mitnahm – alles, was ihm beim Konzert gegeben wurde. Die umfangreiche Manuskriptpartitur, die sich jetzt in der Bibliothek des Pariser Konservatoriums befindet, ist in drei (oder vier) Bände gebunden – ich weiß im Moment nicht mehr, welcher. Falls irgendjemand vermuten sollte, dass Berlioz die Partitur des gesamten Werks mitgenommen haben könnte, um sie Liszt zu zeigen, wird diese Vermutung durch einen Brief von Berlioz vom 22. April 1854 in Dresden widerlegt. Der vollständige *Faust* war dort gerade übergeben worden. Berlioz wünschte, Liszt wäre dabei gewesen: „Ich bedaure, dass Sie die letzten beiden Akte, *die Sie nicht kennen*, nicht hören konnten ." Alles deutet darauf hin, dass sich selbst Liszts Wissen über *Faust* auf das Hören der ersten beiden Akte beim Weimarer Konzert beschränkte. Es gibt zahlreiche spätere Korrespondenzen mit Berlioz, aber es dreht sich alles um *Cellini* , den Liszt hervorgebracht hatte und den er gut kannte. In späteren Jahren schrieben ihm Leute – Leute, die Bücher über Berlioz zusammenstellten, oder versuchten, an seine Korrespondenz zu gelangen oder die Geschichte des Weimarer Theaters zu recherchieren – und baten Liszt, ihnen etwas über seine Beziehungen zu Berlioz zu erzählen. Liszts Antwort ist immer dieselbe; er ist stolz darauf, *Cellini wieder flott gemacht zu haben* , erwähnt aber *Faust nicht* . Auch als er dem Großherzog Carl Alexander erzählt, dass Berlioz drei Konzerte in Weimar gegeben habe, wird von den *Faust-* Fragmenten, die offenbar nichts mit ihm zu tun hatten, immer noch nichts erwähnt.

In den Jahren 1853 und 1854 bezeichnete er das Werk als Symphonie, ohne es besser zu wissen, da er weder die Partitur gesehen noch eine vollständige Aufführung davon gehört hatte. Doch 1854 wird die Partitur veröffentlicht und eine Kopie an Liszt geschickt. Im Dezember desselben Jahres schreibt er am selben Tag zwei Briefe. In einem von ihnen, für Mason, ist die alte Gewohnheit immer noch zu stark für ihn, und er spricht von der „dramatischen Symphonie des *Faust* "; [64] Im anderen Fall bezeichnet Wasielewski es nur als „*Faust*". Soweit ich weiß, spricht er danach nie mehr davon als eine Symphonie. Siehe zum Beispiel seine Briefe vom 9. Februar 1856 an Edward Liszt, 19. Februar 1856 an Brendel, 3. Januar 1857 an Turanyi , 16. September 1861 an Brendel, März 1883 an Vicomte Henri Delaborde , 12. September 1884 an Pohl, 1. Januar 1855 („Kennen Sie die Partitur seiner *Damnation de Faust* ?") und 24. Dezember 1855 an Wagner.

So viel zur Frage von Liszt und *Faust* , die Herr Ellis so vergnügt heranzog, um seine eigene und Wagners Sache zu unterstützen. In Ermangelung neuer Fakten behaupte ich, dass es völlig klar ist, dass auch Liszt *Faust nur deshalb eine Symphonie nannte, weil er es nicht kannte. Wenn Wagner überhaupt reingewaschen werden soll, dann mit einem weniger brüchigen Pinsel als diesem. Was seine Verunglimpfung von Cellini* und *Faust* betrifft , scheint mir die Verteidigung völlig zusammengebrochen zu sein; er kannte keinen von beiden.

DE

DAS ENDE

FUSSNOTEN:

[64] Man sollte bedenken, dass Liszt selbst während des von dieser Kontroverse erfassten Zeitraums an einer „Faust-Symphonie" arbeitete. In einem Brief an Wasielewski vom 14. Dezember spricht er sogar davon, sie fertiggestellt zu haben. Seine ständige Verwendung des Begriffs zur Beschreibung seines eigenen Werks könnte leicht erklären, warum er ihn unbewusst auf das von Berlioz übertrug.